Maria Claudia Pierini
Michele Mantouvalos

Livello C1

CELI

Test di preparazione

**CERTIFICATO DI CONOSCENZA DELLA
LINGUA ITALIANA**

audio scaricabile
www.ornimieditions.com

Maria Claudia Pierini, nata in Umbria, insegnante di italiano come L2/LS. Dopo studi di Linguistica, ha completato con successo il corso speciale di perfezionamento nella Didattica della lingua italiana LS presso l'Istituto Italiano di Cultura di Atene. Ha svolto attività di formazione all'estero dal '94 per varie istituzioni private e realizzato materiali didattici nell'ambito di progetti per scuole di lingua. Da anni cura la redazione di opere per case editrici specializzate nella pubblicazione di materiale didattico per l'insegnamento dell'italiano L2/LS. È esaminatore certificato Celi - Università per Stranieri di Perugia e per gli esami KPG rilasciati dal Ministero della Pubblica Istruzione Ellenico.

"Per te che vivi in me, mamma!"

Michele Mantouvalos, nato a Napoli, insegnante di italiano, si è laureato in Lingue e Letterature straniere - Dipartimento di Italianistica. Insegna italiano a stranieri all'estero in varie istituzioni private da oltre dodici anni. Da diversi anni si occupa di marketing e promozione della lingua e cultura italiana a stranieri in diverse case editrici specializzate nella pubblicazione di materiale didattico per l'insegnamento dell'italiano L2/LS. È esaminatore certificato Celi - Università per Stranieri di Perugia e per gli esami KPG rilasciati dal Ministero della Pubblica Istruzione Ellenico.

"Dedicato a mio padre"

Redazione: Gennaro Falcone
Impaginazione e progetto grafico: ORNIMI Editions
Progetto audio: Redwood Studio di Registrazione (Torino)

© 2019 ORNIMI Editions
3a ristampa: novembre 2023
ISBN: 978-618-84586-3-5

ORNIMI Editions
Lontou 8
10681 Atene
Tel. +30 210 3300073
www.ornimieditions.com

"non fotocopiando un libro aiutiamo tutti coloro che lo creano"

Tutti i diritti di traduzione, memorizzazione elettronica, riproduzione e di adattamento parziale o totale tramite qualsiasi mezzo (digitale o supporti di qualsiasi tipo) di quest'opera sono riservati in Italia e all'estero.

INDICE

Introduzione 5

1° Test
Prova di Comprensione della Lettura 11
Prova di Produzione di Testi Scritti 20
Prova di Competenza Linguistica 23
Prova di Comprensione dell'Ascolto 29
Prova di Produzione Orale 33

2° Test
Prova di Comprensione della Lettura 41
Prova di Produzione di Testi Scritti 50
Prova di Competenza Linguistica 53
Prova di Comprensione dell'Ascolto 59
Prova di Produzione Orale 63

3° Test
Prova di Comprensione della Lettura 71
Prova di Produzione di Testi Scritti 80
Prova di Competenza Linguistica 83
Prova di Comprensione dell'Ascolto 89
Prova di Produzione Orale 93

4° Test
Prova di Comprensione della Lettura 101
Prova di Produzione di Testi Scritti 110
Prova di Competenza Linguistica 113
Prova di Comprensione dell'Ascolto 119
Prova di Produzione Orale 123

CELI 4

5° Test

Prova di Comprensione della Lettura	131
Prova di Produzione di Testi Scritti	140
Prova di Competenza Linguistica	143
Prova di Comprensione dell'Ascolto	149
Prova di Produzione Orale	153

6° Test

Prova di Comprensione della Lettura	161
Prova di Produzione di Testi Scritti	170
Prova di Competenza Linguistica	173
Prova di Comprensione dell'Ascolto	179
Prova di Produzione Orale	183

7° Test

Prova di Comprensione della Lettura	191
Prova di Produzione di Testi Scritti	200
Prova di Competenza Linguistica	203
Prova di Comprensione dell'Ascolto	209
Prova di Produzione Orale	213

8° Test

Prova di Comprensione della Lettura	221
Prova di Produzione di Testi Scritti	230
Prova di Competenza Linguistica	233
Prova di Comprensione dell'Ascolto	239
Prova di Produzione Orale	243

Trascrizione dei testi registrati per la prova di comprensione dell'ascolto	251
Chiavi	281
Fonti	288

INTRODUZIONE

STRUTTURA DEL LIBRO

Questo libro è composto di 8 test, del tutto simili, nella tipologia delle prove, a quelli effettivamente proposti per il conseguimento del CELI 4 (Certificato che attesta la conoscenza della lingua italiana per il livello C1), rilasciato dall'Università per Stranieri di Perugia. I test sono ordinati secondo un criterio di difficoltà graduale in modo che lo studente si possa approcciare alle prove dei test senza particolari inconvenienti.

Ogni test prevede:

Prova scritta

Parte A. Prova della comprensione della lettura
Parte B. Prova di produzione di testi scritti
Parte C. Prova di competenza linguistica
Parte D. Prova di comprensione dell'ascolto

Prova orale

Parte E. Prova di produzione orale

DESCRIZIONE DELLE PROVE

Prova scritta

1° fascicolo (PARTE A e B)

Per la **PROVA DI COMPRENSIONE DELLA LETTURA** sono previsti:
A.1 due testi con esercizi a scelta multipla a quattro opzioni (per un totale di 10 item);
A.2 un testo con quattro domande aperte;
A.3 due testi a confronto con 10 item a scelta binaria.

Per la **PROVA DI PRODUZIONE DI TESTI SCRITTI** sono previste:
B.1 un testo da riassumere tenendo conto delle informazioni fornite in una traccia (dalle 150 alle 200 parole);
B.2 la stesura di una composizione a scelta tra due diversi input (dalle 220 alle 250 parole).
Il tempo complessivo assegnato per la soluzione delle suddette prove, contenute nel primo fascicolo, è di 2 ore e 45 minuti.

2° fascicolo (PARTE C)

Per la **PROVA DI COMPETENZA LINGUISTICA** sono previsti:
C.1 un testo da completare con <u>una sola parola</u> (14 item);
C.2 un testo da completare scegliendo le parti mancanti da una lista (10 item);
C.3 un testo in cui individuare e correggere gli errori (14 item);
C.4 costruzione di un testo coeso e coerente, collegando ed espandendo degli appunti dati (10 item).

Il tempo complessivo assegnato per la soluzione delle suddette prove, contenute nel secondo fascicolo, è di 1 ora e 15 minuti.

3° fascicolo (PARTE D)

Per la **PROVA DI COMPRENSIONE DELL'ASCOLTO** sono previsti:
D.1 completamento di un testo attraverso una serie di informazioni ricavate da un testo ascoltato (8 item);
D.2 SCELTA BINARIA: indicare se le affermazioni contenute in una lista sono presenti oppure no nel testo ascoltato (11 item);
D.3 completamento di una scheda/tabella con le affermazioni presenti nel testo ascoltato (12 item).

Il tempo complessivo assegnato per la soluzione delle suddette prove, contenute nel terzo fascicolo, è di 25 minuti.

Prova orale

Per la **PROVA DI PRODUZIONE ORALE** (della durata di circa 20 minuti) si prevedono:
- due foto a confronto, utilizzate come spunto di conversazione;
- un testo da riassumere, utilizzato come spunto di conversazione;
- un grafico / una tabella da illustrare.

*Attenzione:
il materiale viene consegnato al candidato circa 15 minuti prima dell'inzio della prova.

PUNTEGGI DELLE PROVE

Prova scritta

1° fascicolo

A. Prova di comprensione della lettura

Il punteggio ottenuto è riportato su un punteggio complessivo di **40 punti**	Rilevanza della prova: 20% (su un totale di **140 punti**)

A.1	**3 punti** per ogni risposta corretta **0 punti** per l'astensione o per ogni risposta errata
A.2	**3 punti** per ogni risposta corretta e ben espressa **2 punti** per ogni risposta corretta, ma male espressa **1 punto** per ogni risposta incompleta **0 punti** per l'astensione o per ogni risposta errata
A.3	**1 punto** per ogni risposta corretta **0 punti** per l'astensione o per ogni risposta errata

B. Prova di produzione scritta

Il punteggio ottenuto è riportato su un punteggio complessivo di **50 punti**	Rilevanza della prova: 25% (su un totale di **140 punti**)

B.1	Da **0 a 20 punti**, secondo le scale di competenze: • Competenza lessicale (scala da 0 a 3) • Competenza morfo-sintattica (scala da 0 a 4) • Competenza socio-culturale (scala da 1 a 6) • Coerenza (scala da 1 a 7)
B.2	Da **0 a 30 punti**, secondo le scale di competenze: • Competenza lessicale (scala da 0 a 8) • Competenza morfo-sintattica (scala da 0 a 8) • Competenza socio-culturale (scala da 0 a 6) • Coerenza (scala da 1 a 8)

2° fascicolo
C. Prova di competenza linguistica

| Il punteggio ottenuto è riportato su un punteggio complessivo di **20 punti** | Rilevanza della prova: 10% (su un totale di **140 punti**) |

C.1	**1 punto** per ogni completamento corretto **0 punti** per l'astensione o per ogni completamento errato
C.2	**1 punto** per ogni risposta corretta **0 punti** per l'astensione o per ogni risposta errata
C.3	**1 punto** per ogni completamento corretto **0 punti** per l'astensione o per ogni completamento errato
C.4	**2 punti** per ogni completamento corretto **1 punto** per ogni completamento incompleto o male espresso **0 punti** per l'astensione o per ogni completamento errato

3° fascicolo
D. Prova di comprensione dell'ascolto

| Il punteggio ottenuto è riportato su un punteggio complessivo di **30 punti** | Rilevanza della prova: 15% (su un totale di **140 punti**) |

D.1	**1 punto** per ogni completamento corretto **0 punti** per l'astensione o per ogni completamento errato
D.2	**1 punto** per ogni risposta corretta **0 punti** per l'astensione o per ogni risposta errata
D.3	**1 punto** per ogni completamento corretto **0 punti** per l'astensione o per ogni completamento errato

Prova orale

| Il punteggio ottenuto è riportato su un punteggio complessivo di **60 punti** | Rilevanza della prova: 30% (su un totale di **60 punti**) |

Da **0 a 20 punti**, secondo le scale di competenze:
• Competenza lessicale (scala da 1 a 5) • Competenza morfo-sintattica (scala da 1 a 5) • Competenza socio-culturale (scala da 1 a 5) • Coerenza (scala da 1 a 5)

PUNTEGGIO MASSIMO E MINIMO

Punteggio massimo complessivo: 200 punti
[140 punti per la prova scritta e 60 punti per la prova orale]

*Punteggio minimo: 200
a. **84 punti** per la prova scritta
b. **33 punti** per la prova orale

*Attenzione:
per superare l'esame del CELI 4 è necessario ottenere il minimo indicato, in ambedue le prove: 84 per quella scritta e 33 per quella orale. Altrimenti è possibile capitalizzare (vedere successivamente).

IL RISULTATO FINALE

Si ottiene sommando il punteggio della Prova scritta e della Prova orale e viene espresso secondo una scala che prevede 5 gradi: A, B, C, D, E.
Gli ultimi due, D ed E, esprimono un punteggio (rispettivamente insufficiente e gravemente insufficiente) negativo.

Le lettere dell'alfabeto servono ad indicare il punteggio complessivo ottenuto:
A = ottimo [punteggio compreso tra 173 e 200 punti]
B = buono [punteggio compreso tra 144 e 172 punti]
C = sufficiente [punteggio compreso tra 117 e 143 punti]
D = insufficiente [punteggio compreso tra 69 e 116 punti]
E = gravemente insufficiente [punteggio compreso tra 0 e 68 punti]

LA CAPITALIZZAZIONE

I candidati che non abbiano ottenuto il punteggio minimo indicato per la Prova scritta e che abbiano, invece, superato la Prova orale o viceversa possono **capitalizzare**, cioè mantenere il risultato della parte superata, per **un anno**, durante il quale potranno ripetere la prova il cui risultato era insufficiente.

Non resta che augurare ai candidati un cordiale IN BOCCA AL LUPO!

Gli Autori

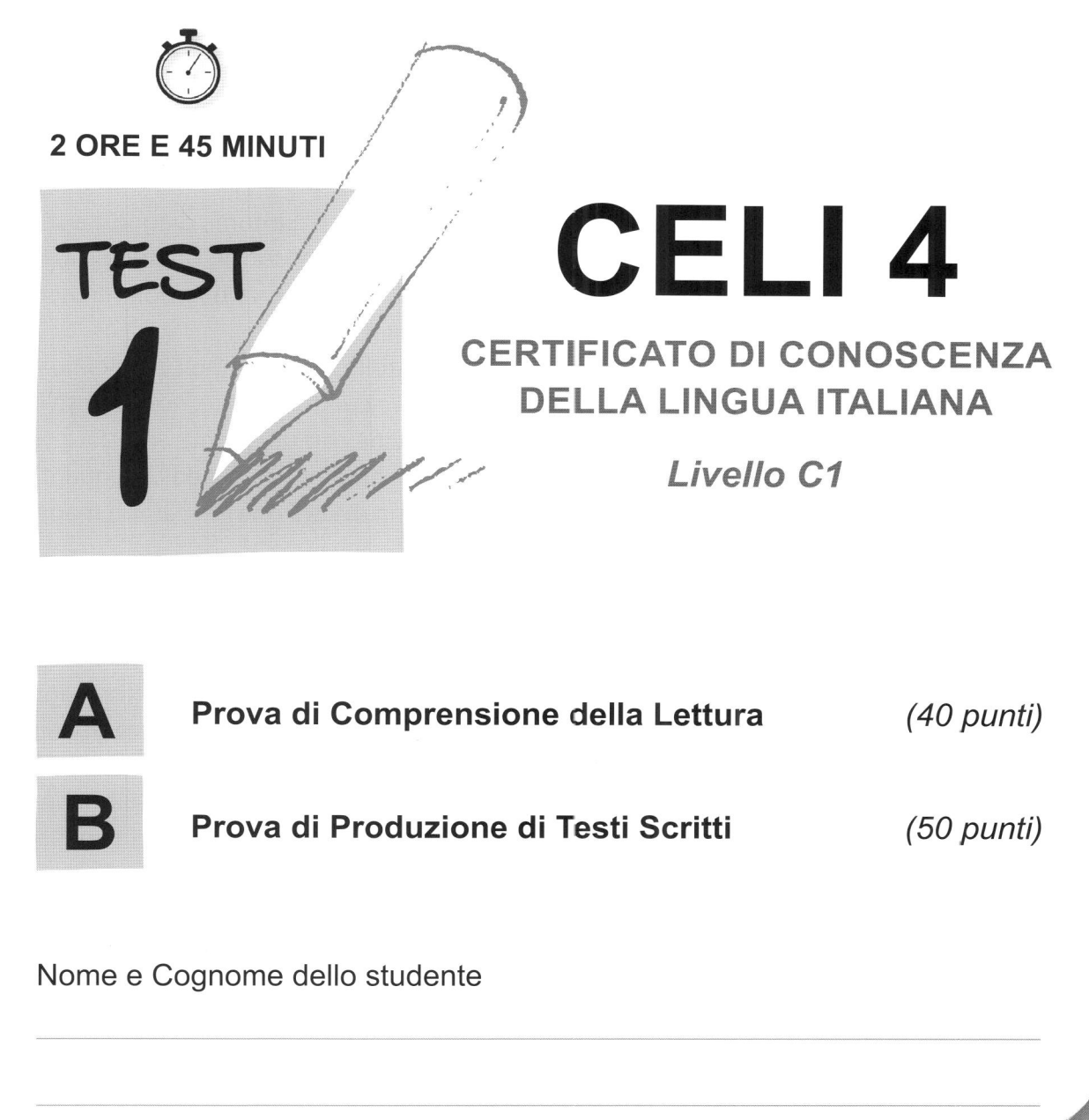

2 ORE E 45 MINUTI

TEST 1

CELI 4

CERTIFICATO DI CONOSCENZA
DELLA LINGUA ITALIANA

Livello C1

A   **Prova di Comprensione della Lettura**   *(40 punti)*

B   **Prova di Produzione di Testi Scritti**   *(50 punti)*

Nome e Cognome dello studente

Data

A. PROVA DI COMPRENSIONE DELLA LETTURA

A.1 Legga i due brani. Metta una X vicino alla lettera a.b.c.d. che corrisponde all'affermazione giusta tra le quattro che Le vengono proposte.

1° TESTO

Medicina quantistica, per corpo e psiche

Una volta c'era un solo tipo di medicina- quella tradizionale, fatta di sintomi, diagnosi e terapia. Poi si sono diffuse quelle alternative, dalle diverse fortune: la antroposofica, l'ayurvedica, l'omeopatica... Ma da qualche tempo a questa parte si parla molto di una nuova tipologia: la medicina quantistica, che sembra fondere insieme corpo e psiche, fisica e metafisica.

A proporla, come valido metodo di cura delle più comuni patologie, non sono i classici guaritori, ma medici che lavorano in ospedali o centri di ricerca di tutto rispetto. Eppure, nonostante la laurea regolarmente conseguita sulla base delle nozioni scientifiche comunemente accettate, hanno poi seguito un percorso che li ha condotti ad una prospettiva differente. La medicina quantistica, infatti, parte dal presupposto che la malattia sia l'effetto di una distorsione del campo magnetico che regola le reazioni chimiche cellulari nel corpo umano.

Conoscere il campo magnetico- caratteristico di ogni singolo individuo significa sapere quali patologie si possono sviluppare. Inviando le frequenze corrette con appositi macchinari sarebbe possibile eliminare le distorsioni che le hanno prodotte e ristabilire lo stato di salute. Ma non solo. Il medico quantistico ritiene di poter curare anche l'anima. Perché - dicono i sostenitori - anche le emozioni presentano frequenze specifiche. Dunque si potrebbe disegnare il quadro psicologico del paziente, scoprirne i problemi, evidenziarne lo stress. E anche in questo caso, questa forma di medicina alternativa sarebbe in grado di intervenire per riportare il tutto all'equilibrio iniziale, agendo anche su traumi pregressi. Insomma, una terapia mirata sull'individuo nel suo insieme, come soma e psiche. È questo l'argomento che verrà dibattuto nel seminario "La medicina quantistica nella visione olistica dell'Uomo". Tra i relatori, anche Bruno Renzi- responsabile del centro di Medicina Psicosomatica e Funzionale Integrata presso l'Ospedale Sacco di Milano - che affronterà tematiche complesse come la teoria del Campo Unificato e la teoria Olografica del cervello, la neuropsicofisica e i campi morfogenetici. Concetti apparentemente astrusi che secondo il dottor Renzi hanno invece una ricaduta diretta nella vita e nel benessere di ogni essere umano." La griglia di lettura è la fisica quantistica, che permette di iniziare a costruire un ponte fra mente e cervello e di comprendere alcuni validi contributi provenienti dai principi di base delle medicine non convenzionali", spiega lo psichiatra. "Inoltre, permette una progressiva unificazione tra la dimensione mistica, filosofica e scientifica." Al centro di tutto, la coscienza, intesa come matrice primordiale. "Tutte le componenti dell'essere umano- da quelle percepibili dai nostri sensi a quelle meno note come anima e psiche- dialogano a livello sottile, quantico, e tra loro c'è un continuo scambio di energia ed informazioni che fa sì che l'uomo, se sta bene, rimanga in uno stato armonico", aggiunge Marco Umberto Verzella, anche lui relatore al seminario. "Il nostro DNA è come un ponte di collegamento geometrico con il resto dell'Universo, la conferma arriva dalla fisica Iperdimensionale."

(Tratto dal blog di Sabrina Pieragostini, http://www.extremamente.it/2013/10/16/la-medicina-quantistica-cura-corpo-e-psiche/)

1° TEST
Prova di Comprensione della Lettura

DOMANDE

1. **La medicina quantistica**
   a. si avvale di sostenitori esercenti la professione sanitaria.
   b. è consentita ufficialmente come metodo terapeutico alternativo.
   c. è scientificamente riconosciuta per l'efficacia dei suoi risultati clinici.
   d. è appoggiata solo da professionisti di strutture ospedaliere di rilievo.

2. **La conoscenza del campo magnetico**
   a. porta a quantificare le tipologie di malattie possibili.
   b. agevola il trattamento specifico di distorsioni dell'organismo.
   c. permette di stimare disturbi latenti e mali persistenti.
   d. aiuta a sbloccare svariate disfunzioni in sviluppo.

3. **L'approccio quantistico presuppone un intervento**
   a. coadiuvato ad ottimizzare il dialogo tra corpo fisico e metafisico.
   b. volto a ripristinare lo stato emotivo del soggetto in cura.
   c. terapeutico che contempla le funzionalità somatiche e psicologiche.
   d. di bilanciamento di eventuali turbamenti psichici presenti nell'individuo.

4. **La fisica quantistica risulta la chiave che**
   a. consente di avvalorare l'apporto fornito dalle medicine complementari.
   b. permette di ricomporre il rapporto che intercorre tra mente e cervello.
   c. giustifica il meccanismo delle reciproche interazioni razionali e intellettive.
   d. accredita l'inadeguatezza del contributo delle medicine alternative.

5. **Un potenziale quantico connette tutte le parti del corpo**
   a. e sembra essere il pilota dell'Universo e della nostra vita.
   b. e ne determina un equilibrato funzionamento biologico.
   c. e permette il meccanismo della vita, dell'intelligenza e della coscienza.
   d. e ne stimola il regolare meccanismo motorio e vitale.

2° TESTO
All'ombra di San Pietro, vita da ambulante nell'era Bolkestein

ROMA. «*Algo para la suegra?*», qualcosa da regalare alla suocera? domanda Manuel con una invidiabile pronuncia spagnola, sfoderando quello che dovrebbe essere uno dei suoi cavalli di battaglia. Una coppia di giovani turisti sudamericani rallenta davanti al suo banchetto, sorride senza fermarsi e allunga nuovamente il passo. In una soleggiata prima mattina di fine marzo via della Conciliazione appare un luogo sin troppo pacifico. In giro si scorgono solo potenziali venditori che stanno militarmente prendendo possesso del territorio, in attesa di dar inizio alla caccia. E poi naturalmente ci sono loro, gli urtisti, o come vengono soprannominati a Roma i ricordari, o madonnari. Ambulanti che fanno oramai parte della storia della città e che da centocinquant'anni vendono chincaglieria religiosa.

Come Manuel Zarfati, 39 anni, urtista dal 1999, che ereditò la licenza dal nonno seguendo un'antica e consolidata tradizione dinastica. «Questo lavoro è parte integrante della storia della mia famiglia, credo di averlo nel Dna». Sono circa le otto del mattino e Manuel, grazie anche all'aiuto del suo aiutante indiano «regolarmente assunto con il jobs act», ha appena finito di montare il banco. «Quaranta minuti per allestire la vetrina, seguendo sempre un rigido schema, trenta per rimettere le cose nel furgone». Le "cose" sarebbero un variegato puzzle di cianfrusaglie per metà ecclesiale e per l'altra metà sgraziato omaggio all'immaginario da Impero Romano: riproduzioni del Colosseo in qualsiasi forma e misura, l'immancabile lupa, piatti con stravaganti incisioni dedicate alla romanità, elmi, caschi da gladiatore in metallo e naturalmente santini, rosari e affini. Più qualche soldatino con la faccia da calciatore, che non guasta mai. «Tutto made in Italy», assicura. «Una volta si vendevano oggetti più sofisticati, candelabri, roba di alabastro, c'erano le diapositive, prima dell'avvento di internet anche molti libri.

Oggi invece c'è un turismo di minore qualità e di conseguenza i gusti sono diventati più trash. Noi ci adeguiamo. Onestamente se io fossi uno straniero non so se mi comprerei qualcosa in un banco come il mio». Gli urtisti romani con regolare permesso di commercio sono poco più di un centinaio e si tramandano le licenze di generazione in generazione. Sono come una grande famiglia, dove tutti si conoscono e si rispettano. La leggenda vuole che il loro nome derivi da quell'impercettibile urto che, con la cassetta piena di santi, di Madonne e di rosari, un tempo portata al collo con una cinghia di tela, gli ambulanti davano ai pellegrini di piazza San Pietro per attirare l'attenzione e attaccare bottone. «Da quando negli anni Ottanta hanno introdotto le postazioni fisse, il lavoro è diventato più semplice ma anche noioso», dice Manuel. Un lavoro che permette agli urtisti di portare ancora uno stipendio a casa. «Ma non parliamo di grandi cifre, in media circa 1.500 euro al mese». Ma dopo «diciotto anni di vita da ambulante» scegliere un'altra strada non sarebbe affatto semplice. «Non ho intenzione di cambiare, a meno che non arrivi la Bolkestein. Quella direttiva è una follia». Il giorno che incontriamo Manuel tra via della Conciliazione e dintorni stanno lavorando contemporaneamente una decina di urtisti, in base a una rigida turnazione si incontrano, si salutano, prendono il caffè insieme, alle volte si aiutano scambiandosi oggetti mancanti. «Tra di noi c'è solidarietà, cerchiamo di essere corretti e di mantenere i prezzi standard. Poi, certo, quando arriva il turista ognuno prova a lavorarci sopra...».

Secondo un'antica legge non scritta del commercio da strada, il turista raramente si ferma a fare acquisti davanti alla prima bancarella che incontra. In gergo tecnico il suo comportamento viene definito "gioco a rimbalzo". È qui, fa capire Manuel, che entra in gioco l'abilità dell'ambulante, quel mix di furbizia, simpatia e scaltrezza che a fine mese può fare la differenza. «Devi saper parlare le lingue, almeno in maniera maccheronica, essere paziente, usare una determinata terminologia, che si apprende soltanto sul campo, con l'esperienza, e naturalmente essere simpatico senza risultare troppo invadente». In molti contesti il calcio può essere di aiuto... Nel caso dei rapporti con le donne, invece, abbondano gli antichi cliché sull'italian lover «storie ne girano parecchie», sorride. «È come nella vita. Un po' di faccia tosta aiuta sempre». Nel frattempo la luce ha oramai abbandonato la città... È tempo di chiudere la baracca. Due ragazze però sembrano in avvicinamento. Manuel fa un veloce passetto in avanti e parte specito: *Algo para la suegra*?

(Luigi Irdi, "Il venerdì" la Repubblica, 7 aprile 2017
http://www.repubblica.it/venerdi/articoli/2017/04/05/news/vita_da_ambulante_nell_era_bolkestein-162241791/)

DOMANDE

6. **Manuel Zarfati**
   a. ha trasmesso la licenza conseguita in eredità.
   b. si scopre urtista nella storia della sua famiglia.
   c. è urtista in base a una tradizione secolare.
   d. si funge da urtista per rispettare la sua discendenza.

7. **Gli urtisti sono venditori**
   a. di minuti oggetti ecclesiali e ricordini di scarso valore.
   b. di immagini laiche e madonnine antiche.
   c. di oggetti sacri da collezione.
   d. di versioni di grande valore e interesse storico.

8. **Manuel Zarfati spiega che gli oggetti venduti**
   a. superano i gusti raffinati dei turisti.
   b. erano più ricercati in epoca passata.
   c. sono delle produzioni esclusive e originali.
   d. in passato anche se più scadenti erano particolari.

9. **Il termine urtista deriva**
   a. dall'impatto degli oggetti contenuti nella cassetta.
   b. dall'urto della cintura di cuoio con la cassetta.
   c. dalle grida degli ambulanti che richiamano i clienti.
   d. dalla mischia della gente che affolla le bancarelle.

10. **Per "gioco a rimbalzo" si intende**
    a. il distacco con cui si evita di ritornare alla bancarella.
    b. l'atteggiamento per cui si esita nel comprare alle bancarelle.
    c. la predisposizione a piantarsi davanti alla bancarella.
    d. la propensione a non acquistare dalla prima bancarella.

A.2 Legga il seguente testo e poi risponda alle domande poste.

Willow Park, 1500 appartamenti nella Silicon Valley: è il primo villaggio di Facebook

ROMA - Nella Silicon Valley inizieranno presto i lavori di una nuova cittadina. Ci saranno una farmacia, un negozio di alimentari, trasporti efficienti e 1500 appartamenti. A delimitarne i confini, forse, un cartello con stampato un pollice in su. Perché stiamo parlando di Willow Park, il primo villaggio di proprietà Facebook. A metà strada tra quartiere residenziale e luogo destinato agli uffici. La compagnia ha appena annunciato di aver presentato il piano al consiglio comunale di Menlo Park, sede dell'azienda di Mark Zuckerberg. È proprio alle spalle del quartier generale che si snoderà questo piccolo paese, a poco più di 40 chilometri da San Francisco. Data di fine dei lavori prevista: 2021. Gli alloggi targati Facebook saranno a disposizione di tutti e non solo dei dipendenti della rete sociale. E un 15% di loro verrà concesso a prezzi inferiori a quelli di mercato. Una scelta necessaria, spiega in un post sul blog ufficiale del social network John Tenanes, responsabile degli immobili e delle infrastrutture di Facebook. Le ragioni sono facili da capire. Negli ultimi anni il boom delle aziende hi-tech con radici nella valle del silicio ha moltiplicato la forza lavoro presente nell'area. Con conseguente congestione del mercato immobiliare. I prezzi degli affitti sono schizzati alle stelle. E una delle città più penalizzate è stata Menlo Park. Qui, stando alle stime di una compagnia immobiliare riportate dal Guardian, la somma mensile necessaria per aggiudicarsi un appartamento con due stanze da letto è più che triplicata dal 2011 a oggi, raggiungendo quota 3,349 dollari. Una delle più alte degli Stati Uniti e considerevolmente maggiore di quella necessaria a New York. Il governo ha fallito negli investimenti infrastrutturali, è il j'accuse di Facebook. Da qui la scelta di fare da sé. Anche perché più di 9 mila persone lavorano già a Menlo Park. Il numero è raddoppiato in un anno e ci si aspetta che cresca ancora, in fretta. Il nuovo villaggio promette di essere da "like": tutti i servizi necessari, tanto verde (stando alle prime foto a disposizione), trasporti efficienti. "La nostra speranza è di creare uno spazio fisico che supporti la nostra comunità", ha spiegato Tenanes. Un'iniziativa ben accolta dalle autorità locali. "Spero che sempre più compagnie hi-tech facciano proposte di questo tipo", ha twittato Kirsten Keith, sindaco di Menlo Park. Si tratta dell'ennesimo passo che possiamo contestualizzare all'interno della nuova mission annunciata da Facebook qualche settimana fa: creare comunità, appunto. Ma se tutto ciò vi ricorda un po' la società distopica tratteggiata nel romanzo di Dave Eggers, "Il Cerchio", potreste non essere in torto.

(Rosita Rijtano, L'Espresso la Repubblica, 10 luglio 2017, https://www.repubblica.it/tecnologia/social-network/2017/07/10/news/willow_park_1500_appartamenti_nella_silicon_valley_e_il_primo_villaggio_di_facebook-170439371/)

DOMANDE

11. Cosa prevede il piano presentato dalla compagnia di Facebook al comune di Menlo Park?

(da 9 a 12 parole)

12. Chi potrà usufruire di una sistemazione presso Willow Park?

(da 15 a 20 parole)

13. Cosa ha motivato la costruzione del villlaggio di Facebook?

(da 15 a 20 parole)

14. Quali sono le aspettative di Kirsten Keith con l'attuazione di questo progetto?

(da 15 a 20 parole)

A.3 Legga i due brani indicati rispettivamente con le lettere A e B. Abbini successivamente le frasi sottoelencate segnando A quando la frase si riferisce al brano A, segnando B quando la frase si riferisce al brano B.

| Ai genitori | Ai figli |
TESTO A	TESTO B
Quando guardiamo i nostri figli nella loro atroce indolenza orizzontale, quando li vediamo vivere ispirati da criteri etici ed estetici differenti dai nostri, quando non vediamo in loro nessuno specchio nel quale rifletterci, siamo messi, come genitori, di fronte ad una "prova". Non quella di amare questi figli nonostante siano così, ma di amarli proprio perché sono così! Prova colossale; tanto difficile quanto inaggirabile. Si tratta di avere fede, io dico, nel segreto del figlio. Quale? Quello del suo desiderio che non è mai fatto come il nostro, che è sempre differente dal nostro, divergente, anarchico, singolare. Grande prova, per ogni genitore, quella di amare il segreto del figlio! È qualcosa di molto diverso dal dialogo, dalla comprensione, dall'empatia. I veri amori vivono di enigmi non di specchi. Non dovremmo mai dimenticarcelo pensando ai nostri figli. Un'altra illusione sarebbe quella di appellarsi all'infallibilità delle regole. Oggi va di moda: sottoporre la vita a regole predefinite nell'illusione di raddrizzare le sue inevitabili storture. Il culto delle regole è una illusione pedagogica del nostro tempo. L'essere umano non è però un cavallo che deve essere domato. L'educazione non è un dressage. Per amare il segreto del figlio bisogna innanzitutto disarmarsi. Per disarmarsi è necessario rinunciare ad avere delle aspettative sui propri figli. Ecco il dono più grande e più difficile della genitorialità: non caricare i figli dei nostri progetti. Se infatti, come diceva Sartre, i genitori hanno dei progetti sui loro figli, i figli hanno fatalmente dei destini che non sono mai felici. Ma ai genitori spetta un altro decisivo compito: testimoniare che la vita, o meglio, la propria vita, può avere un senso; incarnare il desiderio, mostrare che si può vivere su questa terra con passione e slancio. È questa la forma più preziosa dell'eredità della quale i nostri figli hanno necessità.	I figli dovrebbero imparare a vedere nei loro genitori la loro stessa memoria. Questo comporterebbe liberarsi del pensiero che la Legge incarnata dalle vecchie generazioni voglia la loro morte, voglia, cioè, soffocare la loro rivolta vitale. I figli hanno diritto alla rivolta. Meglio la rivolta attiva, il conflitto, l'antagonismo allo sprofondamento passivo e inerme nell'orizzontalità. Liberarsi dai padri-papi, dalle madri-amiche, liberarsi dalla falsa simmetria dell'empatia; cercare nel mondo e non in famiglia quello che manca. Non accontentarsi della lingua materna, della lingua familiare, della lingua già conosciuta; ambire al viaggio, rischiare il fallimento, desiderare un altro mondo. Provare a vedere nei propri genitori non tanto l'inganno dell'educazione retorica ma una scheggia del loro stesso destino. Si tratta sempre, in ogni cammino evolutivo, di riconoscere la nostra provenienza, qualunque essa sia. Si tratta di imparare a ringraziare, di imparare il senso della gratitudine. Non necessariamente verso i genitori naturali ma anche verso coloro che ne hanno incarnata la funzione simbolica: un maestro, un allenatore, un superiore, un libro. Sarebbe il primo e il giusto passo del viaggio del figlio: provare un sentimento di gratitudine. È così difficile ringraziare? Solo se si ringrazia, se si impara a ringraziare, la vita acquista un peso. Altrimenti vaga nell'aria come una piuma o come un turacciolo sulle onde. Il ringraziamento dà un peso specifico alla vita. I nostri figli dovrebbero imparare a ringraziare non i genitori che li accontentano nei loro capricci, ma quelli che sanno sopravvivere al conflitto senza entrare a loro volta in conflitto con i propri figli. Quelli che sanno essere altrove e che, proprio per questo, sanno rispettare il segreto dei loro figli. Ai figli bisognerebbe sempre ricordare che è l'odio che ostacola la separazione, non l'amore.

(Massimo Recalcati, Gli sdraiati la Repubblica.it, https://lab.gedidigital.it/repubblica/2017/gli-sdraiati/recalcati/)

1° TEST
Prova di Comprensione della Lettura

15. La nostra condizione umana, per certi versi è già codificata, geneticamente e culturalmente.

16. Il divario di pensiero tra le due parti è dovuto alla differenza di idee.

17. Deve saper distinguersi dalle sue origini, pur nell'erranza e nel fallimento.

18. Il compito primo è accondiscendere alle loro incomprensibili speranze.

19. L'eccesso di empatia e di amicizia gli impediscono di trovare la propria strada.

20. È un'esistenza unica, distinta, irriducibile a quella dei suoi genitori.

21. I legami familiari non si sviluppano più sulla base del possesso e del predominio.

22. Ha diritto a custodire il segreto della sua vita e del suo desiderio.

23. Deve evitare di restare imprigionato in un destino che non gli lascia scampo.

24. Non si deve soffocarlo o punirlo, ma riconoscerlo nella differenza incondivisibile di una vita diversa.

B. PROVA DI PRODUZIONE DI TESTI SCRITTI

B.1 Riassuma il testo, seguendo le tracce fornite, senza riutilizzare integralmente frasi, espressioni o costrutti usati nel testo.

(Da un minimo di 150 ad un massimo di 200 parole)

Catanzaro, treno travolge e uccide un 13enne: «Voleva farsi un selfie»

SOVERATO (Catanzaro) - Nelle loro intenzioni doveva essere solo un gioco che invece si è trasformato in tragedia. «Facciamo un selfie, mentre arriva il treno. Ci state?». Tre ragazzini, tutti minorenni, nel tardo pomeriggio di mercoledì hanno sfidato la morte sui binari della linea Taranto-Reggio Calabria. Teatro della tragedia il ponte di Soverato non lontano dall'area sulla quale un tempo sorgeva il campeggio «Le Giare», dove nel settembre del 2000, a causa di un alluvione, morirono 13 persone. Uno dei ragazzi, Leandro Celia, 13 anni, residente a Petrizzi nel Catanzarese, è morto, travolto dal treno in corsa. I suoi due amici se la sono cavata solo con tanto spavento. I tre mercoledì pomeriggio sono arrivati a Soverato, che dista qualche decina di chilometri da Petrizzi, e si sono diretti nei pressi del ponte. Era quasi buio e la zona è poco illuminata. Potrebbe essere andata così. Uno di loro ha fatto agli altri una proposta: «Vediamo quanto siete coraggiosi.
Facciamo un selfie mentre arriva il treno». Proposta accettata. I tre ragazzi si sono messi in mezzo alle rotaie in attesa del treno. Pochi minuti dopo le luci del convoglio 6683235, proveniente da Crotone e diretto a Reggio Calabria, erano ben visibili. I tre hanno quindi iniziato a mettersi in posa, mentre il treno si avvicinava a velocità sostenuta, in un tratto rettilineo, senza barriere di protezione. Uno scatto, due, forse tre, mentre il treno si avvicinava sempre più velocemente. «Vediamo chi resta il più possibile sui binari» avrebbe detto uno di loro.
Il macchinista sotto choc ha riferito alla polizia ferroviaria che ha notato da lontano tre sagome in mezzo ai binari e poi due di loro darsi alla fuga. A quanto pare Leandro Celia si sarebbe attardato qualche secondo in più degli amici e non è riuscito a mettersi in salvo, forse colto dalla paura o forse perché sarebbe caduto nel tentativo di allontanarsi. Il tredicenne è stato investito in pieno dal convoglio e scaraventato a decine di metri dal luogo dell'incidente. I suoi due amici hanno fatto perdere le tracce, sotto choc e in preda alla paura.
Solo dopo diverse ore sono stati rintracciati dalle forze dell'ordine. Non sono feriti, ma comunque sono stati portati all'ospedale di Soverato per accertamenti. Alla polizia ferroviaria che li ha sentiti, alla presenza del sostituto procuratore di Catanzaro Nicola Assumma, avrebbero raccontato la storia del selfie e che alla vista del treno sono scappati. Hanno anche riferito di aver gridato al loro amico di fuggire anche lui perché stava arrivando il treno, poi però si sono allontanati nel buio senza capire che cosa fosse realmente accaduto. Hanno realizzato che qualcosa di grave era successo soltanto dopo qualche ora, ritornando indietro. Le luci dei mezzi delle forze dell'ordine li hanno spaventati ancora di più, hanno raccontato. I tre erano partiti da Petrizzi nel primo pomeriggio ed era loro intenzione dirigersi a Catanzaro. Poi l'idea di andare verso quel ponte e fare un selfie. Col passare delle ore e col proseguire delle indagini, tuttavia, il racconto del selfie è stato messo in dubbio. «I due amici di Leandro Celia hanno escluso che si stessero facendo un selfie». Lo ha detto al Giornale Radio Rai, Barbara Caccia, della Polizia Ferroviaria. «I ragazzi - ha detto - stavano attraversando il ponte ferroviario pensando di percorrere la strada più diretta per arrivare

nel centro di Soverato. Il cellulare della vittima è stato sequestrato ed è a disposizione dell'autorità giudiziaria, ma stando alle prime ricostruzioni non sembra che i tre stessero facendosi foto con gli smartphone».

(Carlo Macrì, Il Corriere della Sera, 8/03/2017, https://www.corriere.it/cronache/17_marzo_08/treno-travolge-tre-persone-morto-forse-fuga-una-rapina-06d7f602-0437-11e7-9858-d74470e8bbec.shtml)

Per il riassunto segua le tracce indicate:

- il fatto, il luogo, i protagonisti coinvolti;

- supposizioni sulla dinamica dell'incidente;

- le ipotesi dai primi accertamenti;

- la ricostruzione dell'accaduto secondo la Polizia Ferroviaria.

B.2 Svolga una delle composizioni, scegliendola tra le due proposte:

(Da un minimo di 220 ad un massimo di 250 parole)

1. Numerosi bisogni della società trovano oggi una risposta adeguata grazie all'impegno civile e al volontariato di persone. In particolare da parte di giovani, che, individualmente o in forma associata e cooperativa, realizzano interventi integrativi o compensativi di quelli adottati da Enti istituzionali.

    Commenti questo fenomeno analizzando le origini e le motivazioni profonde che spingono a tali comportamenti.

2. "Destino veramente strano quello dell'acqua: se un essere umano ne è privato solo per pochi giorni, muore. Se una zona attraversa un lungo periodo di siccità, migliaia o addirittura milioni di persone muoiono di fame. Senza di essa, niente può vivere, crescere, produrre. E tutto questo si riflette nelle idee che ci facciamo sull'acqua e nella sacralità che spesso ancora la circonda. Allo stesso tempo, però, l'acqua è sprecata, sporcata, ignorata e dimenticata forse più di qualunque altra risorsa naturale". (M. FONTANA, *L'acqua, natura, uso, consumo, inquinamento e sprechi*).

    Lei utilizza questa affermazione come spunto per scrivere un articolo in cui, in vista del massiccio consumo di acqua potabile nell'imminente stagione estiva, dà suggerimenti, istruzioni e indica quello che Lei reputa un corretto comportamento da seguire per cercare di limitarne utilizzi impropri e diversi dalle normali necessità domestiche, igieniche e produttive.

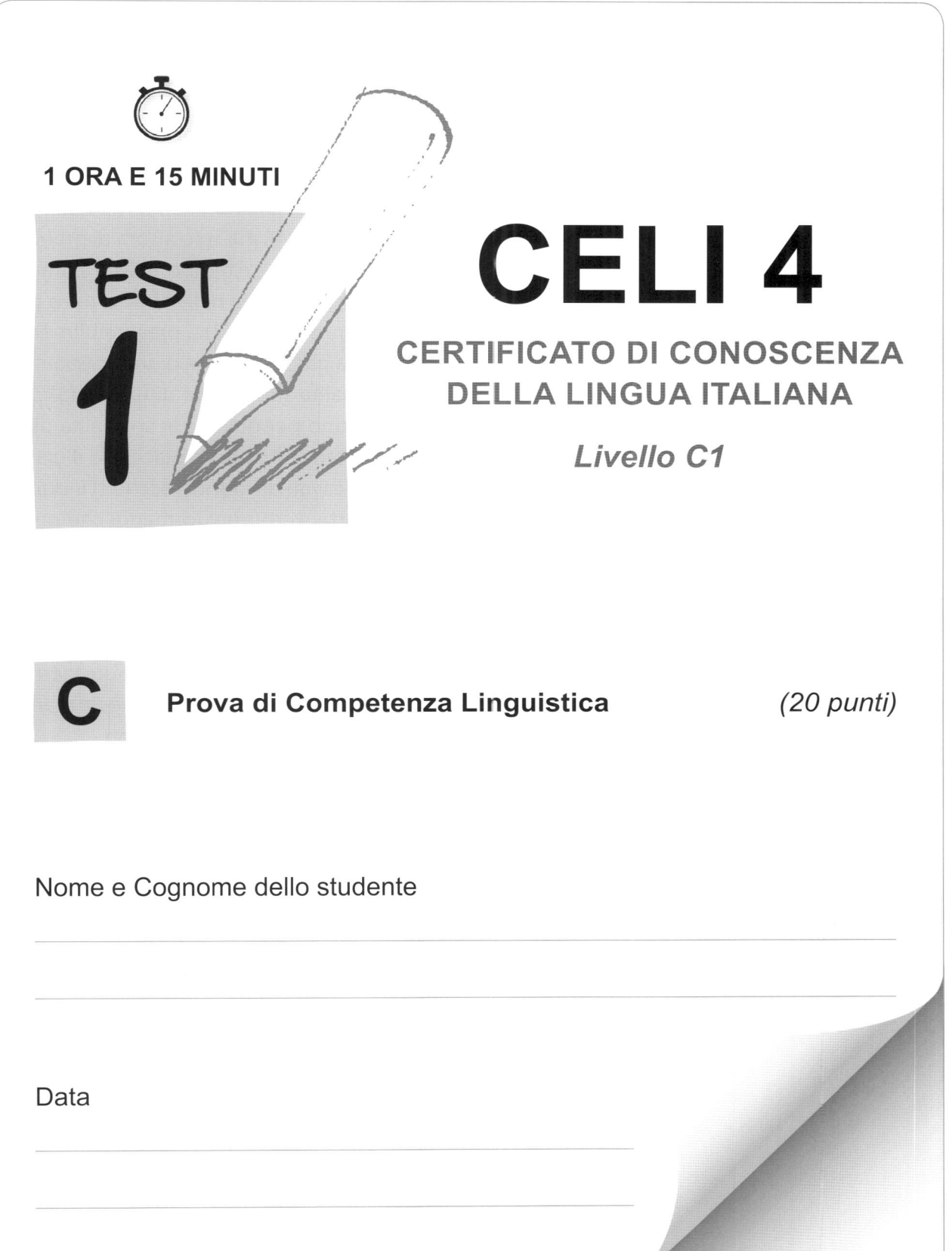

C.1 Completi il testo con l'inserimento di una sola parola.

Milano a tavola: Mangiari di strada, le meraviglie del signor Zen

Lo strano caso di Giuseppe Zen e dei suoi Mangiari di Strada si può osservare tutti i giorni in fondo a via Lorenteggio, civico 269. Questa è già una stranezza, un locale che non ha mai ...(1)... restare nell'anonimato ma si è piazzato in un'anonima periferia. Tutti i giorni, ma solo all'ora di pranzo, altra stranezza perché a Milano i gourmet escono di sera, di giorno non c'è tempo. In lista, come dice il nome, solo piatti della cucina popolare italiana, quella che si consuma nelle strade, ma a prezzi non "da strada". ...(2)... il posto è sempre pieno e i clienti, nonostante ...(3)... presumibilmente in pausa pranzo, non fanno una ...(4)... se devono attendere una pasta espressa o una specialità alla griglia. Come si spiega tutto questo? Solo in un modo: la qualità superlativa di tutto ...(5)... che viene proposto. E, anche, il ...(6)... che non esiste un altro luogo per gustare le specialità più comuni e più schiette delle ...(7)... italiane. Il posto è quasi spartano, d'...(8)... è piacevole il giardino con i tavoloni (tutto social, per forza, niente tavolini da due) ricavati da grandi rocchetti industriali, e con la griglia ...(9)... Giuseppe volteggia tra spiedi, bombette, verdure e formaggi che prepara con estrema abilità utilizzando la cottura più antica e più gustosa, quella ...(10)... fuoco diretto. La squadra di cucina, con cinque ...(11)..., prepara delizie introvabili a Milano: per esempio pane e panelle, midollo arrosto, minestre, braciole, polpette, tutte le frattaglie, pasta fatta ...(12)... casa tutti i giorni, sughi della nonna, fritture, pizze e focacce con il lievito madre, testaroli, supplì, baccalà, arancini, costine, polenta... Pensate a ...(13)... qualsiasi specialità regionale di strada: qui la trovate, ovviamente a rotazione e ovviamente in stagione. Ma con ...(14)... bio e preparazione da manuale. E con una impeccabile scelta di vini anche al calice. Forse il caso non è poi così strano.

(Mariella Tanzarella, La Repubblica, 1/11/2006,
https://www.repubblica.it/sapori/2016/11/01/news/lombardia_milano_street_food_mangiari_di_strada-151081890/)

1° TEST
Prova di Competenza Linguistica

C.2 Completi il testo da 15 a 24 con la parte mancante scegliendo tra le alternative proposte. Una sola è la scelta possibile.

Roma, in centro nasce il "Muro delle bambole" contro il femminicidio

Anche la capitale, ora, ha il suo 'Muro delle bambole' ...(15)... E si trova in pieno centro, in via degli Acquasparta, è il retro della sede dell'Ater, a pochi passi dalla Corte di Cassazione ...(16)..., lunedì 8 maggio, per sensibilizzare l'opinione pubblica ...(17)... . "Servirà per far riflettere le migliaia di persone che passeranno qui", ha spiegato il presidente della Regione Lazio, Nicola Zingaretti, ...(18)... dove ogni bambola ...(19)... ." Servono comportamenti chiari e netti contro questi episodi - ha proseguito Zingaretti - nella Regione Lazio abbiamo una serie di misure di contrasto, ma è importante ...(20)..., che non ci si volti dall'altra parte". All'iniziativa, ...(21)..., Michele Baldi, hanno partecipato diversi attivisti e testimonial contro il femminicidio, da Jo Squillo a Lino Banfi, da Noemi a Maurizio Battista. Al taglio del nastro, insieme alla presidente del Municipio, Sabrina Alfonsi, c'era anche Valentina Pitzalis, sopravvissuta ad un atto di violenza ...(22)... "Non ho saputo riconoscere i campanelli d'allarme e ...(23)... - ha raccontato la giovane - bruciata col kerosene, miracolosamente sopravvissuta, oggi lavoro ...(24)... . Speriamo di avere un muro così in ogni città".

(La Repubblica Roma.it, 8 maggio 2017, https://roma.repubblica.it/cronaca/2017/05/08/foto/roma_a_roma_il_muro_delle_bambole_contro_il_femminixidio-164931259/1/#1)

a. perché non accada a nessun'altra

b. che l'impegno sia quotidiano

c. di cui ancora porta i segni

d. affinché non si verifichi

e. dove è stato inaugurato

f. rappresenta una donna vittima di violenza

g. l'epilogo è stato terribile

h. per dire no al femminicidio

i. inaugurando l'installazione sul muro

l. contro la violenza

m. sulla violenza contro le donne

n. animata dal capogruppo della Lista Zingaretti

CELI 4

C.3 Nella maggior parte delle righe numerate da 25 a 38 ci sono errori di distrazione. Identifichi negli spazi numerati da 25 a 38 con √ le eventuali righe che non contengono errori, in caso contrario individui gli errori e scriva la forma corretta.

Roma si arrende ai rifiuti

25. Dopo Spelacchio, i cassonetti somersi dai rifiuti natalizi.

26. Non c'è luoghi comune sul malfunzionamento della città

27. a cui i romani riescono a sfuggire. Anche di fronte alle situazioni

28. più facilmente prevedibili il sistema pubblico va sul tilt.

29. "Un'emergenza rifiuti annunciata: Roma come da relazione ecomafie.

30. Senza impianti non ti va da nessuna parte" ha twittato Alessandro Bratti,

31. direttore dell'Ispra, centrado il punto. Lo slogan "rifiuti zero"

32. segna la direzione di marcia, è un obiettivo al cui ci si può avvicinare

33. nel lungo periodo anche attraversa la riprogettazione delle merci

34. e la modifica degli stili di vita… Ma nell'immediato c'è un'urgensa evidente:

35. costruite alternative alla discarica. Far crescere la raccolta

36. differenziata senza preoccupare né della qualità di ciò che si raccoglie

37. ne della realizzazione degli impianti di trattamento dei materiali

38. selezionati è una follia. Oltretutto costosa.

(Antonio Cianciullo, Repubblica.it, 25/12/2017,
http://cianciullo.blogautore.repubblica.it/2017/12/25/roma-si-arrende-ai-rifiuti/)

1° TEST
Prova di Competenza Linguistica

C.4 Costruisca un testo collegando e sviluppando i punti elencati.

Sfugge al controllo del nonno, ritrovata bimba di nove anni

Essere – richiesta nonna disperata – sala operativa
– Questura Roma – fare scattare ricerche – bambina 9 anni –
anziana lacrime – raccontare poliziotto – ragazzina uscire
nonno ma – vicino mercato Montagnola – scappare – fare
perdere sue tracce – poliziotto – subito allertare volanti zona –
dare – descrizione piccola – poco dopo intercettare – mentre
cercare attraversare – Cristoforo Colombo – posto arrivare
agenti – dopo rassicurarla – affidarla familiari.

(Redazione Roma, Il Corriere della Sera, 1° settembre 2017,
https://roma.corriere.it/notizie/cronaca/17_settembre_01/sfugge-controllo-nonna-bambina-9-anni-ritrovata-polizia-3a7f3e50-8f1c-11e7-b732-dcaf24bf9d5.shtml)

Cominciare così: È stata la richiesta di una nonna disperata...

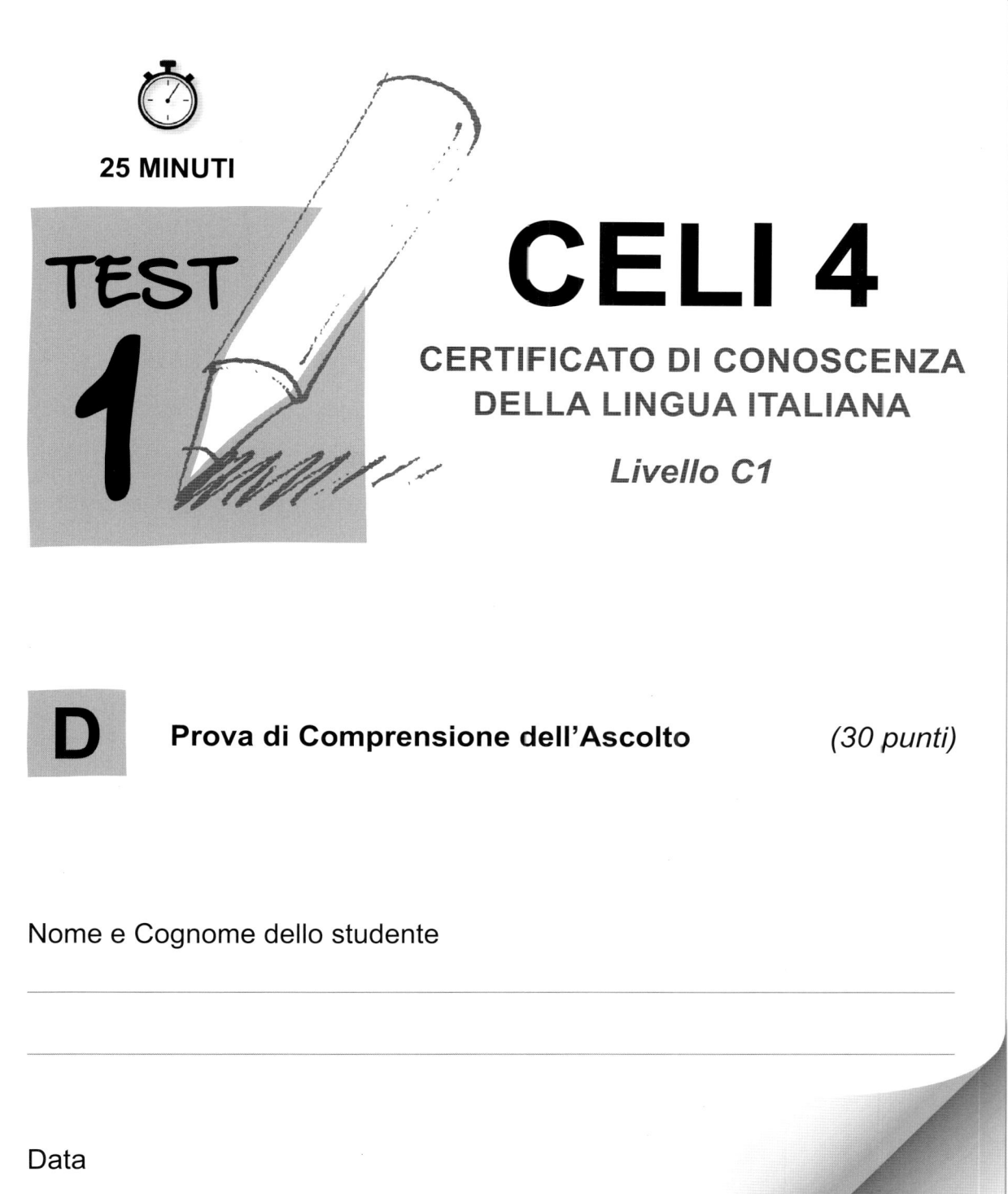

25 MINUTI

CELI 4
CERTIFICATO DI CONOSCENZA DELLA LINGUA ITALIANA
Livello C1

D   **Prova di Comprensione dell'Ascolto**   *(30 punti)*

Nome e Cognome dello studente

Data

CELI 4

D.1 Ascolterete un testo che tratta delle relazioni tra la musica e la crescita delle piante. Completi le informazioni introducendo al massimo 4 parole negli spazi numerati da 1 a 8.

Il testo va ascoltato due volte.

1° testo

1. Parola di Peppe Vessicchio, ...(1)..., celebre per le direzioni d'orchestra a Sanremo
2. che ci sono ...(2)... che riescono a interagire con le piante
3. a cui gli agronomi stentano a credere: dalle ...(3)... a un maggior vigore delle piante
4. sono suscettibili di performance migliori nel momento in cui incontrano i ...(4)...
5. Le risposte alle ...(5)... vengono da tutte le piante su cui ho provato
6. confrontiamo le risposte dei ...(6)... sull'iPad agli altri
7. Io non punto a un ...(7)..., ma ho un'utopia
8. Oggi è tutto stressante, competitivo, basato su ...(8)...

(Chiara Spagnolo, La Repubblica, 15/07/2017, https://bari.repubblica.it/cronaca/2017/07/14/news/peppe_vessicchio_mozart_fa_crescere_i_pomodori_pugliesi_i_beatles_migliorano_il_vino-170806833/?ref=search)

1° TEST
Prova di Comprensione dell'Ascolto

D.2 Ascolterete un testo che tratta dell'olio di palma. Ascoltate attentamente e individuate quali informazioni sono presenti o no nel testo.

Il testo va ascoltato due volte.

9. È ormai oggetto di scherno soprattutto sui social media.
10. Negli ultimi anni sembra sia diventato il nemico pubblico numero uno.
11. Minaccia l'estinzione di animali diffusi solamente in alcune regioni.
12. A livello ambientale, i dubbi sulla sua sostenibilità sono leciti.
13. È presente in decine di migliaia di prodotti che popolano le nostre case.
14. La dicitura "senza olio di palma" è diventata un'ossessione.
15. Dal punto di vista nutrizionale è composto in prevalenza da grassi saturi.
16. L'olio di palma non è più dannoso degli altri tipi di grassi saturi.
17. Sviluppa sostanze tossiche nel momento in cui lo si riscalda.
18. Non c'è nessun pericolo quando i piccoli seguono diete alimentari bilanciate e corrette.
19. Esiste un potenziale problema di salute per le fasce di età più giovani.

(Giada Salonia, 13/11/2017, iodonna.it Il Corriere della Sera, https://www.iodonna.it/benessere/diete-alimentazione/2017/11/13/olio-di-palma-e-salute-4-domande-allesperta-renata-alleva/)

D.3 Ascolterete ora un testo che parla di quattro italiani che si sono distinti per motivi sportivi. Durante l'ascolto svolgete l'attività completando con al massimo sei parole.

Il testo va ascoltato una volta.

	Disciplina sportiva	Titoli mondiali conseguiti	Presenze ai Giochi Olimpici
20. Elia Viviani	...(20. A)...	...(20. B)...	...(20. C)...
21. Valentino Rossi	...(21. A)...	...(21. B)...	...(21. C)...
22. Gianluigi Buffon	...(22. A)...	...(22. B)...	...(22. C)...
23. Andrea Cassarà	...(23. A)...	...(23. B)...	...(23. C)...

25 MINUTI

CELI 4

CERTIFICATO DI CONOSCENZA DELLA LINGUA ITALIANA

Livello C1

Prova di Produzione Orale *(30 punti)*

Lo studente esaminerà il materiale sul quale si svilupperà un'intervista / conversazione con gli esaminatori o la commissione d'esame

Il materiale consiste in:

- **A** un testo
- **B** due fotografie
- **C** tabelle o grafici

Nome e Cognome dello studente

Data

CELI 4

A Lo studente, dopo aver letto il testo, deve riassumerlo e rispondere alle domande che eventualmente gli verranno poste.

Auto e mini scooter elettrici:
le nuove regole della mobilità aziendale sono le flotte green

Autonomia limitata, costi elevati, ridotta gamma di modelli: sono questi i principali freni allo sviluppo delle flotte aziendali elettriche, un settore che rappresenta una nicchia di mercato per i produttori e società di noleggio di veicoli green destinati alla mobilità del personale. Da una recente ricerca dell'osservatorio Top Thousand sulla mobilità aziendale, svolta su un campione di 60 grandi aziende con oltre 50mila veicoli, l'utilizzo di mezzi elettrici risulta ancora in minoranza, alla pari di metano e GPL, rispetto al dominio del diesel (88%). E questo nonostante la metà dei mezzi utilizzati non percorra in media più di 100 km al giorno, una distanza ben alla portata dell'elettrico, mezzo ritenuto idoneo per brevi spostamenti da effettuare in città o aree metropolitane il più delle volte esposte ai veleni delle polveri sottili. Se la svolta elettrica sembra essere ancora agli esordi, non mancano però i casi di eccellenza e chi intravede nella politica di mobilità sostenibile uno dei cardini su cui si fonda la responsabilità sociale d'impresa, un segnale culturale forte per i dipendenti e la comunità locale di riferimento. È il caso di Telecom che, insieme al Comune di Firenze, ha inaugurato lo scorso anno parcheggi riservati ai dipendenti con colonnine per la ricarica dei mezzi elettrici, un progetto pilota che sarà diffuso in tutte le sedi italiane della società di telecomunicazioni. A Napoli una ditta di catering per mense scolastiche e ospedaliere utilizza solo veicoli elettrici, mentre un'impresa del settore food&beverage ha già messo in minoranza il diesel con ben 111 veicoli elettrici su una flotta totale di 163. PagineSì S.p.a., in collaborazione con Streetboard srl, ha messo a disposizione dei dipendenti che lavorano presso la sua sede centrale, in pieno Centro Storico a Terni, l'utilizzo gratuito di miniscooter elettrici per brevi spostamenti e piccole commissioni in città, mentre per i più "sportivi" c'è la possibilità di prenotare un'ora di formazione, sempre gratuitamente, per imparare a viaggiare sui monoruota a emissioni zero. Segnali significativi da parte di piccole e grandi imprese, che dovrebbero essere supportati da una maggiore diffusione di infrastrutture per la ricarica elettrica e opportuni incentivi da parte del Governo per diffondere l'utilizzo a tutti i livelli di mezzi elettrici, oggi ritenuti più idonei per indirizzarci verso una mobilità urbana sostenibile.

(Redazione, Il Corriere dell'Economia, 08/03/2017, https://www.corrieredelleconomia.it/2017/03/08/auto-miniscooter-elettrici-le-nuove-regole-della-mobilita-aziendale-le-flotte-green/)

1° TEST
Prova di Produzione Orale

Domande guida

Riassuma il testo.

- Il presente e, soprattutto, il futuro di una mobilità urbana efficace e poco impattante passa anche per una mobilità aziendale sostenibile.

  Che cosa ne pensa delle iniziative o incentivi che le imprese danno per offrire ai dipendenti un'alternativa all'auto privata: Car pooling, sconti al personale che utilizza autobus come mezzo nel tragitto casa-lavoro, bicicletta? Pensa che sia una responsabilità sociale solo a carico delle imprese?

- Sui temi connessi alla mobilità sostenibile, un ruolo decisivo e in costante crescita viene svolto dalle forme di acquisizione dell'auto aziendale, tra cui il noleggio, in particolare, sta contribuendo a supportare efficacemente le iniziative promosse a livello nazionale e locale per ridurre le emissioni inquinanti.

  Quali altri provvedimenti conosce a sostegno della prevenzione e riduzione dell'inquinamento atmosferico urbano?

B Lo studente dovrà descrivere le foto mettendole a confronto e rispondere alle eventuali domande che gli verranno poste.

FOTO

1.

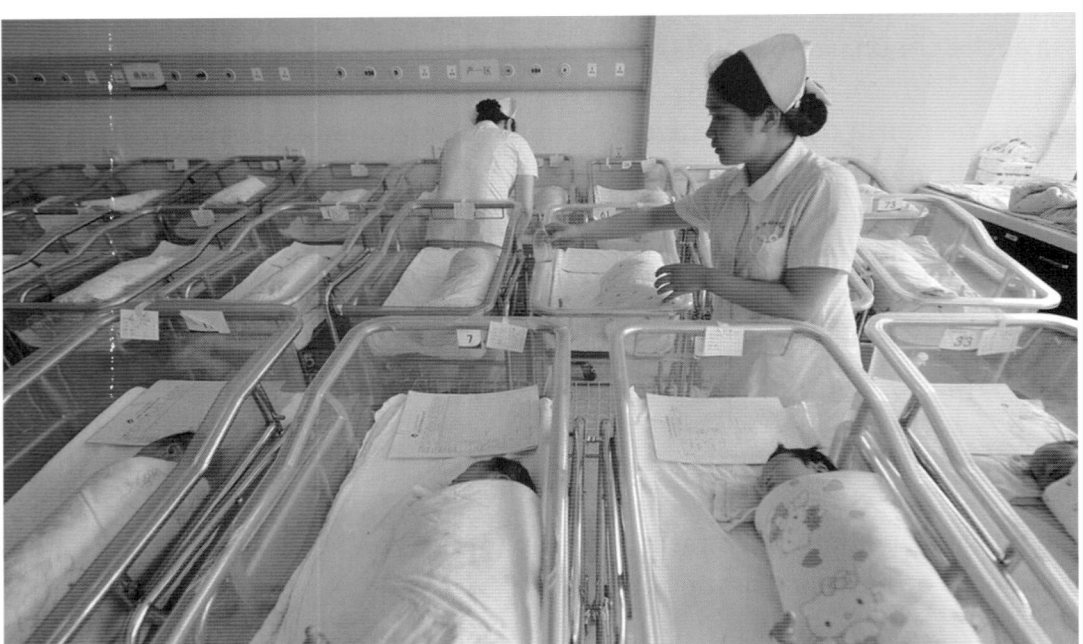

2.

36

Domande guida

Descriva le foto mettendole a confronto.

- "L'evoluzione demografica degli ultimi decenni ci consegna un Paese profondamente trasformato nella struttura e nelle dinamiche sociali e demografiche". L'aumento della popolazione anziana – dovuto ai guadagni in termini di sopravvivenza – e la presenza di generazioni di giovani sempre meno folte – conseguenza del continuo calo delle nascite – rendono l'Italia il secondo paese più vecchio al mondo, con una stima di 168,7 anziani ogni cento giovani al 1°gennaio 2018.

  Un piano per la famiglia che sostenga la natalità con provvedimenti strutturali che aiutino realmente le coppie ad avere figli come serie politiche economiche, fiscali e abitative a loro favore, servizi per la prima infanzia adeguati e a basso costo, congedi e misure di conciliazione famiglia-lavoro potrebbero e in che modo incidere positivamente, secondo Lei, sull'inversione di questa tendenza?

- È altresì da notare che i giovani di oggi, in attesa di certezze, rinviano la decisione di avere bambini per poi cercarli quando a volte è troppo tardi ed è già molto se riescono ad averne uno.

  C'è, quindi, forse bisogno anche di un salto culturale e che si recuperino parole come sacrificio, voglia di rimboccarsi le maniche, capacità di accettare con coraggio e buon senso i rischi che la vita comporta? Qual è la Sua opinione a riguardo?

CELI 4

C Lo studente dovrà descrivere il/i grafico/i o la/le tabella/e e rispondere alle eventuali domande che gli verranno poste.

GRAFICO

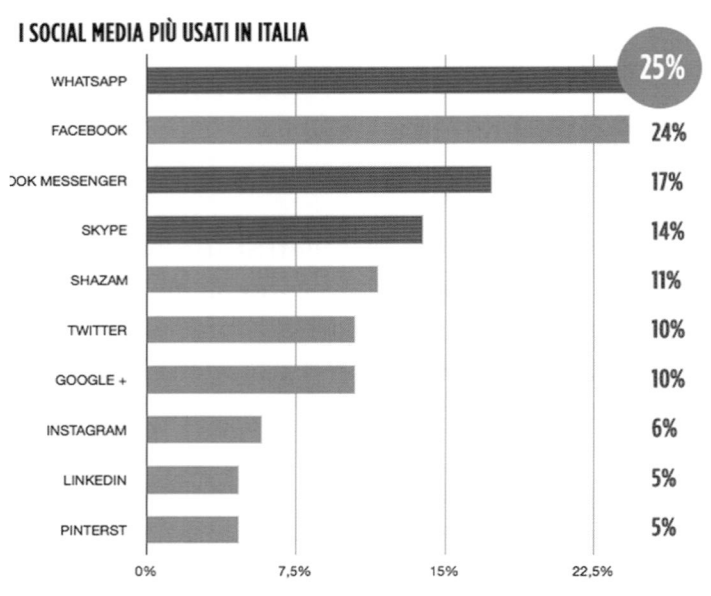

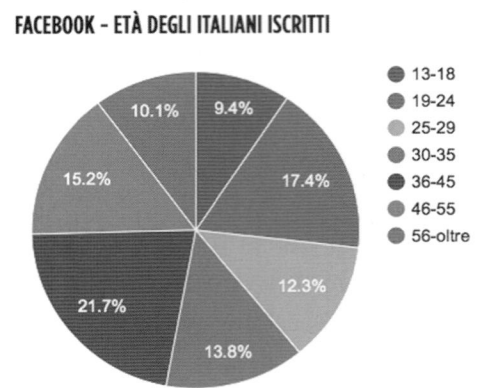

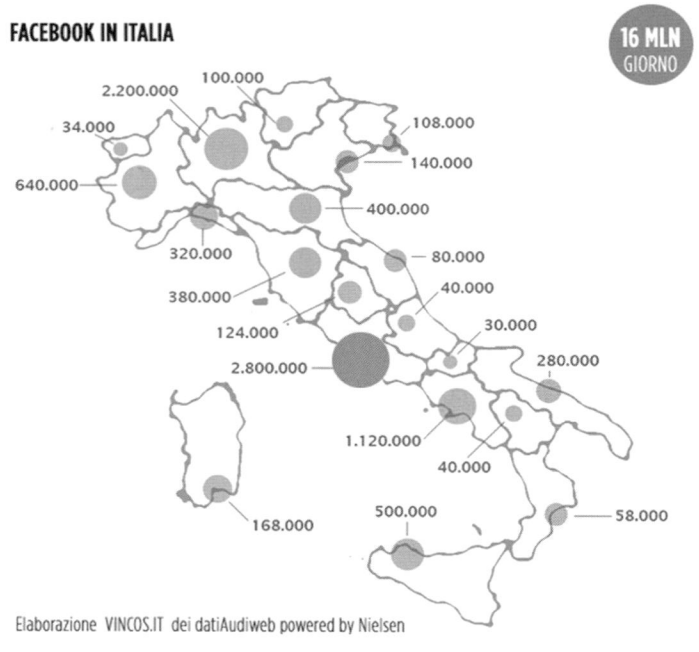

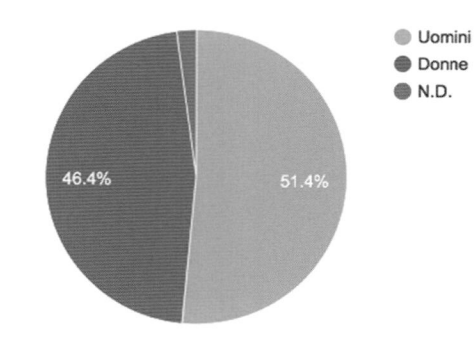

1° TEST
Prova di Produzione Orale

Domande guida

Descriva il/i grafico/i o la/le tabella/e.

- Nonostante i social network siano stati ideati "per aiutare i giovani a sviluppare relazioni tra loro", piattaforme come Facebook, Twitter e Snapchat "possono in realtà contribuire ad alimentare situazioni di instabilità e disagio mentale".
All'inizio le comunità online ti fanno sentire accolto, ma poi si cominciano a trascurare le amicizie nella "vita vera", spendendo sempre più tempo in rete e si sprofonda pian piano in episodi di depressione dovuti al malessere provato dal continuo paragonarsi con tutto quello che si vede fare da altre persone.

Secondo Lei è possibile premunirsi per non diventare vittime di questi strumenti e quali potrebbero essere, a Suo avviso, gli accorgimenti da seguire?

Non pensa che, per porre rimedio ad un uso distorto della rete e dei social network, sia indispensabile provvedere all'educazione digitale dei più giovani? A tale proposito la scuola, secondo Lei, potrebbe ricoprire un ruolo strategico nel coadiuvare e promuovere momenti di informazione e riflessione con ragazzi e famiglie sui temi della libertà digitale e dell'uso consapevole delle tecnologie?

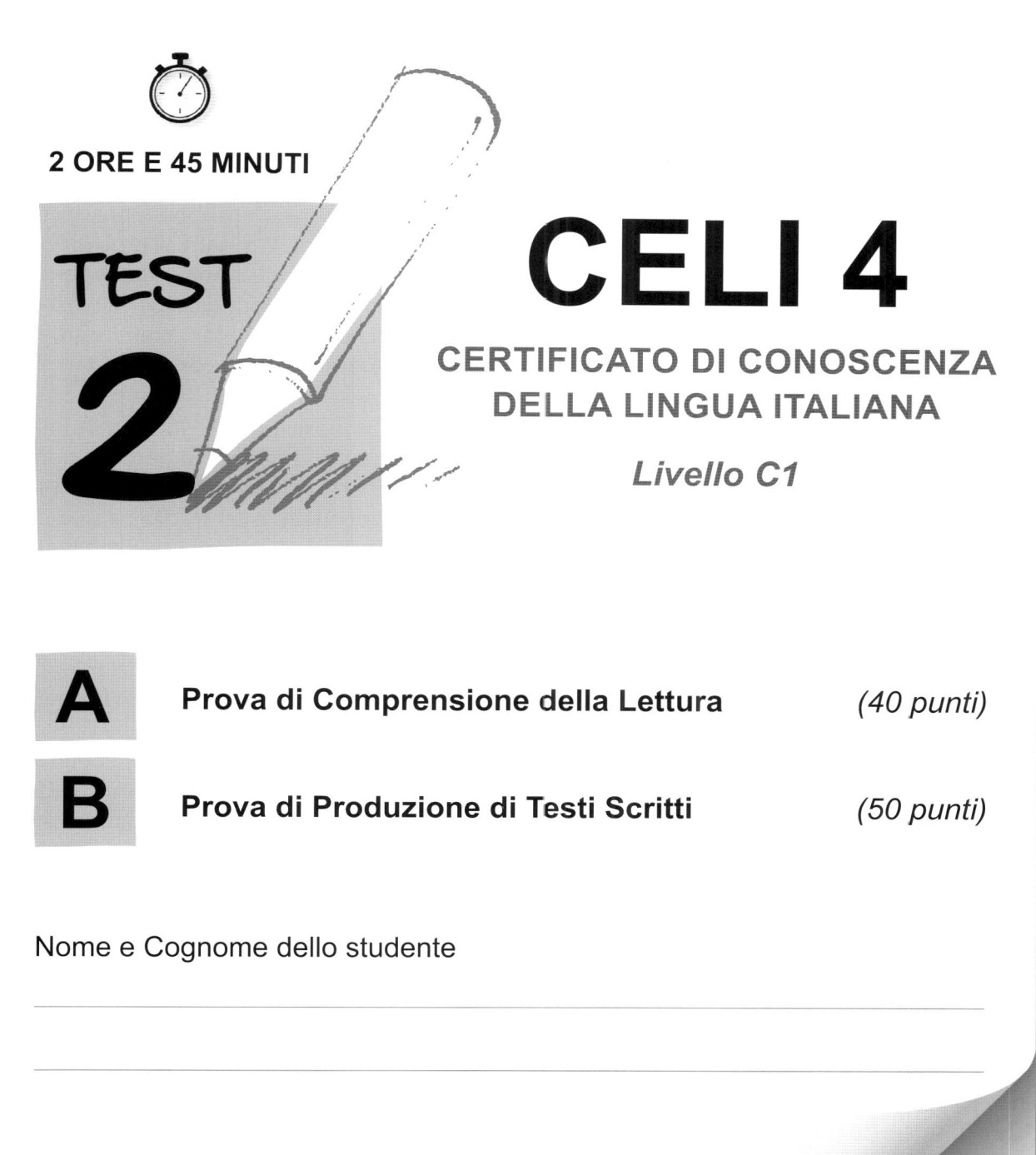

2 ORE E 45 MINUTI

TEST 2

CELI 4

CERTIFICATO DI CONOSCENZA
DELLA LINGUA ITALIANA

Livello C1

A   Prova di Comprensione della Lettura   *(40 punti)*

B   Prova di Produzione di Testi Scritti   *(50 punti)*

Nome e Cognome dello studente

Data

A. PROVA DI COMPRENSIONE DELLA LETTURA

A.1 Legga i due brani. Metta una X vicino alla lettera a.b.c.d. che corrisponde all'affermazione precisa tra le quattro che le vengono proposte.

1° TESTO

Quei mozziconi nemici dell'ambiente

Dal punto di vista numerico, i mozziconi di sigaretta sono il rifiuto singolo più abbondante sulla Terra: su scala globale, ogni giorno, ne vengono dispersi nell'ambiente più di 10 miliardi. Il problema è che poi impiegano anni a decomporsi. La notizia arriva da un recente studio dell'Università Federico II di Napoli, pubblicato sulla rivista open access "*Plos One*". I ricercatori hanno indagato per la prima volta la degradazione dei mozziconi in condizioni ecologiche realistiche, dimostrando scientificamente la resistenza di questo materiale. Giuliano Bonanomi, a capo del team, ci spiega cosa hanno scoperto.

In cosa consiste il vostro studio?
Il nostro gruppo di ricerca di solito studia il processo di decomposizione di "rifiuti" naturali quali foglie, radici e legno morto, ma questa volta abbiamo deciso di indagare la degradazione dei mozziconi di sigaretta di quattro marche molto diffuse sul mercato. I mozziconi sono un rifiuto abbondante e ubiquitario, ma di cui fino a oggi sapevamo pochissimo. Lo studio ha una durata programmata di 10 anni e attualmente è ancora in corso; i risultati pubblicati su "*Plos One*" sono riferiti ai primi due anni di ricerca. Prossimamente prevediamo di prelevare e studiare mozziconi posti a decomporre dopo 3, 5 e 10 anni.

Come avete svolto le ricerche?
Abbiamo posto dei mozziconi di sigaretta a decomporre in laboratorio e in condizioni naturali, per analizzare se la degradazione è influenzata dal sito in cui vengono dispersi. Poiché la degradazione dei composti organici è influenzata dai microbi che vivono nel suolo e dalla fertilità del terreno, abbiamo scelto una prateria e una spiaggia sabbiosa, ovvero un terreno ricco di nutrienti, in cui i materiali di solito si degradano rapidamente, e un terreno povero di microrganismi. Questo aspetto è particolarmente importante per i mozziconi di sigaretta, spesso dispersi in aree prive di suolo come strade, banchine ferroviarie e spiagge sabbiose.

Secondo le prime stime, che cosa è emerso?
Il tempo di degradazione varia a seconda delle condizioni ambientali: sono necessari diversi anni, che in determinate condizioni possono essere dell'ordine delle decine. In questi due anni di osservazione abbiamo scoperto che, mano a mano che la decomposizione procede, il residuo del mozzicone si degrada a velocità progressivamente minore, così il tempo di decomposizione completa aumenta esponenzialmente.

Ci sono differenze rispetto ai diversi tipi di terreno?
Il nostro studio ha messo in evidenza che, in tutte le condizioni studiate, la degradazione dei mozziconi di sigaretta è rapida nei primi mesi, con una perdita di massa del 20-25%. Questo è dovuto alla degradazione della componente cartacea, la cellulosa, che avvolge i filtri in acetato di cellulosa. In seguito, però, la decomposizione quasi si arresta. Dopo due anni i mozziconi mostrano una perdita di massa variabile tra 30-35%, senza differenza tra suoli poveri e ricchi di nutrienti e microbi. Questo significa che i mozziconi di sigaretta, e soprattutto i filtri di acetato di cellulosa, non sono "digeribili" dai microrganismi nei primi due anni di incubazione, come hanno confermato anche le nostre analisi chimiche.

Quali sono le sostanze che vengono rilasciate nel suolo dai mozziconi di sigaretta?
La tossicità dei mozziconi è legata ai composti chimici prodotti durante la combustione del tabacco: ne sono stati isolati più di 4.000. Tra i composti più abbondanti e tossici possiamo citare resi-

2° TEST
Prova di Comprensione della Lettura

dui di nicotina, acido cianidrico, ammoniaca, acetaldeide, formaldeide, benzene, fenoli e piridine. I mozziconi non fumati, invece, hanno una bassissima eco-tossicità, ma sono una minoranza.

Quali sono i loro effetti sulla flora, sulla fauna e sull'uomo?
Diversi studi scientifici hanno dimostrato che i mozziconi di sigaretta hanno effetti tossici su diversi microrganismi, sugli insetti e soprattutto sugli organismi acquatici, inclusi i pesci. Recentemente è stato inoltre dimostrato che alcune specie di uccelli che vivono in ecosistemi urbani utilizzano i mozziconi di sigaretta come elementi per costruire i propri nidi. Il materiale con cui sono composti ha proprietà antiparassitarie, che mettono in fuga dal nido ospiti indesiderati, ma può anche danneggiare questi animali.

(Lori Berti, National Geographic, 09/02/2015
http://www.nationalgeographic.it/ambiente/2015/02/09/news/mozziconi_di_sigaretta-2478177/)

DOMANDE

1. **Secondo ricerche effettuate la degradazione dei mozziconi**
   a. si manifesta solo in determinate condizioni ambientali.
   b. è un processo che richiede un percorso pluriennale.
   c. avviene dopo il manifestarsi di fenomeni naturali.
   d. si completa mediante un processo chimico.

2. **I risultati della ricerca dimostrano che la durata della degradazione**
   a. si riduce in rapidità con il progredire della decomposizione.
   b. si intensifica quando avviene in particolari ecosistemi.
   c. dipende unicamente dalle caratteristiche fisiche dell'ambiente.
   d. accresce con l'avanzare del procedimento di scomposizione.

3. **Durante i primi mesi il processo di decomposizione risulta**
   a. gradualmente più lento per via dei filati artificiali.
   b. accelerato grazie alla presenza delle sostanze fibrose.
   c. interrotta a seconda della composizione del suolo.
   d. più veloce per mezzo della presenza di microrganismi.

4. **La nocività dei mozziconi è correlata**
   a. alle sostanze naturali emanate nel corso della combustione.
   b. allo sviluppo di calore provocato dalla fusione del combustibile e comburente.
   c. alle varie reazioni chimiche che si manifestano nell'ambiente.
   d. alla presenza di elementi chimici rilasciati dalle cicche bruciate.

5. **Potremmo affrontare in modo più concreto questo problema**
   a. con l'uso di materiali ecosostenibili e processi di reimpiego.
   b. tramite la possibilità di riutilizzo dei vari elementi chimici.
   c. sfruttando la riutilizzazione del materiale raccolto nel settore edilizio.
   d. per mezzo del riutilizzo di filtri biodegradabili da trasformare.

2° TESTO
Una banda musicale di batteri per promuovere la microbiologia

Che noia la microbiologia, i batteri son tutti uguali! Per non parlare della cristallografia, non ci si capisce niente con tutti quegli ortorombi, i cosaedri e tetraedri! Comunicare la scienza, soprattutto scienze poco "cool" perché prive di grossi dinosauri o di galassie lontane, è un lavoro difficile e a volte ingrato. Non solo a causa della complessità intrinseca della disciplina, ma anche a causa di preconcetti che creano barriere difficili da superare.

Come se non bastasse, ci si mette anche il fatto che ognuno di noi apprende in modi differenti. Che fare? È un problema che molti ricercatori e divulgatori si pongono, e alcuni arrivano alla stessa conclusione: si può provare a usare un linguaggio universale, quello della musica. La tecnologia permette infatti di "tradurre" strutture bi- o tri- dimensionali in suoni, ottenendone sinfonie inquietanti e suoni insoliti. Biota Beats è un think tank, cioè un gruppo di scienziati interessati all'analisi e alla ricerca di soluzioni di problemi complessi, fondato da un laureato del Media Lab del Massachusetts Institute of Technology (MIT) a cui si sono aggiunti nel tempo studenti e professionisti di varie discipline – dalla biologia alla musica - per "esplorare l'interfaccia tra la biologia ingegnerizzata e la strada, la gente, la cultura e i prodotti che creeranno il modo in cui la biologia lascia il laboratorio ed entra nelle vite di tutti i giorni".

Indiscutibilmente un progetto ambizioso. Per mettere in pratica questo ponte tra "torri d'avorio" e "i giovani", i disadattati ai margini della cultura, le comunità che non hanno mai pensato alla biologia come a un mezzo di creazione espressiva", Biota Beats ha creato musica facendo suonare i batteri che vivono sul nostro corpo. I biologi del think tank hanno prelevato batteri da piedi, genitali, ombelico, ascelle, bocca e hanno creato delle colture. Ogni differente parte del corpo ha prodotto colonie da uno o più tipi di batteri (responsabili di solito degli odori indesiderati del nostro corpo) e a ogni colonia è stato associato un suono.

La sinfonia del nostro microbioma, i batteri che vivono con noi e in qualche modo sono parte di noi. Fortunatamente l'esperimento non prevede sinestesia con l'apparato olfattivo. Mauro Mandrioli, professore associato in genetica presso l'università di Modena e Reggio Emilia, appare scettico. "Biota Beats - avverte - è un modo accattivante per rendere musicalmente le differenze tra i microbiomi, ma non è una registrazione audio del nostro corpo: la sinfonia finale è pur sempre un artefatto". "È vero – incalza Mandrioli - ciascuno di noi è un microcosmo fatto di interazioni ecologiche per cui spesso parliamo di olobionte e non di individuo. Bio Beats sembra molto *new age* e sono certo che avrà anche tanta attenzione perché è un gioco divertente... ma pur sempre un gioco resta". Di parere differente è invece un team di geologi dell'università di Bari guidato da Alessandro Monno, ricercatore del dipartimento di Scienze della Terra e Geoambientali. "La musica", secondo Monno e coautori, "può essere considerata un mezzo per esplorare e spiegare la complessità delle strutture sia naturali che artificiali e un modo per guidare persone di ogni età che vogliano imparare a comprendere concetti complessi come quello dell'ordine delle molecole". A tale scopo, anche il team barese ha associato suoni alle posizioni degli atomi che formano cristalli. Il risultato è che cristalli di halite (NaCl), calcite ($CaCO_3$), ghiaccio (H_2O) ed altri ancora diventano suoni ordinati. Il presupposto è che gli ottetti elettronici degli elementi della tavola periodica diventano ottave musicali, e gruppi, periodi, angoli e distanze vengono tradotti rispettivamente in durata del suono, tipo di strumento, altezza e intensità del suono.

(Lisa Signorile, National Geographic, 23/10/2017, http://www.nationalgeographic.it/scienza/2017/10/23/news/una_banda_musicale_di_batteri_per_promuovere_la_microbiologia-3722243/)

DOMANDE

6. Nell'articolo la microbiologia risulta noiosa
   a. a causa delle barriere peculiari createsi rispetto all'analisi dei batteri.
   b. per via della peculiarità e dei pregiudizi correlati alla materia.
   c. perché presenta tanti e diversi modi di apprendere le teorie.
   d. per la facilità dell'apprendimento teorico e concettuale della materia.

7. Biota Beats è un gruppo di
   a. esperti che analizzano le relazioni tra biologia ingegnerizzata e contesto sociale.
   b. scienziati esperti di tecnologia fondato dal Media Lab nel Massachusetts.
   c. ricercatori che approfondiscono l'interfaccia tra la biologia e la meccanica.
   d. di esperti incentrati nella ricerca del rapporto tra biologia e cultura.

8. I biologi di Biota Beats hanno creato
   a. musica facendo suonare i batteri che vivono nell'ambiente.
   b. colonie di vari tipi di batteri responsabili degli odori indesiderati del nostro corpo.
   c. musica tramite colonie di batteri prelevati dal corpo umano associate a suoni.
   d. colture e colonie facendo suonare i batteri che vivono nell'ambiente.

9. Secondo Alessandro Monno la musica può
   a. facilitare l'interpretazione di strutture teoriche complesse.
   b. essere un mezzo per esplorare le strutture biologiche delle molecole.
   c. dimostrare la complicatezza di sistemi e teorie biologici.
   d. interpretare l'esattezza delle complesse strutture naturali e artificiali.

10. Gli scienziati collegano la produzione del suono
    a. al posizionamento degli atomi cristallizzati che si convertono in ottetti elettronici.
    b. agli ottetti elettronici che si trasformano in atomi che formano cristalli.
    c. alla disposizione degli atomi che costituiscono cristalli e agli ottetti elettronici.
    d. alla posizione degli atomi nella tavola periodica.

A.2 Legga il seguente testo e poi risponda alle domande poste.

Buone o cattive? Continua il dibattito sulle sigarette elettroniche

Secondo un recente studio le sigarette elettroniche aiutano a smettere di fumare. Ma molti esperti ne sottolineano i rischi. Negli Stati Uniti il mercato delle sigarette elettroniche è in crescita. Poiché producono vapore anziché fumo e cenere, le cosiddette *e-cigs* vengono pubblicizzate come un modo elegante, non fastidioso e socialmente accettabile di fumare. Inoltre, visto che generalmente rilasciano meno nicotina delle sigarette convenzionali, potrebbero anche essere efficaci per chi intende smettere del tutto. A confermare questa ipotesi è un recente studio pubblicato sulla rivista *The Lancet*. Gli autori hanno scoperto che, in un arco temporale di sei mesi, l'efficacia della sigaretta elettronica come aiuto per smettere di fumare è statisticamente comparabile a quella dei cerotti alla nicotina.

Si tratta però solo del primo studio che compara la sigaretta elettronica a un prodotto farmaceutico già utilizzato per la disintossicazione dal tabacco. "Sono contento che comincino ad apparire ricerche concrete", commenta Alexander Prokhorov, esperto di tabagisco dell'Anderson Cancer Center di Houston (che non ha partecipato allo studio comparso su *Lancet*). Ma sottolinea che ci sono alcuni aspetti che lo turbano. "La nicotina non è una sostanza neutra. Oltre a dare forte dipendenza, è anche una sostanza velenosa".

Le sigarette elettroniche evocano l'aspetto e i riti associati al fumo delle sigarette normali; il pericolo è che invece di smettere si finisca per passare a questo prodotto e continuare a usarlo. Il fumatore resta così dipendente dalla nicotina, e rischia di ricadere nella dipendenza da sigarette "normali". Oltre alla nicotina, le sigarette elettroniche contengono comunque diverse sostanze chimiche tossiche e particelle ultrasottili; anche il "vapore passivo" potrebbe essere dannoso. Infine, gran parte degli "svapatori" continua a fumare anche sigarette normali: per loro dunque i rischi del tabagismo non sono affatto esclusi.

Gli studiosi sottolineano anche un altro aspetto, legato alla qualità del prodotto: a differenza dei cerotti o delle gomme alla nicotina, nessuna delle sigarette elettroniche in commercio è stata valutata dalle agenzie incaricate di approvare i presidi terapeutici. Come altre agenzie simili del resto del mondo, la FDA ha annunciato che proporrà presto una serie di misure per regolamentare uso e diffusione delle *e-cigs*. In definitiva, lo studio di *Lancet* si limita a dire che le sigarette elettroniche non sono peggio dei cerotti alla nicotina, ma nemmeno meglio. Un altro studio, condotto dai Centers for Disease Control and Prevention (CDC), mostra che negli Stati Uniti il numero degli studenti delle medie e delle superiori che fanno uso di sigarette elettroniche è raddoppiato. In totale, oltre un milione e 700mila ragazzi le hanno provate. Le *e-cigs* sono forse ancora più allettanti per i più giovani, vista la grande varietà di gusti disponibili per i liquidi da vaporizzare. Gli autori della ricerca sottolineano: "Siamo preoccupati che questo prodotto abitui i ragazzini a comportamenti molto simili a quelli dei fumatori. E fino a prova contraria dobbiamo ritenere che ciò aumenti la probabilità di passare alle sigarette convenzionali". Prokhorov condivide queste preoccupazioni. "Temo che diventi un comportamento che introduce i ragazzi alla nicotina, con il rischio che restino dipendenti per sempre". Infine, conclude Prokhorov. "Dal punto di vista psicologico, la nostra società stava cominciando ad apprezzare la vita senza tabacco e senza fumo. La rinascita delle sigarette, anche in forma elettronica, non è affatto una bella notizia".

(Diane Cole, National Geographic, 18/09/2013, http://www.nationalgeographic.it/scienza/medicina/2013/09/18
/news/buone_o_cattive_continua_il_dibattito_sulle_sigarette_elettroniche-1813383/)

DOMANDE

11. Quali caratteristiche delle e-cigs vengono reclamizzate?

(da 15 a 20 parole)

12. La sigaretta elettronica risulta un mezzo efficace per smettere di fumare?

(da 8 a 15 parole)

13. Cosa intendiamo con "vapore passivo"?

(da 15 a 20 parole)

14. Cosa dimostra la ricerca condotta dal Centers for Disease Control and Prevention?

(da 15 a 20 parole)

A.3 Legga i due brani indicati rispettivamente con la lettera A e B. Abbini successivamente le frasi sottoelencate segnando A quando la frase si riferisce al brano A, segnando B quando la frase si riferisce al brano B.

Come gli influencer condizionano le vendite

TESTO A	TESTO B
Secondo una ricerca realizzata da eMarketer, società che analizza quello che succede online, il settore dell'influencer marketing ha movimentato 570 milioni di dollari lo scorso anno solamente su Instagram. I dati dell'ultima Future of Business Survey, sondaggio realizzato da Censis, OCSE e Banca Mondiale su una base di 49mila piccole e medie imprese, 11mila delle quali sono italiane, ha messo in evidenza come in Italia due imprese su tre abbiano un profilo Facebook e, di queste, la metà dichiara di aver aumentato le vendite proprio grazie all'interazione sui social. Sondaggi realizzati da Twitter e Annalect, invece, evidenziano come almeno il 40 per cento degli utenti intervistati segua gli account dei brand del cuore su Facebook e Instagram e abbia acquistato un particolare prodotto o servizio dopo averlo visto utilizzare da un influencer su piattaforme online. Ci siamo ormai accorti tutti di quanto i social media abbiano stravolto l'approccio di aziende e negozi verso i consumatori, sia amplificando le opportunità per raggiungere nuovi clienti in ogni parte del mondo, sia proponendo un bombardamento pubblicitario mirato su interessi, gusti e necessità dei singoli. Quello che però non è ancora del tutto chiaro è il ruolo effettivo giocato da social e influencer nel decidere il destino degli esercizi commerciali che operano in rete. Secondo gli ultimi dati del Future of Business Survey, persino le aziende fai-da-te, ovvero quelle composte da una sola persona, riescono ad aumentare di molto la propria visibilità grazie a internet. In Italia la percentuale di piccole e medie imprese (definite come aziende che hanno meno di 250 impiegati) attive online arriva a malapena al 15 per cento, ma nel resto dell'Europa occidentale la quota supera in media il 20, con picchi nel Nord Europa che vanno oltre il 25.	Per Ilaria Antonella Belluco, avvocato dello Studio Legale e Tributario CBA, "il mercato si sta evolvendo in maniera naturale verso un nuovo modo di concepire il rapporto con i consumatori". Ormai non ci si accontenta più del valore del prodotto, ma si cerca il valore di un servizio globale, di cui il prodotto, assieme al confezionamento, all'assistenza e a tanti altri dettagli, è una semplice componente". Questa evoluzione porta con sè tantissime opportunità per le piccole e medie imprese, che grazie ai social si ritrovano con tante piattaforme in più per farsi conoscere ed entrare in contatto con una clientela prima irraggiungibile. "Oggi nel mondo oltre 140 milioni di persone sono "connesse" con un'azienda italiana", un vantaggio straordinario per chi saprà coglierlo e sfruttarlo al meglio. Eppure le aziende che vendono soprattutto grazie a internet sono tantissime. Nelle aziende con un solo operatore l'export rappresenta poco meno del 30 per cento dei ricavi complessivi. In quelle con 4-9 addetti si sfiora il 40, in quelle tra 10 e 49 lo si supera. Infine, è sconcertante rendersi conto che due aziende su tre abbiano dichiarato che il 50 per cento delle loro vendite sul mercato globale è gestita tramite la rete. Va da sé che i gruppi meglio posizionati online, a prescindere dalle dimensioni, siano molto più fiduciosi relativamente al proprio futuro.

(Claudia Astarita, Panorama, 24/11/2017
https://www.panorama.it/economia/tech-social/come-gli-influencer-condizionano-le-vendite/)

2° TEST
Prova di Comprensione della Lettura

15. Diverse aziende dichiarano di aver migliorato le vendite grazie ai social.

16. Acquistano un articolo o servizio se promosso da un influencer.

17. Nel mercato globale la metà delle vendite è coordinata attraverso la rete.

18. Sono numerose le attività che commercializzano prodotti tramite il canale internet.

19. Aziende individuali riescono ad incremetare la notorietà del proprio brand.

20. Nel mercato si sta sviluppando una nuova tipologia di rapporto con gli utenti.

21. L'apporto degli influencer relativamente allo sviluppo aziendale non è quantificabile.

22. Per le scelte d'acquisto si associa l'entità del prodotto ai servizi offerti.

23. I canali social e le piattoforme sviluppano reperibilità anche a piccole imprese.

24. I social media creano l'occasione alle attività commerciali di avvicinare nuovi clienti.

B. PROVA DI PRODUZIONE DI TESTI SCRITTI

B.1 Riassuma il testo, seguendo le tracce fornite, senza riutilizzare integralmente frasi, espressioni o costrutti usati nel testo.

(Da un minimo di 150 ad un massimo di 200 parole)

Le Barriere fragili dell'Italia anti hacker

Avremmo potuto stupirvi con effetti speciali, ma la realtà della rete di sicurezza informatica nazionale è molto povera. Ricca di idee e di buona volontà, misera di risorse e di personale. Così se scendiamo nelle trincee che dovrebbero difendere il Paese dalle orde di predatori di dati, le troviamo desolatamente sguarnite. Le tre fortezze che hanno il compito di proteggere l'Italia dalle grandi incursioni digitali - per intenderci, stiamo parlando delle offensive che possono mandare in tilt interi ministeri o violare le comunicazioni del governo - si chiamano Cert, Computer emergency response team: sono le centrali operative incaricate di scoprire gli assalti e sincronizzare la risposta. La più importante, un po' enfaticamente battezzata "Cert Italia", dovrebbe coordinare tutte le realtà pubbliche e private in un unico scudo online ma ha un organico di "una decina di persone". Il "Cert Pubblica Amministrazione" invece è la barriera degli enti statali o locali che però funziona "in orario d'ufficio". Come se gli hacker riposassero la notte o si astenessero dalle razzie nel weekend. D'altronde non si può chiedere ai due funzionari e ai tre tecnici precari che lo presidiano di fare i salti mortali. Il responsabile Mario Terranova spiega che "è un Cert che gestisce la sicurezza per sentito dire, le segnalazioni più importanti derivano dalle attività di monitoraggio che effettuiamo al nostro interno". Infine c'è il Cert Difesa, il più dotato e reattivo seppur costruito con un investimento complessivo di 15-20 milioni: meno di un millesimo della spesa annuale per le forze armate.

Complessivamente possiamo contare su una quarantina di paladini per vigilare la frontiera digitale del Paese, che ha confini virtuali ma custodisce interessi colossali perché lì scorre tutta la nostra vita: una sovranità a dir poco limitata, se non inesistente.

Che serva un'unica struttura in grado di gestire le emergenze cibernetiche lo impone l'Europa. Ed è dal 2004 che l'Ue ha lanciato l'allarme, in anticipo rispetto al primo grande cyber-attacco della storia: l'irruzione sul fronte orientale dell'Unione che nel 2007 ha quasi paralizzato l'Estonia. Noi ce la siamo presa comoda e solo nel 2013 abbiamo varato un sistema di protezione, dimenticandoci però di finanziarlo. Oggi la speranza di attivarsi velocemente in caso di brecce telematiche è utopica, ostacolata da un organigramma troppo articolato e poco funzionale. Le audizioni della Camera mettono in risalto l'impegno collettivo per trovare rimedi mostrando però un settore dominato dall'intreccio di gelosie e culture diverse: aziende private ed enti pubblici, restii a condividere debolezze e virtù. Nessuno ama sbandierare la falla nei server e i danni subiti.

Così non si riesce a fare tesoro degli errori e mettere sull'avviso le prossime vittime. Siamo all'anno zero: i server di Asl e Regioni non sono al riparo dagli hacker. I custodi ministeriali criticano la scarsa collaborazione dei militari: "Non partecipano alle nostre esercitazioni, non scambiano dati - dichiara il dottor Terranova - , anche se i fatti seri che sono successi hanno dimostrato che i computer non hanno divisa, per cui se il computer della Difesa viene compromesso, compromette anche quelli degli altri. Per questo è necessario il dialogo e la cooperazione". Lo Stato maggiore della Difesa ha la struttura più professionale e una visione strategica chiara. Si sono resi conto che questo sarà il campo di battaglia fondamentale non del futuro ma del presente. I nostri militari

2° TEST
Prova di Produzione di testi scritti

non si perdono d'animo e sono pronti ad allestire una linea del Piave per sorreggere il resto delle istituzioni. Con meno di tre milioni, hanno creato una sorta di "autostrada digitale" fortificata in cui convogliare i dati più riservati mettendola a disposizione degli altri ministeri.

(Gianluca Di Feo, La Repubblica, 16/01/2017 https://inchieste.repubblica.it/it/repubblica/rep-it/2017/01/16/news/la_barriere_fragili_dell_italia_anti_hacker-156133282/)

Per il riassunto segua le tracce indicate:

- delineare i compiti del sistema di sicurezza informatico;

- descrivere lo stato del sistema di difesa informatico nazionale;

- rischi e pericoli;

- sinergia tra i vari Ministeri e Difesa.

B.2 Svolga una delle composizioni, scegliendola tra le due proposte:

(Da un minimo di 220 ad un massimo di 250 parole)

1. Anoressia nervosa, bulimia, binge eating (ossia alimentazione incontrollata): sono i principali disturbi del comportamento alimentare di cui in Italia soffrono almeno tre milioni di persone, per la maggior parte giovani e per la quasi totalità (circa il 96%) donne. L'ossessione del cibo, del peso e dell'immagine corporea colpisce sempre con più frequenza, abbassando l'età d'esordio di queste pericolose patologie: "non è più un problema solo di adolescenti, gli ultimi dati parlano di numerosi casi anche tra i più giovani e i bambini" dice il dottor Daniele Bosone, direttore sanitario dell'Istituto Neurologico Mondino di Pavia.

   Lei prendendo spunto da questa affermazione scrive ad un blog aperto a contributi liberi, dove evidenzia i rischi a cui vanno incontro tutte le persone affette da questi disturbi, proponendo soluzioni a questi problemi.

2. "Progetto esodi. Rotte migratorie dai paesi sub-sahariani verso l'Europa". Esodi è una mappa consultabile online realizzata sulla base delle testimonianze di mille migranti dell'Africa Subsahariana raccolte dal 2014 al 2016 dagli operatori e i volontari di Medici per i diritti umani (Medu). La mappa racconta le rotte affrontate dai migranti dall'Africa subsahariana all'Italia. Secondo il contesto fornito dalla mappa, tra i migranti provenienti dal Corno d'Africa, ed in particolar modo dall'Eritrea, uno dei motivi principali della fuga è il servizio militare obbligatorio a tempo indeterminato, un sistema paragonabile ai lavori forzati.

   Navigando in internet Lei è rimasto/a colpito/a dal contenuto presentato da questo sito e decide di scrivere agli operatori chiedendo di far pubblicare una lettera in cui esprime la Sua opinione sulla drammaticità del destino ignaro di tanti di essi che restano, per congiunti e parenti, vittime senza nome e senza identità e presenta l'importanza del rispetto di una tale questione che attiene la dignità della persona.

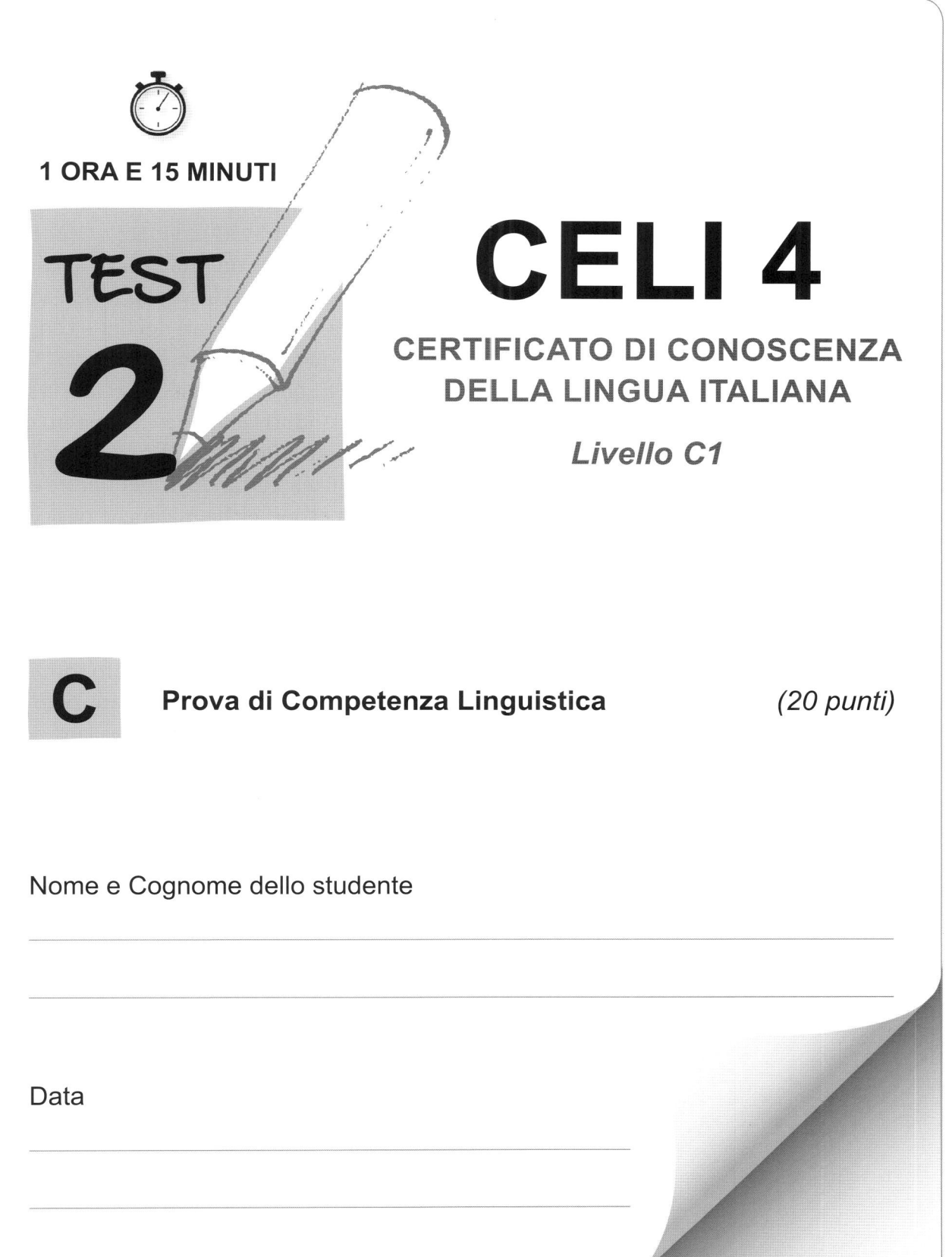

C.1 Completi il testo con l'inserimento di una sola parola.

Al bando le buste di plastica per frutta e verdura

Da gennaio 2018 prepariamoci a dire addio ai sacchetti di plastica che usiamo al reparto ortofrutta del supermercato per pesare mele e banane. In attuazione della direttiva UE 2015/720 sull'utilizzo di borse di ...(1)... in materiale leggero, il decreto legislativo che entra ...(2)... vigore a Capodanno vale per i sacchetti ultra leggeri, fino a uno spessore inferiore ai 15 micron. "Era ora che anche l'Italia ci arrivasse, il Kenya, per dire, ha già ...(3)... totalmente le buste di plastica dallo scorso agosto", commenta Stefano Aliani, responsabile dell'Istituto di Scienze Marine (Ismar) del Cnr a Lerici, che si ...(4)... di plastica in mare dagli anni '90. "Anche noi ci adeguiamo al resto del mondo". Già da diversi anni i sacchetti in materiale biodegradabile hanno ...(5)... quelli in plastica per fare la spesa, ma le buste di plastica leggera erano rimaste al loro posto, dandoci l'illusione che fossero chissà perché meno nocive. "In realtà inquinano tanto quanto ...(6)... altre, ma non si può eliminare ...(7)... botto tutta la plastica, occorre agire filiera per filiera", spiega Aliani, "cercando di identificare e risolvere un ...(8)... alla volta. Bisogna fare opportune valutazioni economiche ma anche di sicurezza sanitaria prima di ...(9)... alcuni imballaggi". La sensazione per chiunque faccia la spesa è però che la quantità di imballaggi di plastica aumenti invece di diminuire. Allora ...(10)... tratta di un gioco a somma zero, in ...(11)... mettiamo al bando le bustine dell'ortofrutta ma intanto siamo circondati da plastica di altro tipo? "Ci sono imballaggi che sono indispensabili, altri sono ...(12)... ma potremo farne a meno, altri ancora sono futili. Molti di quelli che troviamo al supermercato sono legati esclusivamente al marketing e andrebbero rivisti. Gli imballaggi destinati a conservare, però, sono insostituibili. Un prodotto che arriva, per esempio, dal Sudamerica deve ...(13)... imballato, non c'è alternativa. Quello che si può fare semmai ...(14)... aumentare i percorsi di riciclo. La stessa cassa può viaggiare più volte".

https://www.panorama.it/scienza/green/al-bando-le-buste-di-plastica-per-frutta-e-verdura-ecco-perche/

2° TEST
Prova di Competenza Linguistica

C.2 Completi il testo da 15 a 24 con la parte mancante scegliendo tra le alternative proposte. Una sola è la scelta possibile.

Una famiglia in alto mare

Nel 2010 Ghisla in Bardout ed Emmanuelle Périé-Bardout, subacquei, partirono per il Polo Nord ...(15)... gli ecosistemi presenti sotto il ghiaccio. Per scattare foto, girare video e tenere sotto controllo la salute del gruppo misero insieme un' équipe di otto persone. Kayak, l'husky siberiano della coppia, ...(16)... se vedeva orsi polari. Da allora "Under the Pole" - come fu chiamata la spedizione - è diventata un'iniziativa globale per l'esplorazione delle zone più inospitali degli oceani. Nel 2014 sono partiti in 55, giungendo a piedi fino alla costa occidentale della Groenlandia e immergendosi alla profondità record di 111 metri. «Dicevano che non era possibile, ...(17)... », racconta Périé-Bardout. Il viaggio ha prodotto vari film, un libro e diversi studi accademici. Quest'estate l'équipe – ...(18)..., che si susseguono a rotazione – darà il via alla terza parte del progetto, ...(19)... e toccherà quasi tutte le latitudini della Terra. Salperanno dalla Francia verso la Groenlandia, attraverseranno l'Artico, circumnavigheranno l'Alaska, faranno tappa nella Polinesia Francese, ...(20)... dell'America del Sud arrivando in Antartide, poi risaliranno l'Atlantico fino all'Europa: più di 80.000 ...(21)... . Lungo ...(22)... nella cosiddetta zona crepuscolare, la fascia degli oceani sotto i 30 metri di profondità; e metteranno ...(23)... umana con immersioni ...(24)... (tra cui una di 72 ore) del record che già detengono. L'équipe ha due membri in più: Robin, cinque anni, e Tom, un anno, figli della coppia. Il loro compito? Cambiare l'atmosfera a bordo. «Quando la tensione sale, nessuno esplode se c'è un bambino che gioca con i Lego», dice Bardout.

(Daniel Stone, National Geographic, 31/08/2017
http://www.nationalgeographic.it/dal-giornale/2017/08/31/news/una_famiglia_in_alto_mare-3599623/)

a. nessuno esplode se

b. alla prova i limiti della fisiologia

c. noi invece ci abbiamo creduto

d. chilometri in tutto

e. figli della coppia

f. supereranno la punta

g. ormai arrivata a cento elementi

h. aveva il compito di abbaiare

i. il tragitto studieranno la vita

l. più profonde e più lunghe

m. che durerà tre anni

n. per andare a esplorare

C.3 Nella maggior parte delle righe numerate da 25 a 38 ci sono errori di distrazione. Identifichi negli spazi numerati da 25 a 38 con √ le eventuali righe che non contengono errori, in caso contrario individui gli errori e scriva la forma corretta.

Nuove norme per l'affitto breve

25. La cosiddetta norma Airbnb – che entra in vigore da giugno – definise un nuovo

26. regime fiscale per le locazione brevi oltre alla ritenuta del 21%,

27. operata come cedolare secca sui contratti non superiori

28. a 30 giorno, la norma prevede che i gestori di partali d'intermediazione online

29. – come appunto Airbnb, che aggevola l'incontro tra proprietari

30. disponili a locari un immobile o parte di esso, e turisti desiderosi di trovare una

31. sistemazione – trasmettano i dati degli accordi stipullati per

32. loro tramite e, se incassano i canoni corispondenti, debbano assolvere

33. la ritenuta fiscale in qualità di sostituti d'imposta (articolo 4, Dl 24 aprile 2017, n. 50.).

34. Sebbene l'obiettivo sia solo quel di contrastare l'evasione fiscale,

35. le recenti disposizione possono indurre a credere che l'introduzione di questi

36. obblighi di traparenza costituisca una soddisfacente regolamentazione del settore.

37. Peraltro, il gettito addizionale che si conti di reperire non sarà certo esorbitante:

38. 139,3 milioni, e solo se emergerà tutta la base imponibile che si presume ocultata.

(Di Saverio Fossati, Il Sole 24 ore,
https://www.ilsole24ore.com/art/tassa-affitti-turistici-pagare-sara-airbnb-AEq2q8AB)

C.4 Costruisca un testo collegando e sviluppando i punti elencati.

Nonnina di 80 anni mette in fuga un ladro

mettere in fuga – reazione titolare tabaccheria – uomo 44 anni –

ieri mattina 9,45 – entrare negozio Rimini – rubare sigarette – capo coperto calza scura –

riminese – scappare spaventato quando proprietaria – nonnina 80 anni – mettersi urlare –

malvivente salire auto – parcheggiare poco distante – ma nonnina riuscire memorizzare targa –

comunicarla investigatori – polizia iniziare subito indagini –

malgrado targa essere truccata – risalire proprietaria –

donna riminese convivente pregiudicato – rintracciare subito – interrogare casa via Clerici –

vicino abitazione – trovare calza utilizzare rapina – buttare strada –

risolvere caso paio ore.

Cominciare così: È stato messo in fuga dalla reazione della titolare di una tabaccheria un uomo di 44 anni che...

25 MINUTI

TEST 2

CELI 4
CERTIFICATO DI CONOSCENZA DELLA LINGUA ITALIANA
Livello C1

D   **Prova di Comprensione dell'Ascolto**   *(30 punti)*

Nome e Cognome dello studente

Data

CELI 4

D.1 Ascolterete un testo che tratta il fenomeno del cyberbullismo. Completi le informazioni introducendo al massimo 4 parole negli spazi numerati da 1 a 8.

Il testo va ascoltato due volte.

1. Il rapporto con il proprio corpo e con il ...(1)...
2. Gli atti di bullismo e ...(2)...
3. Molti ragazzi per uscire da ...(3)...
4. I ragazzi "in carne", presi di mira, vengono ...(4)...
5. Essere vittima di prevaricazioni, offese e ...(5)...
6. influenza ...(6)... fisico e psicologico dei ragazzi
7. Feriscono ...(7)... il proprio aspetto
8. nell'immediato ma anche sul ...(8)... ad isolarsi e chiudersi

(Laura Manca, la Repubblica.it, 3/07/2017, http://osservatorio-cyberbullismo.blogautore.repubblica.it
/2017/07/03/perche-le-vittime-dei-cyberbulli-ricorrono-spesso-alla-chirurgia-estetica-risponde-maura-manca/)

2° TEST
Prova di Comprensione dell'Ascolto

D.2 Ascolterete un'intervista ad un imprenditore. Ascoltate attentamente e individuate quali informazioni sono presenti o no nel testo.

Il testo va ascoltato due volte.

9. Attaccamento alla propria città.
10. Viene considerato inizialmente un prodotto di scarso interesse.
11. Probabilmente si tratta della seconda pasticceria in Europa.
12. Difficoltà nel poter evadere le richieste pervenute.
13. L'impresa familiare detiene una grande esperienza nel campo zootecnico.
14. L'idea per creare questa attività è nata grazie all'amore per la zootecnica.
15. Particolare attenzione per l'estetica esterna della pasticceria.
16. Ottima qualità del prodotto seguendo tutti i potenziali criteri.
17. L'attività produttiva è riconducibile a professionisti di grande esperienza.
18. La denominazione dei prodotti non risulta brevettata.
19. La clientela è costituita da soli amanti dei cani.

(Andrea Cominetti, Vanityfair.it, 14/12/2017. https://www.vanityfair.it/vanityfood/food-news/2017/12/14/dentro-la-pasticceria-per-cani-di-brescia-dove-tutti-per-natale-ordinano-il-canettone)

D.3 Ascolterete ora un testo che parla di vari periodi storici ed artistici. Durante l'ascolto svolgete l'attività completando con al massimo sei parole.

Il testo va ascoltato una volta.

	Periodo di sviluppo	Caratteristiche dell'arte	Opera rappresentativa
20. Arte romana	…(20. A)…	…(20. B)…	…(20. C)…
21. Arte barocca	…(21. A)…	…(21. B)…	…(21. C)…
22. Arte rinascimentale	…(22. A)…	…(22. B)…	…(22. C)…
23. Arte romantica	…(23. A)…	…(23. B)…	…(23. C)…

25 MINUTI

CELI 4

CERTIFICATO DI CONOSCENZA DELLA LINGUA ITALIANA

Livello C1

Prova di Produzione Orale *(30 punti)*

Lo studente esaminerà il materiale sul quale si svilupperà un'intervista / conversazione con gli esaminatori o la commissione d'esame

Il materiale consiste in:

- **A** un testo
- **B** due fotografie
- **C** tabelle o grafici

Nome e Cognome dello studente

_____

_____

Data

_____

_____

A Lo studente, dopo aver letto il testo, deve riassumerlo e rispondere alle domande che eventualmente gli verranno poste.

Il diritto all'istruzione vale per tutti

Fawaz è stato sfollato con la sua famiglia in un campo profughi di fortuna, a ridosso del confine con la Siria: «Non ci sono scuole. Non c'è istruzione. I miei figli non hanno giocattoli. Devono giocare con il fango... Stavamo meglio in Siria» mi spiega. Asiya, la madre, racconta inorridita di incontri ravvicinati con serpenti, ratti e zanzare. «Siamo scappati dalla Siria per via della guerra» spiega. «Abbiamo perso tutto, ma la cosa che mi fa più male è che i miei figli abbiano perso il loro futuro.» La storia di Fawaz e Asiya è la storia di tanti. Il dolore è lo stesso di ogni famiglia di profughi che ha dovuto lasciare la propria casa in Siria, famiglie che hanno dovuto solcare mari e deserti in cerca di un'opportunità per i loro figli sottoforma di istruzione. Oggi sono circa un milione i bambini siriani che non vanno a scuola e la maggior parte di quelli che ci vanno, abbandoneranno gli studi prima di cominciare la scuola secondaria. Nel giro di un ciclo elementare, la Siria ha registrato un'inversione di tendenza di proporzioni storiche, perdendo una generazione. In un continente diverso e cinquemila chilometri più a sud, la situazione è altrettanto disperata. Fuggiti da una campagna di terrore, più di 950mila persone (presto supereranno il milione) hanno attraversato il confine del Sud Sudan per rifugiarsi in Nord Uganda. Per questi profughi, una delle aree più povere di uno dei Paesi più poveri al mondo è diventata un rifugio. Secondo l'ultimo rapporto di Save the Children, per quasi un anno, dal Sud Sudan sarebbe fuggito un bambino al minuto. Sono bambini che hanno assistito a violenze inaudite, che hanno bisogno di protezione, di cure e di istruzione. Il governo ugandese ha dato prova di una generosità straordinaria. Diversamente dai Paesi molto più ricchi, l'Uganda ha offerto accoglienza, ha messo a loro disposizione terra, semi e attrezzi, dando loro la possibilità di ricominciare. Il Paese ha aperto le sue scuole e le sue strutture sanitarie già sovraffollate e ha mantenuto la sua promessa di garantire un'assistenza più efficace ai profughi, come previsto da una dichiarazione dell'Assemblea Generale delle Nazioni Unite del 2016. Questo è uno dei rari esempi in cui la retorica può tradursi in realtà. Ma altri seguiranno l'esempio? È necessario. In un mondo alle prese con la più grande emergenza profughi dalla Seconda guerra mondiale, il problema non è solo ugandese ma mondiale, e i problemi mondiali richiedono soluzioni mondiali. Attualmente, pur essendo aumentati di un punto percentuale nel corso dell'ultimo anno, i finanziamenti all'istruzione in caso di crisi umanitaria sono ancora gravemente insufficienti. Secondo l'Unesco, attualmente solo il 2,7% degli aiuti umanitari globali è destinato all'istruzione. Questo deve cambiare. Pensate che l'86% dei profughi di tutto il mondo viene accolto da Paesi in via di sviluppo già in difficoltà per garantire il diritto allo studio ai propri giovani. L'International Commission on Financing Global Education Opportunity, ha lanciato un appello urgente affinché gli investimenti per l'istruzione raggiungano il 4-6% degli aiuti umanitari totali. E in caso di emergenze e di crisi, bisognerebbe stanziare ogni anno altri 9 miliardi di dollari per l'istruzione. I finanziamenti ci sono, ma dobbiamo muoverci. Quei finanziamenti che permetterebbero a Paesi come l'Uganda e il Ciad (che stanno accogliendo più di 800mila profughi fuggiti alla violenza della Nigeria del Nord e della Libia, 300 mila dei quali in età scolare) di fornire un'istruzione adeguata ai bambini profughi. E questo arginerebbe la marea di profughi migranti in cerca di opportunità perché dove c'è istruzione ci sono stabilità e speranza. In un mondo segnato da profonde divisioni, abbiamo l'opportunità di intraprendere un cammino diverso. Investire nell'istruzione porta un ritorno a lungo termine ed è ormai dimostrato che un'istruzione di qualità rappresenti una sicurezza per i bambini. E poi l'istruzione può ridurre i matrimoni delle bambine, il lavoro minorile, rafforzare la sicurezza e l'autostima degli scolari e offrire loro maggiori prospettive lavorative.

(Di Gordon Brown, Il Sole 24 ore, 20/11/2017, https://www.ilsole24ore.com/art/il-diritto-all-istruzione-vale-tutti-AEYMB0ED)

Domande guida

Riassuma il testo.

- Nel testo viene descritta la più grave emergenza profughi a livello globale creatasi dopo la fine della Seconda guerra mondiale, un mondo segnato da profonde divisioni, dove il diritto all'istruzione viene concepito come uno dei fattori più determinati per la sicurezza ed il futuro dei bambini.

Secondo Lei, investire nell'istruzione porta un ritorno a lungo termine? Rafforza la sicurezza e l'autostima degli scolari? Si potrebbero creare maggiori prospettive lavorative? Quali altri fattori potrebbero eventualmente garantire il diritto d'istruzione a tutti?

- Le migrazioni internazionali sono cresciute in maniera esponenziale nel corso degli ultimi decenni, risultando così uno dei principali fattori di trasformazione sociale e di sviluppo nel mondo.

Esponga com'è la situazione nel Suo paese ed esprima eventuali opinioni.

B Lo studente dovrà descrivere le foto mettendole a confronto e rispondere alle eventuali domande che gli verranno poste.

FOTO

1.

2.

Domande guida

Descriva le foto mettendole a confronto.

- L'abusivismo edilizio è pratica consolidata e diffusa, alimentata anche dalla politica, che in maniera trasversale crea delle scappatoie legali. All'interno di questo concetto rientrano gli ampliamenti edilizi poi affittati ai turisti, la costruzione di interi nuovi edifici che diventano alberghi.

Secondo Lei è possibile sviluppare turisticamente un luogo rispettando l'ambiente e le caratteristiche culturali del posto? Esprima delle considerazioni personali.

- A sfigurare la costa è soprattutto il "vecchio abusivismo" quello che da decenni sopravvive alle demolizioni, quello delle seconde case in riva al mare che godono delle particolari attenzioni dei politici, sempre attenti a impedire che arrivino le ruspe.

Questa situazione è una caratteristica anche nel Suo Paese? Esistono leggi che regolamentano l'edilizia abusiva? Descriva la situazione ed eventuali problematiche.

CELI 4

C Lo studente dovrà descrivere il/i grafico/i o la/le tabella/e e rispondere alle eventuali domande che gli verranno poste.

La mappa
Le scuole digitalizzate

PIEMONTE
Grugliasco
Istituto tecnico industriale Ettore Majorana

Fossano (Cuneo)
Iis Vallauri di Fossano

EMILIA ROMAGNA
Piacenza
Liceo scientifico Lorenzo Respighi

San Pietro in Casale (Bologna)
Istituto comprensivo

Bologna
Istituto comprensivo N.9
Iis Aldini Valeriani Sirani

Cento (Ferrara)
Ipsia Fratelli Taddia

Mirandola (Modena)
Scuola Montanari

Parma
Liceo scientifico musicale Bertolucci

Roveleto di Cadeo (Piacenza)
Istituto comprensivo Cadeo

TOSCANA
Firenze
Centro Storico-Pestalozzi

Castiglion Fiorentino (Arezzo)
Direzione didattica

Montelupo (Firenze)
Istituto comprensivo Baccio da Montelupo

Pisa
Ipia G.Fascetti

LOMBARDIA
Brescia
Liceo scientifico Copernico

Legnano
Isis Bernocchi

FRIULI VENEZIA GIULIA
Udine
Isis Malignani

MARCHE
Jesi (Ancona)
Istituto tecnico industriale Marconi
Istituto d'istruzione superiore Pieralisi

Ancona
Liceo scientifico Galileo Galilei

LAZIO
Roma
Convitto nazionale Vittorio Emanuele II

ABRUZZO
Teramo
Istituto d'istruzione superiore Alessandrini-Marino

CAMPANIA
Caserta
Iti Giordani

BASILICATA
Bella (Potenza)
Istituto comprensivo

SICILIA
Caltanissetta
Istituto comprensivo Lombardo Radice

VENETO
Piove di Sacco (Padova)
Direzione didattica statale

Albignasego (Padova)
Istituto comprensivo

Paese (Treviso)
Istituto comprensivo Casteller Paese

Bosco Chiesanuova (Verona)
Istituto comprensivo

Villafranca di Verona
IIS Carlo Anti

UMBRIA
Perugia
Istituto tecnico tecnologico statale Alessandro Volta

Terni
Istituto comprensivo A. De Filis

Città di Castello (Perugia)
San Filippo/Primo Circolo

MOLISE
San Martino in Pensilis (Campobasso)
Scuole San Martino in Pensilis

Larino (Campobasso)
Istruzione superiore F. D'Ovidio

Trivento (Campobasso)
Circolo didattico di Trivento

PUGLIA
Brindisi
Itis Majorana

Minervino di Lecce
Istituto Minervino di Lecce

Corriere della Sera

Domande guida

Descriva il/i grafico/i o la/le tabella/e.

- Il digital nelle scuole divide. C'è chi pensa che mettere più tecnologia nelle scuole possa non rendere i ragazzi più svegli e che la scarsità di computer a scuola possa essere una benedizione e chi, invece, si lamenta per gli esigui investimenti fatti in tal senso.

Secondo Lei qual è il ruolo e l'efficacia del computer nelle pratiche di insegnamento? Può sostituire il rapporto docente-studente?

- D'altra parte c'è chi sostiene che non ci sono ancora le pratiche pedagogiche, cioè la formazione degli insegnanti, per ottenere i maggiori benefici a livello accademico dalle tecnologie.

Quali provvedimenti, Secondo Lei, potrebbero essere messi in atto per colmare questa lacuna?

A. PROVA DI COMPRENSIONE DELLA LETTURA

A.1 Legga i due brani. Metta una X vicino alla lettera a.b.c.d. che corrisponde all'affermazione precisa tra le quattro che le vengono proposte.

1° TESTO

Il bullismo virtuale è peggio di quello reale

MILANO - I liceali vittima di cyber-bulling possono riportare danni ancor maggiori di quelli che il bullismo lo subiscono nella vita reale, una brutta esperienza che, secondo una recente indagine di Educazione&Scuola, prova con ricorrenza il 33% di ragazze e ragazzi italiani. Parolacce, offese, prese in giro, minacce, botte e anche manomissioni e danni alle proprie cose sembrano agire sulla psiche meno di quando le malvessazioni arrivano via mail sullo schermo del proprio computer o con gli sms del cellulare.

Quando si apre la posta elettronica o si risponde al telefonino si viene infatti colti di sorpresa e non viene attivato nessuno dei cosiddetti meccanismi di coping psicologico per difenderci dalle aggressioni che invece nella vita reale si vedono in qualche modo arrivare... La sensazione di persecuzione ha inoltre radici più profonde perché il cyberbulling ti segue ovunque e ogni volta che accedi alla posta, cosicché la vittima ha la sensazione di non poter trovare mai un rifugio o un campo neutro come accade invece nella realtà, dove rifugiarsi ad esempio vicino ai professori blocca almeno temporaneamente l'aggressione. Uno studio condotto su 20mila studenti americani ha rilevato che quasi la metà di chi subisce bullismo sia a scuola sia sul computer e sul cellulare cade in depressione (47%), ma se i due stimoli vengono scomposti, quelli che la sviluppavano dopo essere stati vittima soltanto di cyberbullismo sono ben il 33,9% ed è quindi a questa forma di bullismo che sono ascrivibili quasi tre quarti dei casi di turbe psicologiche.

Lo studio è stato condotto con questionari scritti su 20mila studenti dell'area di Boston e le domande erano di due tipi, uno per indagare la frequenza del bulling e un altro per valutare la loro reazione: quante volte qualcuno ti ha insultato, minacciato, deriso, ecc... usando internet, il cellulare o altri mezzi di comunicazione elettronica? Quante volte ti sei sentito frustrato al punto da sentirti una completa nullità e volerti addirittura punire per non saper reagire (ad esempio, ti sei rapato i capelli a zero, o ti sei bruciato apposta con una sigaretta...). In particolare nel 6,4% dei casi il cyberbullismo era rivolto contro ragazze tramite SMS di minaccia, con messaggi persecutori o pornografici, percentuale quintuplicata (33,1%) se le vittime erano ragazzi gay. "La comunicazione elettronica consente l'anonimato –commenta Shari Kessel Schneider, principale ricercatore dello studio- e può coagulare un'ampia platea di coetanei tramite spam, rafforzando il potere coercitivo delle dinamiche di gruppo che alimentano il bullismo e i comportamenti violenti anche al di fuori dell'ambiente scolastico". Anche un altro studio della Bridgewater State University aveva ottenuto l'anno scorso risultati simili. Subiva cyberbulling il 18,3% delle ragazze in confronto al 13,2 dei maschi, mentre a scuola la situazione era quasi paritaria: 25,1% le ragazze e 26,6% i ragazzi. Un'altra conferma della crescita del fenomeno arriva da un terzo studio delle Università di Helsinki e di New York su 2215 ragazzi fra 13 e 16 dove il 4,8% era vittima di bullismo, ma fra di loro, quelli colpiti solo da cyberbullismo erano il 7,4%: chi riportava il maggior trauma psicologico da questa tortura virtuale erano quelli/e perseguitati/e da un adulto sia del proprio sesso che di quello opposto, da uno sconosciuto o da un gruppo. I sintomi che più spesso presenta chi è vittima di bullismo sono, oltre alla depressione, problemi emotivi e di socializzazione con i compagni, cefalea, ricorrenti dolori addominali, problemi di sonno e sensazione di insicurezza a scuola, mentre chi subisce un trauma da cyberbulling mostra anche iperattività, turbe della condotta, ridotta socialità e abuso di alcol e fumo. Il problema di fondo che sta emergendo da tutti questi studi è capire se i sintomi di disagio psichico di questi ragazzi sono una conseguenza del bullismo che subiscono o se viceversa si tratta di soggetti psicologicamente predisposti a subire bullismo.

(Cesare Peccarisi, Il Corriere Della Sera, 3/01/2012, https://www.corriere.it/salute/12_gennaio_03/cyberbullismo-peggiore-di-quello-reale-peccarisi_43dd41d8-2b16-11e1-b7ec-2e901a360d49.shtml)

DOMANDE

1. Secondo l'articolo il coping psicologico consiste
    a. in meccanismi psicologici adattivi per fronteggiare problemi personali e interpersonali.
    b. nella gestione del comportamento dell'individuo di fronte ai suoi coetanei.
    c. in una strategia di adattamento comportamentale a problemi cognitivi.
    d. in un processo che stimola il disagio subito in situazioni di malessere fisico.

2. La vittima di cyber-bulling
    a. sente il bisogno di rifugiarsi nella realtà virtuale.
    b. subisce una pressione giornaliera che non riesce a tenere sotto controllo.
    c. non trova rifugio nella realtà e prova sensazioni di oppressione.
    d. si sente costantemente braccato quando accede alla rete telematica.

3. Uno studio condotto su studenti americani rileva
    a. che i fastidi psicologici sono imputabili all'uso del computer e del cellulare.
    b. che i sintomi della depressione si riscontrano nella vittima di cyber-bulling a priori.
    c. che la più alta percentuale di disturbi psicologici si manifesta nei casi di cyber-bulling.
    d. che la depressione è una patologia ricorrente in chi si serve di internet.

4. Secondo Shari Kessel Schneider
    a. chi comunica via internet agisce in incognito rafforzando eventuali impulsi violenti.
    b. la riservatezza garantita dalla comunicazione online sviluppa nei bulli dinamiche di gruppo.
    c. internet coinvolge un numero consistente di giovani propensi a comportamenti violenti.
    d. l'ambiente scolastico coltiva gli istinti di reazione del gruppo.

5. Gli esperti intendono verificare
    a. se i disturbi psichici siano innati o una ripercussione della violenza subita.
    b. il collegamento tra predisposizione al bullismo e turbe psichiche.
    c. l'entità del fenomeno in rapporto ai sintomi riscontrati nelle vittime.
    d. se gli effetti collaterali siano conseguenza della non tolleranza alla violenza.

2° TESTO

Fare ordine in casa è un gioco da bambini. O no?

Imparando a fare ordine fin da piccoli diventiamo adulti migliori: sviluppiamo le nostre abilità fisiche, perché ordinare implica coordinare i movimenti e fare ipotesi spaziali, e al contempo coltiviamo l'empatia, perché apprendiamo il rispetto dell'altro e la cura delle aree comuni, da quelle domestiche a quelle collettive: il parco, la scuola, la città.

Ma per imparare il riordino, che non è innato, gli adulti devono guidare i bambini ad apprendere gesti e consuetudini. Sono questi i presupposti che guidano l'educatrice giapponese Nagisa Tatsumi nel suo "*L'arte di insegnare il riordino ai bambini* (Vallardi)". Scrittrice ed educatrice, Tatsumi nel suo Paese è considerata un emblema di quell'arte del riordino che i suoi compatrioti hanno reso materia universitaria e persino bene d'esportazione. La convinzione è che mettere in ordine conduca a un appagamento sinonimo di felicità personale e, insieme, di rispetto degli altri. Ma se è plausibile che un adulto possa diventare un campione di essenzialità, con bambini e adolescenti serve cautela. Tatsumi ne è consapevole e infatti invita i genitori a un approccio che limiti o eviti rimproveri e punizioni, puntando su regole diverse in base all'età. I suoi capisaldi, in una cultura nipponica improntata al rispetto della gerarchia, assediata dal consumismo e da spazi domestici ristretti, mixano buon senso e rigore. A ogni età, dopo i tre anni, piccoli e ragazzi devono sapere che le cose non possono essere abbandonate negli spazi comuni, si tratti di giochi, abiti o materiale scolastico. In ogni ambiente è necessario trovare espedienti affinché diventi spontaneo riporre ciò che usiamo all'esterno: se attaccapanni, scarpiere e bacheche sono in posizione strategica minimizzano lo sforzo. I bambini devono disporre di contenitori dedicati a ogni tipologia di oggetti, che diventino così «facili da estrarre, facili da riporre», e insieme a mamma e papà devono apprendere a disfarsi del superfluo, giocattoli inclusi, valutando periodicamente cosa conservare e cosa buttare. Dai dieci anni in poi invece, entrando nella preadolescenza, è necessario che abbiano altri doveri: contribuire alla preparazione dei pasti, lasciare pulito il bagno e l'ingresso. «Se si concede ai figli di trascurare i propri compiti domestici per potersi dedicare allo studio, con l'intenzione di proteggerli, non li si tratta come persone autonome» sottolinea l'autrice.

Questo coinvolgimento nella routine casalinga ha un altro vantaggio: limitare il pericolo che l'adolescente che ha conquistato la propria stanza la usi come barriera tra sé e il mondo, trasformandosi in un hikikomori, un individuo che può arrivare alla condizione patologica di non uscire più dalla sua camera. Se questo evidentemente è uno spauracchio che riguarda il Giappone, dove il fenomeno ha raggiunto dimensioni preoccupanti, è vero però che la preadolescenza è il momento critico in cui in molte famiglie la comunicazione genitori figli si complica e il disordine diventa tema di discussioni e battaglie. Alberto Pellai, medico e psicoterapeuta dell'età evolutiva, concorda sul fatto che per la dinamica familiare sia salutare chiedere a ragazzi e ragazze delle medie e dei primi anni delle superiori di assumersi alcuni compiti, magari sempre gli stessi: «Una famiglia serena è una famiglia in cui si sono create strutture, percorsi di crescita che implicano anche fatica, sforzo comune, regole». Occuparsi della raccolta differenziata dei rifiuti, apparecchiare o sparecchiare, caricare la lavastoviglie, sono piccoli gesti che possiamo e dobbiamo chiedere. Senza cedere però alla deriva ossessiva di una casa asettica: «Il concetto di tutto al posto giusto non funziona per chi ha dei figli» prosegue Pellai, perché «l'appartamento non deve essere perfetto per lo sguardo dell'altro, di un ospite anche solo immaginario. È meglio che sia uno spazio vissuto e condiviso, ricordando che la percezione che bambini e adolescenti hanno della pulizia e dell'ordine non è comunque la nostra».

(Lara Crinò, il venerdì La Repubblica, 11/07/2017, https://www.repubblica.it/venerdi/articoli/2017/07/11/news/facciamo_ordine_in_casa-170513526/)

DOMANDE

6. Nagisa Tatsumi nel suo *"L'arte di insegnare il riordino ai bambini"*
    a. contribuisce allo sviluppo di un rapporto duraturo di rispetto tra adulti e bambini.
    b. osserva che l'abilità della coordinazione di movimenti in uno spazio favorisce la crescita.
    c. argomenta come l'apprendimento del riordino induca il bambino a mutare in positivo da adulto.
    d. si avvale dell'ipotesi che il riordino sia un insieme di gesti e abitudini collettive.

7. Il mettere in ordine
    a. innesca una sorta di compiacimento che porta a sviluppare il rispetto altrui.
    b. sfocia in un senso di soddisfazione e al contempo di gioia interiore.
    c. coltiva un senso innato di rispetto verso le cose altrui che si modifica con l'età.
    d. predispone l'individuo ad un duplice atteggiamento positivo verso se stesso.

8. Secondo Tatsumi, il giusto approccio dei genitori consiste
    a. nell'assecondare la volontà e le esigenze individuali dei propri figli.
    b. nel ponderare ogni contesto con uno spiccato senso di bonarietà.
    c. in una maggiore oculatezza nell'impartire i precetti ai propri figli.
    d. nel bilanciare in modo appropriato e non rigido punizioni e teorie.

9. Per "spauracchio" nell'articolo s' intende
    a. il timore che l'adolescente si confini in se stesso.
    b. il pericolo che l'adolescente si appropri del suo spazio.
    c. l'eventualità che l'adolescente si isoli nei propri pensieri.
    d. la possibilità che si svincoli dalle proprie responsabilità.

10. La crescita armonica di una famiglia
    a. deve evitare di sviluppare dinamiche conflittuali tra gli stessi membri del nucleo.
    b. si compromette se si scatenano meccanismi di pulizia ossessiva.
    c. coinvolge una pluralità di meccanismi che attivano disciplina e collettività.
    d. implica meccanismi di collaborazione collettiva e di partecipazione alla fatica.

A.2 Legga il seguente testo e poi risponda alle domande poste.

Emergenza siccità a Roma, è in secca il Tevere e sono a secco i «nasoni»

Il Tevere lascia il posto a rocce e alghe, cedono le radici degli alberi (che si schiantano al suolo, come mercoledì in via Campania davanti al liceo Righi) e rimangono a secco i nasoni, le storiche fontanelle vicino a cimiteri e mercati. Dopo l'allarme dei residenti del Flaminio, la paura è per i luoghi frequentati da molti cittadini. La siccità impietosa che minaccia anche di lasciare i rubinetti delle case senza acqua da lunedì prossimo, colpisce senza speranza le fontanelle sulle strade. «Ne rimarranno aperte cento (su 2.400) per uso ospedaliero» è il piano di Acea che da luglio ha cominciato a chiudere 30 nasoni al giorno in tutta la città. «Ad oggi ne abbiamo chiuse 1.500» dicono dalla multiutility. Ma le proteste non mancano. «I venditori di fiori e i visitatori sono rimasti a secco in piazzale del Verano» denuncia Fabrizio Sartori consigliere della Regione Lazio (FdI). Intanto il presidente di Acea Ato 2, Paolo Saccani, mercoledì ha ribadito che «l'acqua per uso ospedaliero sarà garantita, anche nella criticità dei dieci ospedali per i quali ci stiamo attivando con le autobotti». La ministra della salute Beatrice Lorenzin, infatti, qualche giorno fa aveva chiesto chiarimenti alla stessa Acea per verificare l'impato della riduzione della pressione «sulle strutture sanitarie e socio-sanitarie, pubbliche e private, sulle strutture ricettive e di ristorazione, sugli uffici pubblici e sulle strutture ove vengono alloggiati a qualsiasi titolo gli animali, per evitare che ciò comporti pregiudizi per la continuità dei servizi sanitari essenziali». E le polemiche politiche non si placano. Dal Pd Stefano Pedica attacca: «Se Acea riduce l'acqua deve abbassare anche le bollette». Contro il razionamento dell'acqua di notte le associazioni dei consumatori non vogliono sentire storie. «Stiamo preparando esposto contro Acea per abuso d'atti d'uffici e violenza privata — attacca il Codacons. — Prima di lasciare a secco bisogna impiegare i guadagni per la riparazione della rete idrica». E ieri ha alzato la voce anche Codici, l'associazione per la tutela dei cittadini: «In città ci sono immani perdite e continui guasti, camuffati con inutili tentativi di "rattoppo" e, soprattutto, migliaia di segnalazioni di cittadini accuratamente ignorate da Acea che continua a non prendersi le proprie responsabilità, nascondendosi dietro un dito». Intanto Acea, nel ribadire che «quest'anno le precipitazioni a Roma sono state del 50% e a Bracciano del 70%, una siccità che non si vedeva dal 1800», sottolinea che la riduzione dell'erogazione del bene pubblico riguarderà «solo la pressione dell'acqua. Non ci sarà la chiusura delle tubature, l'acqua sarà solamente ridotta». In pratica per effetto della diminuzione della pressione l'acqua non raggiungerà i piani alti dei palazzi ed è questo il motivo per il quale già alcuni attici e soffitte lamentano la scarsità dei flussi dai rubinetti. «La Raggi garantiva a settembre l'acqua ai romani, mentre Saccani annuncia il razionamento, dovrebbero dimettersi» è l'attacco del deputato Pd, Emiliano Minnucci ex sindaco di Anguillara.

(Manuela Pelati, Il Corriere Della Sera, 31/08/2017, https://roma.corriere.it/notizie/cronaca/17_agosto_30/emergenza-siccita-tevere-secca-nasoni-secco-3b991bda-8dbe-11e7-9464-bd6d9adf1594.shtml)

DOMANDE

11. Quale insidia incombe sulle storiche fontanelle romane?

    (da 10 a 20 parole)

12. Quali misure di sicurezza sono previste per gli ospedali dall'Acea?

    (da 12 a 24 parole)

13. Perchè le associazioni di consumatori parlano di abuso d'atti di uffici e violenza privata di Acea?

    (da 15 a 25 parole)

14. Acea come intende rassicurare gli utenti sul razionamento dell'acqua?

    (da 10 a 18 parole)

A.3 Legga i due brani indicati rispettivamente con la lettera A e B. Abbini successivamente le frasi sottoelencate segnando A quando la frase si riferisce al brano A, segnando B quando la frase si riferisce al brano B.

Due recensioni del romanzo "Malanotte"

TESTO A	TESTO B
La Napoli di oggi sembra la Russia di metà Ottocento, con quei revisori dei conti inviati dallo Zar che partivano da Pietroburgo alla volta delle province più remote dell'impero. Missioni spinose, spesso noiose, che però poi conducevano alla scoperta vera del mondo e di sé. Matteo Ricci, quarant'anni, funzionario del Ministero, di rigorosa educazione gesuita, con pochi scossoni in una vita ordinaria scandita da una linearità fatta di scuola, amori platonici, università, incontro con la donna che sposerà, tanto studio per superare il "Grande Concorso", come se fosse la sua "Grande Occasione", quando arriva a Napoli per stendere un rapporto sullo stato dell'amministrazione comunale è convinto di ritrovarsi catapultato nella solita pura formalità di supervisione di scartoffie, carte bollate, questioni spinose che passano di mano in mano. E invece Ricci — protagonista di "La malanotte", romanzo di Giuseppe Pesce— non immagina neppure quale ginepraio lo attende. Napoli è una babele di lingue, odori, ritmo che ha una naturalezza infernale, e in più il palazzo comunale è un labirinto kafkiano di burocrazia, rallentamenti, ammuina, arte di arrangiarsi, piaceri e intrallazzi, lettere anonime lasciate sulla sua scrivania che elencano con estrema precisione lo stato di corruzione che strozza l'amministrazione della città, dal sindaco Santobuono fino all'ultimo degli uscieri. Sfilano tanti personaggi grotteschi, eppure reali, che Pesce, utilizzando un incalzante discorso libero indiretto, descrive, entra nelle loro vite, per poi seguire tutto ciò che capita all'ispettore Ricci. E tutto gli succede di notte, quando non dorme, quando scopre che ama perdersi nel reticolo di vicoli, umori, architetture secolari stratificate, quando incontra la fatale Serena.	Giuseppe Pesce conosce bene Napoli. E altrettanto bene conosce la letteratura napoletana contemporanea di cui si ritrovano echi più o meno espliciti nel suo bel romanzo di esordio, "La malanotte", edito da Colonnese, che vara così una collana dedicata a giovani autori. Pesce ha studiato l'opera di Nicola Pugliese, Malacqua. E già nel titolo è evidente il suo debito nei confronti dello schivo autore che raccontò cinque immaginari giorni di pioggia ininterrotta su una Napoli lontana dagli stereotipi. Anche nel romanzo di Pesce la città è tratteggiata più attraverso le ombre che le luci. La trama si articola infatti attraverso le notti insonni dell'ispettore ministeriale Matteo Ricci inviato da Roma per fare chiarezza negli imbrogli del Comune, con i suoi assessori mezzecalze dediti a compromessi e atti illeciti. Ma poco dopo il suo arrivo, irretito dalle lusinghe di Napoli, l'uomo smarrisce la sua attitudine impiegatizia e pacata. Caduto in una sorta di trance ipnotica, Ricci incontra nel suo girovagare notturno donne bellissime, guaglioni misteriosi, poliziotti in disarmo e tutta una varia umanità che compone un quadro mutevole e surreale dell'universo napoletano. Non è la solita città straccìona quella che Pesce racconta con sapienza e con una scrittura assai matura. Ma piuttosto una metropoli a tratti calviniana o, per restare in ambito partenopeo, una ironica e sfrontata città di mare con abitanti alla maniera di Compagnone. Il libro è piacevolmente diverso da una certa ripetitiva produzione narrativa di questi anni. Resta solo da trovare una via più autonoma rispetto ai padri letterari, sia pure autorevoli. La forza c'è, basta solo un altro po' di coraggio.

(Pier Luigi Razzano, La Repubblica.it, 24/11/2016, http://ricerca.repubblica.it/repubblica/archivio/repubblica/2016/11/24/la-malanotte-di-pesce-intrighi-firmati-colonneseNapoli21.html)

(Mirella Armiero, Il Corriere della Sera (...del Mezzogiorno), 3/12/2016 https://corrieredelmezzogiorno.corriere.it/napoli/arte_e_cultura/16_dicembre_03/ispettore-ministero-citta-surreale-notturna-40d9ad88-b97c-11e6-83a8-f49d124d48e4.shtml)

15. Lo scrittore si sofferma nel dipingere il volto notturno della città.

16. Il protagonista pensa che la sua sia una missione di pura routine.

17. La corruzione non risparmia nessun funzionario pubblico.

18. Il protagonista non vanta di aver condotto una vita travagliata.

19. Il protagonista non tarda a cedere alla seduzione della città.

20. Lo scrittore calca l'impronta di un noto autore napoletano contemporaneo.

21. Lo scrittore dimostra doti di saggezza e maturità letteraria.

22. Lo scrittore si destreggia nella descrizione di un susseguirsi di personaggi tra realtà e finzione.

23. Il protagonista non ha idea della faccenda intricata in cui si sta cacciando.

24. Il protagonista ha l'incarico di risolvere l'intrigo disordinato di inganni e truffe del Comune di Napoli.

B. PROVA DI PRODUZIONE DI TESTI SCRITTI

B.1 Riassuma il testo, seguendo le tracce fornite, senza riutilizzare integralmente frasi, espressioni o costrutti usati nel testo.

(Da un minimo di 150 ad un massimo di 200 parole)

Barberini: operativo in Umbria il nuovo sistema informativo sociale

Perugia, 30 gen. 2017 - Dal primo gennaio 2017 è pienamente operativo, in tutte le dodici Zone sociali dell'Umbria, il nuovo Sistema Informativo Sociale (S.I.SO), nato su iniziativa dell'Assessorato alla Salute, alla Coesione sociale e al Welfare per una raccolta più omogenea delle informazioni riguardanti il disagio sociale, al fine di fornire risposte più efficaci ai bisogni dei cittadini.

"Il S.I.SO – spiega l'assessore Luca Barberini – è uno degli assi portanti del nuovo Piano sociale regionale. Per la prima volta, in Umbria, viene introdotto un sistema di monitoraggio informativo che permette di misurare concretamente lo stato di bisogno dei cittadini e gli interventi realizzati nel settore sociosanitario, tramite un meccanismo di controllo su chi riceve sostegno e chi no, grazie alla messa in rete degli Uffici di cittadinanza dei Comuni, con la struttura regionale e gli altri enti della pubblica amministrazione che si occupano di sociale.

Si tratta di una vera e propria rivoluzione, visto che finora ogni struttura agiva in maniera indipendente, con il rischio di finanziare e sostenere più azioni di contrasto verso lo stesso disagio oppure di ignorare forme non sostenute da nessuno. L'obiettivo del progetto è quindi capire meglio i bisogni e intervenire in maniera più equa ed efficace, in linea con le problematiche riscontrate da un'analisi della situazione economica e ambientale, senza lasciare indietro nessuno". "Utilizzando la procedura S.I.SO – prosegue Barberini – ad oggi, nelle dodici Zone sociali della regione, sono stati registrati circa 12mila accessi ai servizi di accoglienza (corrispondenti a oltre 8mila cittadini) e sono state prese in carico oltre 3mila persone seguite da operatori sociali professionali, attraverso le nuove metodologie e i nuovi standard". "Per la prima volta – ha sottolineato l'assessore Barberini -, i Comuni umbri e i diversi attori della pubblica amministrazione impegnati nel welfare sono in grado di utilizzare le informazioni fornite dalla banca dati S.I.SO per verificare l'adeguatezza dell'offerta di servizi rispetto alla domanda effettiva del territorio.

Tale sistema costituirà la base di partenza per l'elaborazione dei nuovi Piani di zona, strumenti strategici per il governo delle politiche sociali territoriali". Il sistema S.I.SO – che verrà incrementato nel tempo anche con il contributo delle diverse realtà associative impegnate nel sociale e presenti sul territorio – possiede specifici driver di lettura e importazione del patrimonio informativo dei Comuni, riferiti ad un soggetto (anagrafe familiare e sanitaria, tributi, patrimonio immobiliare, locazioni e redditi) ed è in grado di analizzare la situazione di un nucleo familiare e di un territorio al fine di verificare la presenza dei requisiti necessari per la fruizione di benefici, rilevare i bisogni inespressi e latenti e l'emergere di situazioni di sofferenza o di criticità sociali. In questi giorni, Umbria Digitale sta portando a termine alcune attività per ampliare il progetto, tra cui l'apertura ad alcuni soggetti del terzo settore. È inoltre imminente il rilascio di una app per smartphone, che permetterà a operatori istituzionali e a soggetti accreditati di accedere alle informazioni degli utenti in carico e di rendicontare le proprie attività anche in mobilità.

(Regione Umbria, 30/01/2017 http://www.regione.umbria.it/notizie/-/asset_publisher/54m7RxsCDsHr/content/barberini-operativo-in-umbria-il-nuovo-sistema-informativo-sociale?read_more=true)

Per il riassunto segua le tracce indicate:

- informazioni sul nuovo Sistema Informativo Sociale;

- obiettivi del progetto;

- funzionalità del sistema S.I.SO;

- eventuali estensioni del progetto.

B.2 Svolga una delle composizioni, scegliendola tra le due proposte:

(Da un minimo di 220 ad un massimo di 250 parole)

1. Le cronache odierne mostrano continuamente minori sottoposti alle peggiori forme di lavoro minorile: la schiavitù, il lavoro forzato, lo sfruttamento nel commercio sessuale, nel traffico di stupefacenti e l'arruolamento come bambini soldato in milizie.

   Lei che è molto sensibile al problema, in occasione della commemorazione della Giornata internazionale per i diritti dell'infanzia e dell'adolescenza, invia le Sue riflessioni ad un blog aperto a contributi liberi. In esso denuncia questa crudele realtà che ancora esiste nel mondo, nonostante gli sforzi legislativi fatti, gli appelli e gli interventi delle organizzazioni umanitarie. Inoltre, rivendica il diritto di ogni bambino al gioco, ad una istruzione adeguata ma, soprattutto, all'amore e al rispetto del suo tempo per crescere.

2. Si dice da parte di alcuni esperti che la forza delle immagini, attraverso cui viene oggi veicolata gran parte delle informazioni, rischia, a causa dell'impatto immediato e prevalentemente emozionale, tipico del messaggio visivo, di prendere il sopravvento sul contenuto concettuale del messaggio stesso e sulla riflessione critica del destinatario. Ma si dice anche, da parte opposta, che è proprio l'immagine a favorire varie forme di apprendimento, rendendone più efficaci e duraturi i risultati.

   Commenti criticamente i due aspetti della questione proposta, avanzando le Sue personali considerazioni.

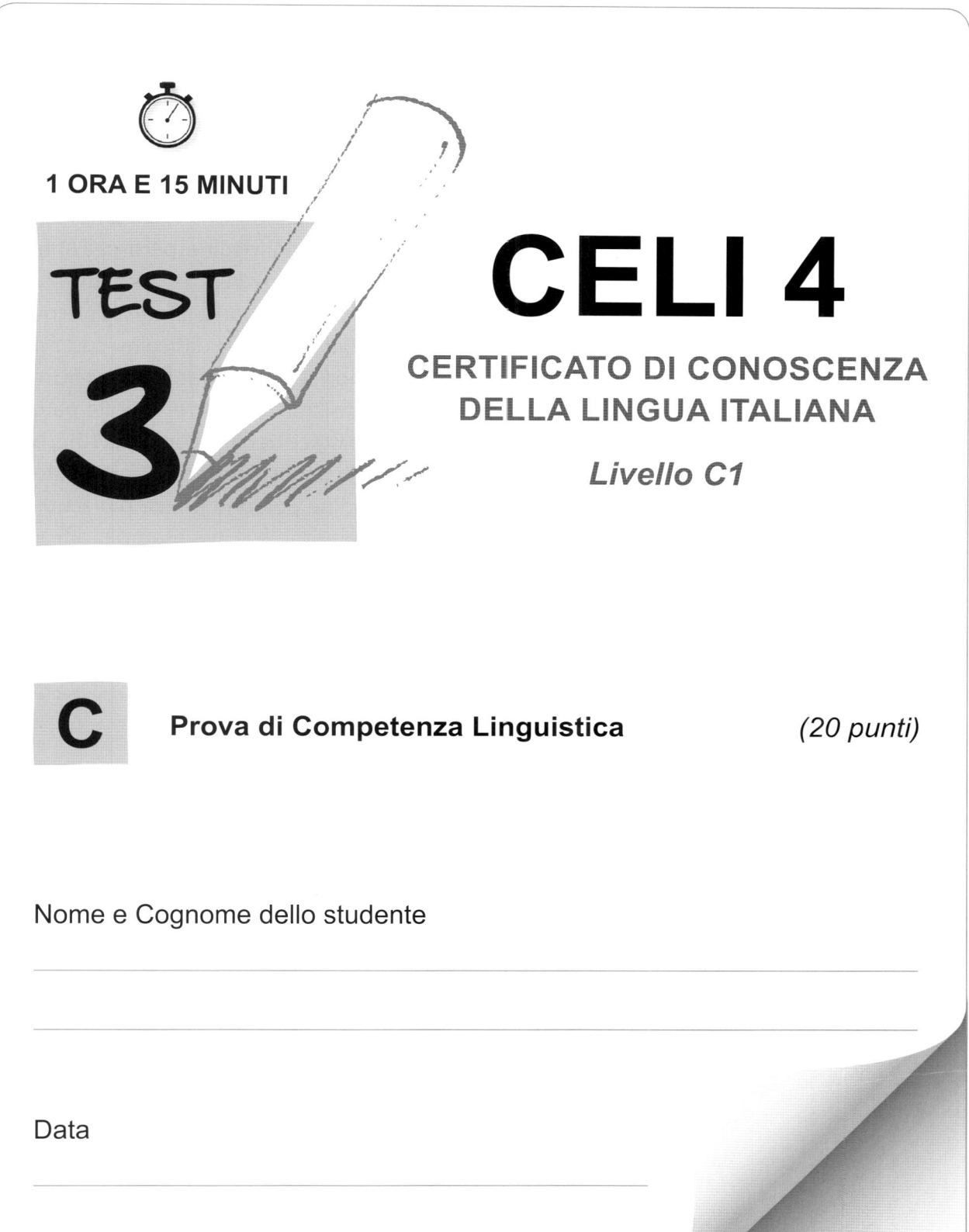

1 ORA E 15 MINUTI

CELI 4

CERTIFICATO DI CONOSCENZA
DELLA LINGUA ITALIANA

Livello C1

C **Prova di Competenza Linguistica** *(20 punti)*

Nome e Cognome dello studente

Data

C.1 Completi il testo con l'inserimento di una sola parola.

La solitudine può far ammalare. I più a rischio sono anziani e adolescenti

Stare con gli altri fa bene alla salute: gli amici, un rapporto di coppia soddisfacente, una famiglia amorevole tengono alla …(1)… non solo la solitudine, ma pure le malattie. Una vita …(2)… relazione appagante è un'arma di prevenzione efficacissima, …(3)… a indagini degli esperti dell'American Psychological Association: in …(4)… di problemi aiuta a sopportare lo stress, quando tutto …(5)… liscio favorisce la crescita personale. «Una buona rete sociale è un supporto affettivo, psicologico e materiale …(6)… aumenta la resilienza, ovvero la capacità di far …(7)… alle difficoltà» osserva Bernardo Carpiniello, presidente della Società di Psichiatria. «Ciò non solo protegge da disturbi mentali e dell'umore, ma riduce anche la probabilità di conseguenze fisiche …(8)… stress: molte patologie organiche sono almeno …(9)… parte provocate da disagi psicologici. I legami con gli …(10)… hanno un grande valore a tutte le età, ma soprattutto gli anziani sono fragili di fronte all'isolamento». Più "a rischio" anche l'adolescenza, …(11)… gli effetti della solitudine possono essere più acuti, e chi deve fare i conti con una malattia: i …(12)… con tumore che non sono soli, per esempio, affrontano il percorso di cura con minori sofferenze emotive. «Non conta però la …(13)…, ma la qualità dei rapporti …(14)… per tutte le relazioni, perfino fra medico e paziente occorre instaurare un legame proficuo: le terapie riescono meglio, se c'è un dialogo vero».

(Elena Meli, iodonna.it, 11/11/2017, https://www.iodonna.it/benessere/salute-e-psicologia/2017/11/11/la-solitudine-puo-far-ammalare-piu-rischio-sono-anziani-e-adolescenti/)

3° TEST
Prova di Competenza Linguistica

C.2 Completi il testo da 15 a 24 con la parte mancante scegliendo tra le alternative proposte. Una sola è la scelta possibile.

I rifiuti nel mare causano la morte di più di mille tartarughe l'anno

Centinaia di tartarughe marine muoiono ogni anno, intrappolate nei rifiuti dispersi in mare e sulle spiagge, compresi i sacchetti di plastica e le reti da pesca abbandonate. ...(15)..., nel Regno Unito, che riprende precedenti ricerche che avevano già mostrato ...(16)..., spesso ingerita. Il professor Brendan Godley, a capo del team, ha ricordato su Phys.org che, «...(17)..., la minaccia per le tartarughe aumenta». Nel corso dell'ultimo secolo ...(18)... sono aumentate drasticamente per l'intera fauna marina. L'indagine condotta ha mostrato come il 91 per cento delle tartarughe ...(19)... siano alla fine morte. Le altre hanno riportato ferite, che hanno talvolta reso necessario amputare alcune parti degli animali. Altre ancora, sopravvissute, sono state costrette a trascinarsi dietro i rifiuti. ...(20)... attivi nello studio dell'ambiente marino in 43 diversi Paesi, fra Atlantico, Pacifico e Mediterraneo. L'84 per cento degli intervistati ha dichiarato di aver ritrovato «tartarughe impigliate nella plastica, nella spazzatura o nelle reti di pesca abbandonate». Secondo il sondaggio, quindi, ogni anno morirebbero oltre mille tartarughe. Una stima «prudente», fanno sapere gli autori, ...(21)... e «molte tartarughe affondano nelle profondità degli oceani». La spazzatura di plastica negli oceani, ...(22)... (che non sono biodegradabili), sono «una grave minaccia per le tartarughe marine», ha ricordato in un comunicato il professor Godley, primo autore del paper. ...(23)..., la plastica nei mari «potrebbe avere un impatto a lungo termine maggiore delle perdite di petrolio», ha concluso Godley. «Abbiamo bisogno ...(24)... e di passare ad alternative biodegradabili».

(Silvia Morosi, Corriere della Sera, 14/12/2017 http://www.corriere.it/animali/17_dicembre_14/i-rifiuti-mare-causano-morte-piu-mille-tartarughe-l-anno-3660a392-e0e6-11e7-acec-8b1cf54b0d3e.shtml)

a. di ridurre il livello dei rifiuti di plastica

b. come le tartarughe fossero esposte al rischio portato dalla plastica

c. trovate bloccate dai rifiuti

d. dato che non tutti gli esemplari morti si depositano sulle spiagge

e. Secondo gli esperti interpellati per la ricerca

f. La ricerca è frutto di un sondaggio di 106 esperti

g. ad affermarlo è uno studio condotto dall'università di Exter

h. La ricerca nasce a seguito del campionamento di due spiagge italiane

i. compresi gli attrezzi da pesca perduti o buttati

l. con una quota significativa di plastiche miste

m. le possibilità di morte legate alla presenza di rifiuti negli oceani

n. con il continuo aumento della plastica nei mari

CELI 4

C.3 Nella maggior parte delle righe numerate da 25 a 38 ci sono errori di distrazione. Identifichi negli spazi numerati da 25 a 38 con √ le eventuali righe che non contengono errori, in caso contrario individui gli errori e scriva la forma corretta.

Bullismo: ecco come riconoscerlo e combatterlo in sei mosse

25. C'è sempre stato. «Ma il bullismo oggi ha cambiato nei modi di manifestarsi»,

26. dice Anna Maria Giannini, discente di Psicologia all'Università La Sapienza di

27. Roma che il mese scorso ha pubblicato una ricerca intervistano 1.500

28. studenti. «Quello che vediamo gli ultimi due anni, inoltre, è che il bullismo è

29. sì più digitale, trovando in Internet una piattaforma privilegiata, ma è allo

30. stesso tempo diventato sempre più violenza fisica», agiunge Luca Bernardo,

31. primario e ideattore del Centro nazionale antibullismo del Fatebenefratelli

32. di Milano. La dinamica non cambia. «Il berzaglio viene individuato tra gli

33. studenti introversi, che fanno poco gruppo e nel generale per qualche

34. caratteristica che lo rende "debole" agli occhi dei violenti», spiega Giannini.

35. Partono le aggressioni verbali e fisiche. E la vitima come reagisce? «Cambia,

36. in negativo, il tuo rendimento scolastico, continua Bernardo, le isola anche

37. dentro casa, peggiora le sue abitudini igeniche e si auto-produce stati

38. di malessere che non sono confermate dagli esami medici».

(Leonardo Berberi, Corriere della Sera, 14/03/2017 https://www.corriere.it/cronache/cards/bullismo-ecco-come-riconoscerlo-combatterlo-sei-mosse/i-bersagli-piu-rischio-studenti-introversi_principale.shtml)

3° TEST
Prova di Competenza Linguistica

C.4 Costruisca un testo collegando e sviluppando i punti elencati.

Travolta da un'onda mentre si fa un selfie, 15enne muore in Sardegna

ragazza ungherese 15 anni – morire annegata – ieri pomeriggio

Costa Paradiso – comune Trinità d'Agultu – Gallura

giovane essere travolta onda – mentre trovarsi sopra scoglio

forse ammirare spettacolo – mare burrasca – causa

forte vento maestrale – secondo ricostruzione chi indagare

-ragazza-raggiunta zia – a un tratto – decidere

farsi selfie – ma onda trascinarla via – corpo recuperare

elicottero vigili fuoco Sassari – bordo – equipe medica 118 – tentare

rianimare 15enne – oltre mezz'ora –

purtroppo per adolescente – esserci – nulla da fare – posto

intervenire anche – motovedetta Capitaneria Porto – Torres

(Redazione, Corriere della Sera, 26/07/2017https://www.corriere.it/cronache/17_luglio_26/sardegna-muore-travolta-un-onda-mentre-si-fa-selfie-3e984b4a-71c5-11e7-9029-c4822e477054.shtml)

Cominciare così: Una ragazza ungherese di 15 anni è morta annegata...

25 MINUTI

TEST 3

CELI 4
CERTIFICATO DI CONOSCENZA DELLA LINGUA ITALIANA
Livello C1

D **Prova di Comprensione dell'Ascolto** *(30 punti)*

Nome e Cognome dello studente

Data

D.1 Ascolterete un testo che tratta dei new media. Completi le informazioni introducendo al massimo 4 parole negli spazi numerati da 1 a 8.

Il testo va ascoltato due volte.

1. Oggi le uniche persone che possono ...(1)... di fare a meno di Internet
2. Alle slot machine di Las Vegas, ...(2)... e disegnate con un fantastico design
3. Il loro scopo è ...(3)..., ma lo mascherano bene
4. mentre noi diventiamo cavie nelle loro mani, "targettizzati", ...(4)..."
5. Corea del Sud esistono già ...(5)... in cui i giovani che abusano di Facebook
6. Il business di un gruppo di grandi imprese private, ...(6)...
7. Che pensa di avere una missione, di risolvere ...(7)..., portare la cultura
8. E non solo a piattaforme private che alimentano un ...(8)... e speculano

(Raffaella De Santis, La Repubblica, 9/09/2017 http://www.repubblica.it/tecnologia/2017/09/09/news/morozov_il_vero_lusso_vivere_disconnessi_dalla_rete_-175005909/?ref=search)

3° TEST
Prova di Comprensione dell'Ascolto

D.2 Ascolterete un testo che tratta delle donne e il lavoro. Ascoltate attentamente e individuate quali informazioni sono presenti o no nel testo.

Il testo va ascoltato due volte.

9. Privilegiata la posizione della donna al lavoro.
10. Per la parità si dovrà attendere il 2196.
11. Si registra un calo delle donne che lavorano.
12. I Paesi nordici si configurano tra i peggiori.
13. L'astensione dal lavoro è ripartita tra i due genitori.
14. Le statistiche non destano preoccupazione.
15. Il rapporto retribuzione e ore lavorative tende a favorire l'uomo.
16. Il divario tra scolarizzazione maschile e femminile cresce.
17. La vita media mostra delle percentuali invariate nei Paesi.
18. In aumento la partecipazione delle donne alla vita politica.
19. Il progresso tecnologico ostacola la parità tra i sessi.

(Cristina Piotti, iodonna.it, 27/10/2016, https://www.iodonna.it/attualita
/costume-e-societa/2016/10/27/le-donne-lavorano-50-minuti-di-piu-ogni-giorno-e-guadagnano-meno/)

D.3 Ascolterete ora un testo che tratta dei mercatini di Natale. Durante l'ascolto svolgete l'attività completando con al massimo sei parole.

Il testo va ascoltato una volta.

	Città interessata	Piazza in cui è allestito	Tipi di attività e attrazioni
20. Mercatino	...(20. A)...	...(20. B)...	...(20. C)...
21. Mercatino	...(21. A)...	...(21. B)...	...(21. C)...
22. Mercatino	...(22. A)...	...(22. B)...	...(22. C)...
23. Mercatino	...(23. A)...	...(23. B)...	...(23. C)...

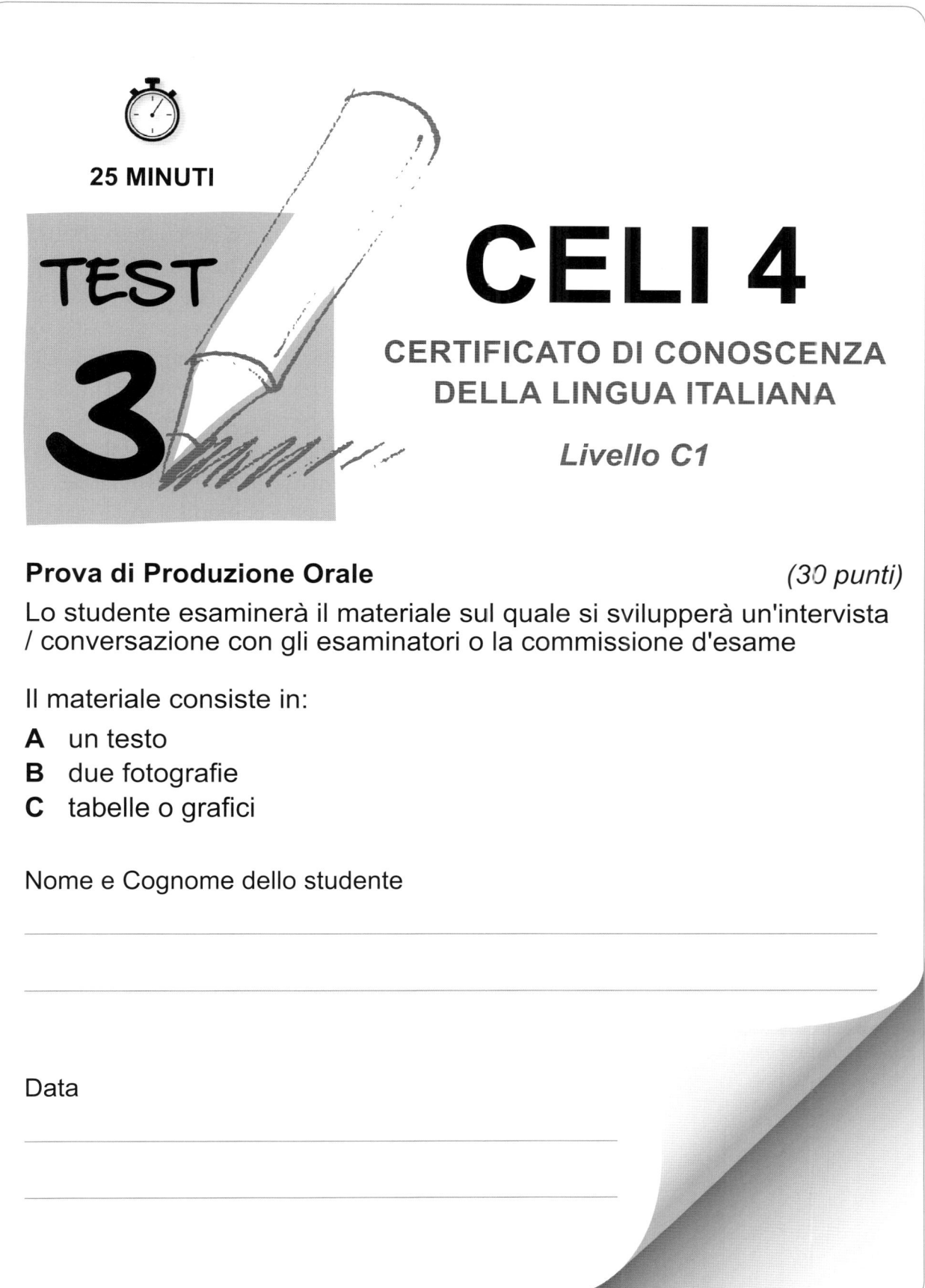

25 MINUTI

TEST 3

CELI 4
CERTIFICATO DI CONOSCENZA DELLA LINGUA ITALIANA
Livello C1

Prova di Produzione Orale *(30 punti)*

Lo studente esaminerà il materiale sul quale si svilupperà un'intervista / conversazione con gli esaminatori o la commissione d'esame

Il materiale consiste in:

A un testo
B due fotografie
C tabelle o grafici

Nome e Cognome dello studente

_____

_____

Data

_____

_____

 Lo studente, dopo aver letto il testo, deve riassumerlo e rispondere alle domande che eventualmente gli verranno poste.

Milano, città dei single: innamorarsi è una «Mission impossible»

Milano capitale dei single. Li ha censiti il Comune: per una città che non raggiunge il milione e mezzo di abitanti, i nuclei monofamiliari sono ormai più del doppio delle coppie: 379.035 contro 164.435. Il fatto è che qui il solitario vive bene, anche troppo. E il rischio è di lasciarsi sfuggire l'attimo fuggente e che la «singletudine» diventi la condizione cronica che incanalerà il nostro/vostro destino. Nulla di male, per carità. La solitudine per la maggioranza dei single è una scelta di libertà e indipendenza. Inebriante come una droga, soprattutto fra i quarantenni, generazione in cui l'acceleratore interno preme come non mai sulla leva dell'ambizione. Il fatto è che alla lunga finisce per pesare e anche il più incallito dei single si ritrova a sperare, se non proprio nel principe sul cavallo bianco, in una sliding door che faccia entrare all'improvviso qualcuno di interessante, capace di far cadere il muro impastato di diffidenza, paura, senso di inadeguatezza, sensazione di sfortuna, insomma tutte quelle certezze granitiche nelle quali si conforta e un po' si inganna il single incallito. Per quello «di ritorno» è diverso. Lui ha più la sensazione di sentirsi parcheggiato in una stazione, sospeso ad aspettare in un giorno di scioperi, senza aver ben chiaro se siano previsti treni e se mai riuscirà a prenderne uno. Non ha certezze, ma almeno mantiene la speranza. Vivere a Milano per un'anima sola, però, è un'arma a doppio taglio: nella capitale dei single nessuno farà caso a te. Qui sugli scaffali dei supermercati sono arrivati i primi bocconcini monodose di cibo da togliere dalla scatola e mettere direttamente nel piatto (al massimo con una passatina nel forno a microonde) perché - si sa - a far da mangiare solo per se stessi, prende la pigrizia. Nei ristoranti sotto la Madonnina poi è (quasi) una pacchia. Nelle altre città l'attesa infinita fa crescere un senso di inadeguatezza, costretto/a a vederti sfilare davanti tutte le portate per famiglie e coppie, prima che ti arrivi un'insalata. Qui no: un bel sorriso ed ecco la pietanza; così, semmai lasci il posto a un altro single che sicuramente si sarà attardato a «laurà». Anche al cinema ti consoli, davanti a te, o accanto, c'è sempre qualcun altro solo, staccato dagli altri almeno da una poltrona (chissà poi perché). Insomma, nessuna discriminazione per chi ha scelto la solitudine a Milano. Un fatto tanto normale che ti rende trasparente. E fidanzarti – just in case – diventa una Mission Impossible. Del resto, lo cantava già Memo Remigi nel 1965: "Sapessi com'è strano/sentirsi innamorati a Milano/ senza fiori senza verde /senza cielo senza niente/ fra la gente, tanta gente".

(Maria Teresa Veneziani, Corriere della Sera, 26/08/2016 https://www.corriere.it/cronache/sesso-e-amore/notizie/milano-citta-single-innamorarsi-mission-impossible-3a596e32-6baa-11e6-8bdd-2a860cc068c8.shtml)

3° TEST
Prova di Produzione Orale

Domande guida

Riassuma il testo.

- Cuori solitari? No. L'Italia cambia stato di famiglia a una velocità impressionante. Secondo l'Annuario dell'Istat, i single non vedovi sono più che raddoppiati in vent'anni.

Secondo Lei, vi è un risvolto di carattere psicologico a tale tendenza? O è il frutto di una società che non crede più nei valori della famiglia, nelle regole da rispettare per vivere in pace e serenità; un connubio diventato difficile, ma non impossibile tra uomo-donna?

- L'atteggiamento sempre più diffuso della propria amata libertà appare un argomento molto avvertito, soprattutto, nella generazione di mezzo dai 30/40 anni.

Quale ne sarà l'impatto sulle generazioni future?

B Lo studente dovrà descrivere le foto mettendole a confronto e rispondere alle eventuali domande che gli verranno poste

FOTO

1.

2.

3° TEST
Prova di Produzione Orale

Domande guida

Descriva le foto mettendole a confronto.

- Il televisore da un lusso è passato ad essere un elettrodomestico di uso quotidiano ed è diventato accessibile alla stragrande maggioranza delle famiglie italiane. L'informazione ha una grande importanza nella nostra vita, questo è innegabile. I mass media, però, si arrogano il diritto di decidere se e come rappresentare le notizie e gli eventi, con un imperativo di fondo che impone a lettori e spettatori di non pensare, di assimilare passivamente e senza spirito critico tutto ciò che viene loro accuratamente allestito e propinato.

Secondo Lei, ogni volta che d'istinto giudichiamo qualcosa o qualcuno come sbagliato, siamo veramente noi la fonte di quel giudizio?

Siamo o non siamo vittime di subdoli meccanismi di martellamento mediatico e di etichettatura, del sovraccarico di informazioni inutili, delle campagne per indirizzare l'opinione pubblica e per indurre in essa sentimenti negativi come la frustrazione, l'insicurezza e la paura? Commenti.

CELI 4

C Lo studente dovrà descrivere il/i grafico/i o la/le tabella/e e rispondere alle eventuali domande che gli verranno poste.

TABELLA

R&E LE INCHIESTE

I DISTURBI ALIMENTARI, DECORSO DELLA MALATTIA

40-50%	la percentuale di malati che affronta un percorso terapeutico
50%	la percentuale dei casi di guarigione tra chi inizia un percorso terapeutico
50%	la percentuale di cha ha un decorso faticoso caratterizzato da frequenti ricadute
20-30%	la percentuale di casi in cui la malattia si cronicizza
80%	la percentuale di malati donna
20%	la percentuale di malati uomini
12-25 ANNI	la fascia di età più colpita (50%)
OLTRE 25	la fascia di età del 30% dei malati
8-12 ANNI	la fascia di età del 20% dei malati
3 ANNI	il tempo medio che intercorre tra inizio della malattia e inizio cure

R&E LE INCHIESTE

I DISTURBI ALIMENTARI IN ITALIA

3 MLN	i malati entrati nel circuito delle cure (stima)
3,3 %	la popolazione affetta da anoressia o bulimia (sul totale degli italiani)
7 %	la popolazione affetta da obesità (sul totale degli italiani)
5 %	la popolazione affetta da disturbo alimentazione incontrollata (sul totale degli italiani)
80 %	la percentuale di malati donna
20 %	la percentuale di malati uomini
12-25 ANNI	la fascia di età più colpita (50%)
OLTRE 25	la fascia di età del 30% dei malati
8-12 ANNI	la fascia di età del 20% dei malati
3 ANNI	il tempo medio che intercorre tra inizio della malattia e inizio cure

Domande guida

Descriva il/i grafico/i o la/le tabella/e.

- Anoressia e bulimia rappresentano la manifestazione visibile di una profonda sofferenza dell'animo. Non si tratta di semplici disturbi dell'appetito, ma di un malessere interiore che sconvolge il rapporto col proprio corpo e col proprio mondo affettivo.

In che senso, Secondo Lei, se ne parla come di una malattia sociale e culturale? Che ruolo investono in questo famiglia, modelli televisivi, il cinema, le passerelle dell'alta moda?

- E le cose si complicano anche a causa delle Rete. Infatti, sul web nascono come funghi siti e blog, i cosiddetti "pro-ana", in cui adolescenti e non, si scambiano informazioni sia per nascondere il proprio disagio agli occhi degli altri, sia per raggiungere nuovi e pericolosissimi stadi di anoressia e bulimia. Il mensile "Vogue Italia" ha recentemente lanciato una raccolta firme allo scopo di presentare un progetto di legge per combattere questi siti e portarli alla chiusura definitiva.

Come giudica questa iniziativa?

2 ORE E 45 MINUTI

CELI 4

CERTIFICATO DI CONOSCENZA
DELLA LINGUA ITALIANA

Livello C1

A   **Prova di Comprensione della Lettura**   *(40 punti)*

B   **Prova di Produzione di Testi Scritti**   *(50 punti)*

Nome e Cognome dello studente

Data

CELI 4

A. PROVA DI COMPRENSIONE DELLA LETTURA

A.1 Legga i due brani. Metta una X vicino alla lettera a.b.c.d. che corrisponde all'affermazione precisa tra le quattro che le vengono proposte.

1° TESTO

Anoressia e bulimia, l'obiettivo di chi ne soffre è il "controllo"

A volte, è una modella troppo magra in copertina o in passerella a scatenare la protesta indignata del pubblico. In altri casi, è la notizia del decesso di una giovane ragazzina che aveva smesso di mangiare. La realtà è che i disordini alimentari sono sempre più oggetto di attenzione anche da parte della ricerca scientifica e clinica. Infatti, anoressia, bulimia e binge eating possono compromettere in modo significativo il funzionamento psicosociale e la salute fisica, fino agli esiti più tragici. Come per tutte le psicopatologie, è andata abbassandosi l'età della comparsa dei disturbi, presenti ora anche nei giovanissimi.

E quindi è partita la ricerca di nuovi indicatori che possano aiutare a prevederne lo sviluppo. Non esistono indicatori biologici, ma vi sono dei segnali cui prestare attenzione. Si tratta di una scarsa autostima, isolamento sociale, perfezionismo e terrore di ingrassare, ma anche stranezze alimentari, come selettività al cibo o la tendenza a nasconderlo o sminuzzarlo, un'eccessiva attenzione al cibo, al peso, alle calorie e tendenza a cucinare per gli altri. La volontà di avere il controllo della situazione riguarda, infatti, non solo la propria alimentazione ma anche quella altrui. Secondo gli psichiatri si parla di "tirannia alimentare" quando c'è la voglia di cucinare per gli altri, stabilire la loro alimentazione, fino a riempirli di cibo, tanto che nelle ragazze non si esclude una nascosta tendenza alla rivalsa, una sorta di sabotaggio della bellezza di madri e sorelle percepite come rivali. Tra i fattori di rischio non traumatici che possono favorire la comparsa di questi disturbi vi è il sovrappeso infantile, che espone allo scherno dei compagni e alle critiche in famiglia.

«Dalle anamnesi, emerge spesso il ruolo determinante dei commenti dei genitori sul fisico e sulle abitudini alimentari ("mangi troppo, guardati"). In questo senso, vi è sempre una fase iniziale in cui siamo tutti complici», commentano gli psichiatri. Tuttavia, madri e padri non vanno colpevolizzati, ma possono svolgere al contrario un ruolo protettivo ed essere di supporto ai vari professionisti medici, aiutando nella progressione della cura. L'aspetto psicopatologico centrale, considerato il nucleo del problema, è il cosiddetto disturbo dell'immagine corporea. In generale, la corporeità e la sua percezione non dipendono unicamente dalle caratteristiche fisiche dell'individuo, è globalmente plasmato dalle sue convinzioni, dal suo vissuto e dal contesto sociale che, nei giovani, è particolarmente decisivo. «Il comportamento alimentare diventa così un correttivo di tale immagine di sé» e così le ragazze che si vedono troppo grasse, ma anche troppo basse, percepiscono il peso come l'unico fattore sul quale è possibile intervenire.

Lo stesso per i ragazzi, in particolare coloro che hanno dei dubbi sulla propria virilità e vogliono quindi avere un corpo mascolino. Controllare il peso, l'alimentazione, il rendimento scolastico e i pasti dei parenti: l'idea del controllo è fondamentale in queste persone dall'enorme motivazione e forza di volontà. «Indulgenti verso il corpo degli altri, provano schifo e disgusto per il proprio e mettono in atto delle strategie che hanno la caratteristica cognitiva del "tutto o nulla" che li porta a evitare del tutto il cibo piuttosto che ridurne la quantità». Chi soffre di anoressia si guarda continuamente allo specchio con spietatezza. Anche per questo, se da una parte si vede grasso anche quando è ormai molto magro, tuttavia ha una percezione del proprio corpo dettagliata e precisa. «Si è visto che questi pazienti sanno distinguere gli stimoli tattili con estrema accuratezza. Invece, i soggetti senza problemi, anche quelli in sovrappeso, quando vengono toccati con la punta di un compasso sbagliano nella stima della distanza degli stimoli percepiti: misurano superfici corporee di dimensioni ridotte rispetto al vero. Questa percezione benevola, che chiamiamo misericordia del proprio corpo, ci fa guardare a noi stessi con più indulgenza e manca negli anoressici». Potrà permanere una certa attenzione al corpo, ma guarire si può. I modelli di trattamento integrato prevedono l'intervento del nutrizionista, la psicoterapia individuale e quella di gruppo per i familiari, i gruppi di mutuo aiuto. Per il buon esito dell'intervento, è necessario attendere il momento migliore per un agguato (benevolo) da sferrare quando diminuisce la resistenza a collaborare perché il braccio di ferro con un paziente così tenace e volitivo non porterebbe ad alcun risultato. La strategia è cercare la complicità del paziente negoziando di volta in volta gli obiettivi ("devi nutrirti bene per affrontare l'esame di maturità"), senza focalizzarsi sul peso. Ai parenti, oltre a fornire supporto, bisogna spiegare che per mesi potrebbe non accadere nulla. Di disturbi alimentari si può morire ma anche guarire.

(Nicla Panciera, La Stampa, 13/05/2015 https://www.lastampa.it/salute/2015/05/13/news/anoressia-e-bulimia-l-obiettivo-di-chi-ne-soffre-e-il-controllo-1.35261373)

DOMANDE

1. **Per i comportamenti psicogeni legati al cibo non possiamo**
   a. avvalerci di rivelatori utili a valutare o individuare fenomeni regressivi.
   b. ricercare fattori che compromettono l'andamento nutrizionale.
   c. determinare le componenti che favoriscono l'arresto dei disturbi.
   d. ipotizzare eventuali disturbi tramite il tipo di alimentazione seguita.

2. **Con "tirannia alimentare" intendiamo**
   a. la neccessità patalogica di imporre a terzi quantitativi eccessivi di alimenti.
   b. la gestione della dieta di altri soggetti obbligando il consumo di calorie.
   c. l'eccessiva attenzione verso la tipologia di cibo da consumare.
   d. lo stabilire di un proprio regime alimentare in base alle proprie esigenze.

3. **Facilitano la manifestazione di disturbi alimentari**
   a. la mancanza di autostima e di integrazione sociale dei bambini.
   b. il rifiuto subìto dai bambini da parte di compagni di scuola.
   c. l'ingiustificato pregiudizio verso l'obesità presente nella nostra società.
   d. l'emarginazione del bambino affetto da obesità in divesri contesti sociali.

4. **La percezione distorta del nostro corpo riguarda**
   a. diverse componenti socioculturali vissute dagli adolescenti.
   b. la persona nel suo insieme attitudinale, affettivo e comportamentale.
   c. il peso come unico fattore sul quale è possibile intervenire.
   d. l'inquadratura falsata della propria immagine nell'ambito sociale.

5. **La psicoterapia individuale e di gruppo si basa**
   a. sulla collaborazione dei pazienti in modo da orientare l'alimentazione.
   b. sulla partecipazione di persone che offrono il proprio supporto.
   c. sulle condizoni psicofisiche dei degenti durante una malattia.
   d. sulla cooperazione con i pazienti al fine di raggiungere i propri scopi.

2° TESTO

Impianti per l'udito, con un algoritmo si potranno prevedere i benefici

Un algoritmo capace di predire lo sviluppo delle capacità linguistiche nei bambini non udenti sottoposti a impianto cocleare è stato realizzato da un gruppo di ricercatori della Chinese University of Hong Kong e dell'Hospital of Chicago. Utilizzando i dati neuroanatomici di risonanza magnetica di 37 bambini sottoposti a impianto cocleare tra gli 8 e i 38 mesi di età e 40 bambini con udito normale, i ricercatori hanno identificato regioni cerebrali affette da privazione uditiva e sviluppato un algoritmo di apprendimento automatico.

Questo sarà capace di prevedere il miglioramento nel parlato cui andrà incontro il bambino con deprivazione uditiva quando potrà sentire. «Il nostro studio è il primo a fornire ai medici e ai caregiver informazioni concrete su quanto sia prevedibile un miglioramento del linguaggio dato lo sviluppo cerebrale del bambino immediatamente prima dell'intervento chirurgico (di installazione del dispositivo)», ha detto la chirurga Nancy M. Young. «Poter prevedere i bambini a rischio è il primo passo fondamentale per migliorare i loro risultati. Metterà le basi per lo sviluppo di test e terapie personalizzate». Gli impianti cocleari restituiscono al bambino non udente una possibilità che altrimenti non avrebbe: quella di processare gli stimoli provenienti dall'orecchio. Queste neuroprotesi consentono, quindi, a molti bambini di udire, comprendere e sviluppare il linguaggio parlato. Tuttavia, si è visto che alcuni di loro, nonostante il rispetto delle tempistiche nell'intervento di installazione, possono dimostrare dei ritardi nello sviluppo di queste capacità rispetto ai loro coetanei. La plasticità cerebrale è la capacità dei circuiti nervosi di modificare, in risposta ai vari stimoli, la propria struttura e funzione.

Questo può accadere nel corso dell'intera vita. Capire come ciò accade e conoscere a fondo i meccanismi di funzionamento cerebrale degli individui non udenti è fondamentale proprio per la possibilità fornita dalle neuroprotesi più diffuse al mondo, gli impianti cocleari, di restituire loro l'udito. Ma è fondamentale anche per prevedere i miglioramenti cognitivi dopo l'impianto. Un buon sviluppo dell'udito e del linguaggio parlato dipendono sia dall'orecchio sia dal cervello, che deve imparare a processare stimoli sconosciuti. In caso di deprivazione sensoriale, come nei bambini nati non udenti, alcune aree cerebrali vengono influenzate dalla mancanza di segnali uditivi e possono essere reclutate per processare stimoli di natura diversa provenienti dal mondo esterno. E proprio questa diversa organizzazione cerebrale, che influenza l'apprendimento dei bambini dopo l'impianto, è stata registrata dagli autori dello studio.

«Abbiamo utilizzato la risonanza magnetica per acquisire questi pattern anormali prima dell'intervento di impianto cocleare e abbiamo costruito un algoritmo di apprendimento automatico per predire lo sviluppo del linguaggio con un grado relativamente elevato di accuratezza, specificità e sensibilità», ha spiegato il professor Patrick C. M. Wong. «Anche se l'attuale algoritmo è costruito per i bambini con problemi di udito, è in corso una ricerca per prevedere lo sviluppo del linguaggio anche in altre popolazioni pediatriche. Dal momento che alla base di ogni facoltà umana c'è il cervello, il sistema che abbiamo applicato a bambini sordi potrebbe avere un uso più diffuso anche nel predire le capacità di bambini con un'ampia gamma di disabilità e migliorare così la loro vita».

(Nicla Pancera, Angela Nanni, La Stampa, 17/01/2018 https://www.lastampa.it/salute/2018/01/17/news/impianti-per-l-udito-con-un-algoritmo-si-potranno-prevedere-i-benefici-1.33968446)

4° TEST
Prova di Comprensione della Lettura

DOMANDE

6. I ricercatori hanno creato un algoritmo che
   a. indica la percentuale di sviluppo cognitivo nei bambini non udenti.
   b. presume il progresso linguistico in bambini con problemi di sordità.
   c. può preannunciare imperfezioni linguistiche e visive.
   d. preannuncia le possibilità di evitare futuri difetti uditivi.

7. Le neuroprotesi cocleari sviluppano la produttività
   a. comunicativa analizzando immagini provenienti dal mondo esterno.
   b. nel modo di esprimersi in base all'età dell'individuo.
   c. del parlato nei bambini con problemi di percezione visiva.
   d. linguistica elaborando i suoni confluiti nel condotto uditivo.

8. "Plasticità cerebrale" è la facoltà dell'encefalo
   a. di mutare la propria struttura attraverso informazioni interne ricevute.
   b. di variare le proprie funzionalità in base agli input esterni recepiti.
   c. di sviluppare la parte cognitiva e la personalità nell'individuo.
   d. di trasformare ed elaborare i dati assimilati da immagini esterne.

9. L'insufficienza uditiva crea in diverse aree encefaliche
   a. la possibilità di elaborare input provenienti dall'esterno.
   b. lo sviluppo del processo che coinvolge l'elaborazione di informazioni.
   c. le condizioni per analizzare i vari segnali visivi esterni.
   d. l'incremento della produzione comunicativa nei bambini.

10. La neuroprotesi cocleare potrà essere applicata
    a. a bambini e adolescenti con una parziale disfunzione del sistema ottico.
    b. a bambini con disfunzioni uditive e con una ridotta capacità d'interazione.
    c. a bambini che presentano handicap uditivo migliorando la vita quotidiana.
    d. a bambini con menomazione uditiva e con disfunzione motoria.

A.2 Legga il seguente testo e poi risponda alle domande poste.

Addio plastica, la bottiglia è fatta di alghe: ecosostenibile e commestibile

Un esempio virtuoso di eco-sostenibilità, un nuovo modo di intendere la ricerca sugli involucri da imballaggio, un'intuizione per superare il problema della scarsità di risorse. È un po' tutte e tre queste cose la scoperta che, quasi per caso, ha fatto uno studente islandese: realizzare un materiale per la produzione di bottiglie ecologiche, biodegradabili, addirittura commestibili. Una materia prima, dunque, del tutto naturale che potrebbe risolvere i danni provocati all'ambiente dalla produzione delle plastiche e dal loro riciclo.

L'invenzione è merito di Ari Jònsson, studente 32enne dell'Accademia d'Arte di Reykjavik. Partendo da un ipotetico progetto di design, dopo alcuni esperimenti sulla resistenza delle materie prime si è fatta presto strada nella mente di Jònsson l'idea della bottiglia ecologica. Sono bastati due elementi per portare alla creazione di questa "magia", due ingredienti che si trovano in gran quantità in natura: l'acqua e l'agaragar, una polvere che si ottiene dalla lavorazione dell'alga rossa. Unendo questi componenti, infatti, si può arrivare in pochi passaggi a creare un recipiente duttile e resistente: acqua e agar assieme formano una miscela dalla consistenza gelatinosa ma poco lavorabile; se, però, questa viene riscaldata a fuoco lento diventa più elastica; mettendola, infine, per qualche minuto in congelatore dentro ad appositi stampi si riesce a renderla solida e riempibile. Una delle caratteristiche più interessanti e curiose della "bottiglia d'alga" è che, fin quando resta a contatto con i liquidi al suo interno, mantiene intatte le sue proprietà. Il processo di decomposizione inizia solo quando questa viene svuotata del contenuto.

A quel punto il composto diminuirà di volume piuttosto rapidamente fino a non lasciare più traccia di sé. Le bottiglie tradizionali hanno un impatto molto nocivo sull'ambiente; secondo le stime il 50% della plastica viene usata una volta sola e poi smaltita; così facendo si "caricano" i terreni - e le falde acquifere - di sostanze tossiche (soprattutto petrolio). La bottiglia eco, invece, oltre al fatto di non rilasciare agenti inquinanti si ricicla da sola. Potrebbe essere il primo passo verso una rivoluzione nel confezionamento delle bevande. Basterà abituarsi al sapore di alga - piuttosto pungente - che assume il liquido all'interno dopo il contatto prolungato col materiale. E per chi non volesse aspettare i tempi di smaltimento può eliminare il recipiente in modo differente. Come? Semplicemente mangiandolo. Perché, come detto, la miscela di acqua e agar-agar è anche commestibile. In fondo non è nuovo l'utilizzo dell'alga rossa in campo alimentare, soprattutto nella cucina orientale e vegana, come gelificante naturale. La bontà del progetto non è passata inosservata visto che AMAM, un collettivo di creativi provenienti dal Giappone, ha deciso di mettere in pratica l'idea realizzando un nuovo imballaggio - sostitutivo della plastica – con la "ricetta" di Jònsson. Non è comunque la prima volta che si studiano materiali naturali "riempibili" e che, per realizzarli, si usano le alghe. Emblematico fu il caso di Ooho, la sfera d'acqua pensata da uno studente inglese, composta da una membrana gelatinosa ottenuta anch'essa dalla lavorazione di alghe commestibili.

(Marcello Gerardini, La Repubblica, 10 maggio 2016 https://www.repubblica.it/ambiente/2016/05/10/news/addio_plastica_la_bottiglia_e_fatta_di_alghe_eco-sostenibile_e_commestibile-139480774/)

4° TEST
Prova di Comprensione della Lettura

DOMANDE

11. Con la scoperta di Ari Jònsson quali problemi ambientali si potrebbero risolvere?

    (da 8 a 15 parole)

12. Quali sono i componenti principali che costituiscono la bottiglia ecologica?

    (da 8 a 15 parole)

13. Quali sono le proprietà più importanti che ritroviamo nella "bottiglia d'alga"?

    (da 15 a 20 parole)

14. "Le bottiglie tradizionali hanno un impatto molto nocivo sull'ambiente". Perché?

    (da 15 a 20 parole)

A.3 Legga i due brani indicati rispettivamente con la lettera A e B. Abbini successivamente le frasi sottoelencate segnando A quando la frase si riferisce al brano A, segnando B quando la frase si riferisce al brano B.

Qual è il segreto della creatività?

TESTO A

I capolavori di Vincent van Gogh e il pensiero scientifico di Albert Einstein hanno in comune un fattore: la genialità. Certamente nella genialità c'è sempre qualcosa che sfugge alle definizioni, ma è possibile allenare l'immaginazione e potenziare il pensiero creativo? Secondo ricerche scientifiche, sì. Purché si capisca se si ha un'immaginazione creativa, immaginaria o episodica, e vengano poi applicati alcuni accorgimenti. Quella che è definita immaginazione creativa si sviluppa in due momenti. Nel primo, il creativo osserva il problema sotto diverse angolazioni, lo scienziato si pone domande, raccoglie idee, punti di vista, suggestioni; l'artista che sente il bisogno di creare qualcosa di ancora non ben definito, invece raccoglie spunti, osserva, accumula esperienze, storie e dati che un giorno forse utilizzerà. Per i neurofisiologi questa fase coinvolge il lateral thinking, ovvero il pensiero laterale o divergente, un tipo di pensiero che non segue le regole della logica, ma è istintivo, capace di stabilire libere associazioni tra le cose. A questo stadio affascinante e suggestivo deve seguirne un altro più analitico e faticoso, denominato pensiero convergente, chi ha una mente creativa infatti non può limitarsi a raccogliere idee, ma deve valutarle criticamente, analizzandole una ad una razionalmente. Per farlo può chiedere l'aiuto a un gruppo di esperti o fare appello all'esperienza. Il genio non è quindi solo sregolatezza, ma anche metodo. Pablo Picasso non a caso consigliava: "impara le regole come un professionista, in modo da poterle infrangere come un artista". Allenare questo tipo di immaginazione dà buoni risultati, infatti, quanto più a lungo si ragiona su un argomento, accettando anche di fare errori, tanto più si potranno elaborare pensieri innovativi e originali. Alcuni studi sperimentali hanno dimostrato che prima si comincia, meglio è, chi ha iniziato da piccolo a fare questo esercizio è avvantaggiato, soprattutto se ha osservato il lavoro di persone più creative di lui.

(Giuliana Rotondi, Focus.it, 10/01/2018, https://www.focus.it/comportamento/psicologia/il-segreto-della-creativita)

TESTO B

La psicologia cognitiva e le neuroscienze contemporanee hanno introdotto una significativa differenziazione tra due processi mentali, denominati imagery e imagination. Il primo è il processo di produzione di immagini mentali, generate cioè all'interno della mente senza una fonte esterna di stimolazione. Il secondo è invece il processo di combinazione creativa delle immagini, che spesso viene indicato in italiano con fantasia. Un insieme di operazioni mentali implicate nella produzione artistica, ma anche in quelle forme di attività mentale (inclusi il pensiero infantile, il pensiero magico e il pensiero schizofrenico). Questo tipo di immaginazione è quella fantastica. In questi casi il genio si immerge completamente nel suo progetto, trascurando tutto il resto, come se vivesse in un mondo immaginario. Sviluppare un eccesso di pensiero immaginario ha controindicazioni, in primis quella di negare la realtà, ma riserva anche alcuni vantaggi. Negli adulti potenzia infatti la memoria, il problem solving e la pianificazione. Anche in questo caso prima si inizia a svilupparla, meglio è. I bambini che sono stati incoraggiati dai loro genitori a partecipare a giochi di finzione o di ruolo, crescendo hanno livelli più alti di predisposizione alla fantasia, come gli aspiranti attori. Un ultimo tipo di immaginazione è quella episodica. Si basa infatti sul recupero di episodi reali del proprio passato. In questo caso il creativo non si immerge in un mondo immaginario, ma riconsidera il proprio vissuto, immaginando percorsi alternativi. Il passato diventa così l'occasione per imparare, migliorare e progettare il proprio futuro. Nel fare questo sforzo di creatività più che l'obiettivo, conta il metodo. Lo conferma anche uno studio: in una ricerca effettuata per valutare il potere dell'immaginazione è emerso che gli studenti che fantasticavano solo sui risultati desiderati, come ad esempio buoni voti per un test, si comportavano in modo peggiore degli studenti che immaginavano il percorso più efficace per raggiungere i risultati. Non a caso, uno dei creativi con la C maiuscola, Edison, aveva detto: "Il genio è all'1% ispirazione e al 99% traspirazione". E si riferiva proprio al sudore.

(Adattato da Fantasia e Immaginazione, di Luciano Meracci, Treccani http://www.treccani.it/enciclopedia/fantasia-e-immaginazione_%28Enciclopedia-Italiana%29/)

15. Il proprio passato si rivela la base per pianificare il proprio futuro.

16. La genialità si concentra esclusivamente ne proprio progetto.

17. La genialità viene considerata anche un procedimento metodico.

18. L'elaborazione di pensieri innovativi avviene attraverso la riflessione.

19. Sono state elaborate differenziazioni tra due tipologie di processi mentali.

20. Processo produttivo di immagini mentali concepite senza uno stimolo esterno.

21. Troviamo un approccio logico-analitico per applicare procedure precise.

22. Uno sviluppo smisurato del pensiero immaginario porta alla negazione della realtà.

23. L'approccio divergente è una modalità di risoluzione di problemi senza logica.

24. Esiste un tipo di immaginazione che riprende situazioni del proprio vissuto.

B. PROVA DI PRODUZIONE DI TESTI SCRITTI

B.1 Riassuma il testo, seguendo le tracce fornite, senza riutilizzare integralmente frasi, espressioni o costrutti usati nel testo.

(Da un minimo di 150 ad un massimo di 200 parole)

I pregiudizi di genere e di razza dell'intelligenza artificiale

Gli algoritmi che permettono a un sistema di intelligenza artificiale di apprendere una lingua da una serie di testi, trasmettono al sistema anche i pregiudizi razziali o di genere che vi possono essere celati. Dunque, la valutazione per esempio di un curriculum da parte di un sistema di intelligenza artificiale (IA) non sarebbe affatto più imparziale di quella fatta da un essere umano. Quando un sistema di intelligenza artificiale (IA) "apprende" una lingua da dei testi, finisce per assimilare anche i pregiudizi razziali e di genere degli esseri umani.

A mostrarlo è stato un gruppo di ricercatori della Princeton University che firmano un articolo pubblicato su "Science". Il risultato è importante non solo perché offre uno strumento per lo studio degli atteggiamenti e dei comportamenti potenzialmente pregiudizievoli negli esseri umani, ma anche perché evidenzia quanto una lingua sia strettamente intrecciata con pregiudizi storicamente sedimentati e con stereotipi culturali, di cui un soggetto umano può anche non essere consapevole. Il metodo standard per valutare l'esistenza di simili pregiudizi impliciti nelle persone è costituito dal cosiddetto test di associazione implicita. In questo test ai soggetti è chiesto di indicare, premendo un tasto, se considerano affini o diversi i concetti di una serie di coppie di parole via via sottoposte. I tempi di risposta possono variare notevolmente, indicando quanto una persona considera i due concetti collegati tra loro. Le persone, per esempio, sono solitamente propense ad associare rapidamente "fiore" a "piacevole", e "insetti" a "sgradevole".

Questa tecnica, però, non può evidentemente essere applicata a un sistema di intelligenza artificiale. Aylin Caliskan e colleghi hanno così sviluppato un corrispettivo adatto a valutare questo tipo di pregiudizi nei sistemi di intelligenza artificiale (IA) che acquisiscono il linguaggio da testi umani. Invece di misurare il tempo di ritardo, in questo test viene eseguita una valutazione statistica del numero di associazioni tra le parole acquisite dal sistema. L'applicazione di questo metodo, chiamato Word-Embedding Association Test (WEAT) – ha mostrato che, insieme al linguaggio, i sistemi di intelligenza artificiale assorbono anche i pregiudizi impliciti. Per esempio, gli studi sul comportamento umano effettuati negli Stati Uniti mostrano che uno stesso identico curriculum apre le porte a un colloquio di lavoro molto più facilmente se il nome del candidato è di origine europea e non afroamericana. E lo stesso accadrebbe se la scelta dovesse essere fatta da un sistema di intelligenza artificiale (IA), poiché questo sistema nel corso del suo apprendimento della lingua ha registrato una più frequente associazione dei nomi americani di origine europea con termini "positivi", per esempio "regalo" o "felice". E analogamente, il sistema di intelligenza artificiale (IA) associa le parole legate al sesso femminile (come "donna" e "ragazza") a parole che hanno a che fare con le arti, e molto meno con la matematica. Le più importanti e innovative applicazioni dell'intelligenza artificiale non sono guidate da una logica asettica e oggettiva, ma incorrono facilmente in errori sistematici e veri e propri pregiudizi che gli algoritmi di apprendimento automatico alla loro base acquisiscono dai progettisti umani.

(Le Scienze, 18/04/2017, http://www.lescienze.it/news/2017/04/18/news/pregiudizi_impliciti_lingua_sistemi_intelligenza_artificiale-3493839/)

Per il riassunto segua le tracce indicate:

- sottolineare come vengono trasmessi al sistema eventuali pregiudizi razziali;

- motivi che portano agli errori sistematici degli algoritmi;

- pericoli e rischi che potrebbero creare queste situazioni;

- considerazioni personali sull'uso e applicazione della tecnologia in situazioni oggettive dell'essere umano.

B.2 Svolga una delle composizioni, scegliendola tra le due proposte:

(da un minimo di 220 ad un massimo di 250 parole)

1. "La vecchiaia è ciò che capita alle persone che diventano vecchie; non è possibile racchiudere questa pluralità di esperienze in un concetto e neanche in una nozione... La nostra esperienza personale non ci indica il numero dei nostri anni. Non v'è nessuna impressione cinestesica che ci riveli le involuzioni della nostra senescenza. È questo uno dei tratti che distinguono la vecchiaia dalla malattia... La vecchiaia non è solo un fatto biologico è anche un fatto culturale". L' emarginazione degli anziani dal tessuto sociale sta a testimoniare il fallimento di tutta la nostra civiltà.

Commenti questa affermazione analizzando le motivazioni che secondo Lei spingono l'individuo a tali comportamenti.

2. In Italia, come in altri paesi del mondo, esiste il fenomeno del giornalismo mal retribuito, protagonisti di questo scenario contemporaneo i freelance: sottopagati, senza diritti e assicurazione. I media, oggi, non si prendono la responsabilità – soprattutto economica – di tutelarli. Una volta si parlava della gloriosa storia di un giornalismo d'altri tempi, coraggioso e audace, dove verità e libertà di stampa erano centrali, mentre il tema dei compensi non era un problema da affrontare. Nella realtà di oggi, invece, questo è il punto dolente. In Italia i freelance accettano compensi ridicoli per necessità e così facendo affondano anche se stessi. Sono loro che oggi raccontano la guerra, perché i giornali hanno scelto di investire sempre meno nelle zone di conflitto, di tagliare budget in un'epoca dove ci si accontenta "delle agenzie e di internet", in quanto si ritiene che si possa fare informazione gratis.

Lei è molto sensibile a questa situazione per questo motivo scrive delle riflessioni da inviare ad una rivista, che tratta argomenti di politica, cultura ed economia, dove fornisce suggerimenti e consigli per attuare riforme, avere un comportamento più dignitoso e corretto nei confronti di un lavoratore.

1 ORA E 15 MINUTI

CELI 4

CERTIFICATO DI CONOSCENZA
DELLA LINGUA ITALIANA

Livello C1

C   **Prova di Competenza Linguistica**   *(20 punti)*

Nome e Cognome dello studente

_____

_____

Data

_____

_____

C.1 Completi il testo con l'inserimento di una sola parola.

Kittenfishing, sembrare meglio di come si è: l'incubo degli appuntamenti online

Le nuove tecnologie ci hanno abituati ai neologismi. Basti pensare al phubbing: parola coniata nel 2013 per indicare il comportamento scortese di chi ...(1)... compulsivamente lo smartphone anziché prestare ...(2)... alle persone vicine. O, ancora, a post verità: scelto dall'Oxford Dictionary come lessema del 2016 per descrivere una situazione in cui "i fatti obiettivi hanno meno influenza sull'...(3)... pubblica rispetto agli appelli emotivi e alle convinzioni personali". Ora un nuovo ...(4)... si prepara a diventare parte del nostro linguaggio parlato e arriva ...(5)... mondo degli appuntamenti online. Si chiama Kittenfishing (da "kitten" che significa "gattino" e "fishing" che metaforicamente sta per "caccia") ed è una ...(6)... più leggera del catfishing: sgradevole trucco di chi ...(7)... in rete identità ...(8)... per indurre la persona adescata a una relazione romantica. A coniarlo è stata l'app di dating più seria in circolazione, quella dedicata a chi cerca una storia d'amore possibilmente duratura. Al ...(9)... ha persino dedicato un report, probabilmente anche per farsi un po' di pubblicità. Stando alla definizione scritta su Urban Dictionary - dizionario online sempre attento a neologismi e slang in lingua inglese che ha inglobato questa parola lo scorso tre luglio - in pratica consiste nel mostrarsi ...(10)... siti di incontri in maniera diversa da ciò che in realtà si è. Utilizzare una foto di tanti anni fa o eccessivamente ritoccata, esagerare le proprie competenze, mentire sulle passioni. "La maggior parte delle persone si costruisce e mantiene online una persona che è una versione in qualche modo potenziata di se stessa - scrive – Patrice Walalce, che valorizza le ...(11)... positive e smorza quelle negative, a volte creando veri e propri personaggi nuovi rispetto ...(12)... reale, anche solo per provare qualcosa di diverso". Niente di male, quindi. Ma se la stessa strategia viene adottata nei siti d'appuntamenti può rappresentare un problema ...(13)... la persona che si ...(14)... dall'altra parte dello schermo, quando dall'online si passa offline.

(Rosita Rijtano, La Repubblica, 6/07/2017 https://www.repubblica.it/tecnologia/social-network
/2017/07/06/news/kittenfishing_l_incubo_degli_appuntamenti_online-170124010/)

4° TEST
Prova di Competenza Linguistica

C.2 Completi il testo da 15 a 24 con la parte mancante scegliendo tra le alternative proposte. Una sola è la scelta possibile.

Arriva la bistecca sintetica è carissima e insipida ma piace ai vegetariani

Prelevare pochi grammi di muscolo da un maiale vivo, estrarne pazientemente le cellule staminali una a una ...(15)..., agitando il tutto per sei mesi con ...(16)... La ricetta della carne artificiale. ...(17)... Ma apre una nuova frontiera ai vegetariani (o almeno a una fetta di essi), popoli affetti da carestia e astronauti diretti su Marte. Così Mark Post, ...(18)..., in Olanda, che lavora al progetto da un decennio, ha annunciato ieri al Telegraph che ...(19)..., in una provetta del suo laboratorio. Lui stesso ha ammesso che ...(20)...: la carne artificiale ...(21)... di un muscolo appena tolto dal gesso. E l'unico che abbia avuto il coraggio di assaggiarne un filamento, un giornalista della tv russa ...(22)... sugli esperimenti di Post, l'ha definita "gommosa e insapore". La prima salsiccia costerà 250mila dollari, ...(23)... al momento. Ma il denaro potrà essere reinvestito - si giustifica il ricercatore - ...(24)... e abbassare il costo delle salsicce successive. Come a volte accade con le specialità gastronomiche, anche la carne da laboratorio ha i suoi estimatori. Il gruppo animalista internazionale Peta (People for ethical treatment of animals) ha promesso un milione di dollari a chi porterà nei supermercati il primo petto di pollo sintetico. "Più di 40 miliardi di polli, pesci, maiali e mucche vengono uccisi ogni anno negli Usa in modi orribili" si legge nel bando. "Anche se i vegetariani soffrono meno di cuore, diabete e vari tipi di cancro, non tutti riescono a liberarsi dalla dipendenza dalla carne".

(Elena Dusi, La Repubblica.it, 2/09/2011, http://ricerca.repubblica.it/repubblica/archivio/repubblica/2011/09/02/arriva-la-bistecca-sintetica-carissima-insipida-ma.html)

a. il ricercatore dell'università di Maastricht,

b. non ha un'aria appetitosa

c. per migliorare il processo produttivo

d. una scossa elettrica da 10 volt ogni secondo

e. ha l'aspetto flaccido e pallido

f. la prima salsiccia maturerà fra sei mesi

g. mescolare con fattori di crescita in provetta

h. non tutti riescono a liberarsi dalla dipendenza

i. sull'aspetto c'è ancora da lavorare

l. ha promesso un milione di dollari

m. incaricato di preparare un servizio

n. perché il mercato dei fattori di crescita è folle

C.3 Nella maggior parte delle righe numerate da 25 a 38 ci sono errori di distrazione. Identifichi negli spazi numerati da 25 a 38 con √ le eventuali righe che non contengono errori, in caso contrario individui gli errori e scriva la forma corretta.

Perché dimentichiamo la maggior parte delle trame dei libri e dei film.

25. Vi sono rimasti impressi la copertina o il volto del protagonista; le emozioni che

26. vi ha trasmesso o il luogo in cui l'avete visto o leto. Ma a meno che non facciate

27. parte di una schiera eletta di rievocatori, è probabile che abbia già dimenticato

28. il contenuto di quel libro, o quel film che avete visto pochi giorni fa. Perche

29. sucede? È sempre stato così, o è un problema della nostra epoca?

30. In parte, e una caratteristica intrinseca della memoria umana. Già alla fine del

31. 19esimo secolo Hermann Ebbinghaus, psicologo e filosofo tedesco, con i primi a

32. studiare la memoria dal punto di vista sperimetale, teorizzò la cosiddetta "curva

33. dell'oblio", che è più accentuata nelle 24 ore successivo all'apprendimento. In

34. pratica dimentichiamo più facilmente il materiale letto o visto nelle prime ore,

35. per poi perderlo in modo più sfumato in quelle successive, fino a rimanere con una

36. traccia flebile di quell'esperienza. Ciò è perfettamente fisiologici, se non si ritorna su quel contenuto.

37. Per assorbire davvero ciò che leggiamo, dovremmo distanziarle nel tempo,

38. gustarne sotanto un pezzo alla volta.

(Elisabetta Intini, Focus.it, 29/01/2018, https://www.focus.it/comportamento
/psicologia/perche-dimentichiamo-la-maggior-parte-delle-trame-dei-libri-e-dei-film)

4° TEST
Prova di Competenza Linguistica

C.4 Costruisca un testo collegando e sviluppando i punti elencati.

**Piombino, caccia al ladro della tartaruga:
spiaggiata e subito portata via in un sacco.**

Piombino – immagini telecamere di sorveglianza – stabilimento balneare –
ripreso uomo – sacco nero – mantenere – raccogliere – esemplare tartaruga marina –
ore prima – spiaggiata – litorale spiaggia provincia Livorno –
scoprire – Guardia Costiera – avvertire – cittadino – tartaruga presenza – riva
marittimi – ritardo ad arrivare – luogo – tartaruga scomparsa –
ispezionare – telecamere – notare – animale – stare – trafugare – uomo –
ulteriori indagini – effettuare – non aiutare – momento – Guardia Costiera –
riconoscere – autore – gesto –
azione commessa – spiegare – comando di Livorno – integrare – violazione norme –
internazionali – tutelare – specie selvatiche protette – impedire –
organi competenti – possibilità – esaminare caso – raccogliere –
numerose – informazioni utili – profilo ambientale – anche – salute pubblica

(La Repubblica.it, 9/02/2018, https://firenze.repubblica.it/cronaca/2018/02/09/foto
/piombino_caccia_al_ladro_della_tartaruga_spiaggiata_e_subito_portata_via_in_un_sacco-188448704/1/#1)

Cominciare così: A Piombino le immagini delle telecamere di sorveglianza di uno stabilimento balneare...

CELI 4

D.1 Ascolterete un testo che tratta del fenomeno della violenza sulle donne. Completi le informazioni introducendo al massimo 4 parole negli spazi numerati da 1 a 8.

Il testo va ascoltato due volte.

1. Diversamente, se ...(**1**)..., magari uno schiaffo,
2. In questo caso dunque la donna può ...(**2**)..., oppure no.
3. La legge sullo stalking ...(**3**)...
4. Solitamente funziona, soprattutto quando il ...(**4**)... è un professionista
5. L'ammonimento non è ...(**5**)... : dobbiamo aprire
6. E questa procedura non ...(**6**)... una denuncia…
7. Nella mia ...(**7**)... stato usato a ragion veduta
8. Nella ...(**8**)..., hanno avuto sempre torto.

(Lara Eduati, L'Huffington Post, http://www.huffingtonpost.it/2013/03/07/femminicidio-intervista-a-francesca-monaldi_n_2829864.html)

4° TEST
Prova di Comprensione dell'Ascolto

D.2 Ascolterete un testo che tratta della battaglia per la privacy su internet. Ascoltate attentamente e individuate quali informazioni sono presenti o no nel testo.

Il testo va ascoltato due volte.

9. Il computer permetterebbe di creare relazioni tra persone sconosciute.
10. Le telecomunicazioni a breve sostituiranno la comunicazione tra le persone.
11. La rete risulta da sempre conosciuta e diffusa fra il pubblico.
12. John McCarthy è uno dei padri della comucazione diretta.
13. Inizialmente la rete serviva a connettere vari laboratori e dipartimenti.
14. La preoccupazione principale del protagonista è la sicurezza delle comunicazioni.
15. Il protagonista ha sempre avuto un atteggiamento distaccato.
16. Progetto Multics risulta il sistema operativo dal quale è nato internet.
17. I primi risultati sul progetto sicurezza arrivano alla fine degli anni '60.
18. Obiettivo del progetto è che l'utente mantenga il controllo delle chiavi di accesso.
19. Principale fallimento in questo campo è la mancata comucazione diretta.

(Piergiorgio Odifreddi, La Repubblica.it, 8/01/2018,
http://odifreddi.blogautore.repubblica.it/2018/01/08/il-ribelle-dellinformatica/)

D.3 Ascolterete ora un testo che parla di varie diete efficaci e sicure. Durante l'ascolto svolgete l'attività completando con al massimo sei parole.

Il testo va ascoltato una volta.

	Durata della dieta	**Cibi da consumare**	**Scopo della dieta**
20. Dieta del super metabolismo	...(20. A)...	...(20. B)...	...(20. C)...
21. Dieta del riso	...(21. A)...	...(21. B)...	...(21. C)...
22. Dieta senza glutine	...(22. A)...	...(22. B)...	...(22. C)...
23. Dieta normoproteica	...(23. A)...	...(23. B)...	...(23. C)...

(Redazione, donna.fanpage.it, https://donna.fanpage.it/diete-efficaci-le-8-diete-migliori-per-perdere-peso-velocemente/)

25 MINUTI

CELI 4

CERTIFICATO DI CONOSCENZA
DELLA LINGUA ITALIANA

Livello C1

Prova di Produzione Orale *(30 punti)*

Lo studente esaminerà il materiale sul quale si svilupperà un'intervista / conversazione con gli esaminatori o la commissione d'esame

Il materiale consiste in:
- **A** un testo
- **B** due fotografie
- **C** tabelle o grafici

Nome e Cognome dello studente

Data

A Lo studente, dopo aver letto il testo, deve riassumerlo e rispondere alle domande che eventualmente gli verranno poste.

La bomba demografica è ancora innescata?

Cinquant'anni fa, nel maggio del 1968, usciva un libro che segnò un'epoca con le sue "*previsioni fosche sul futuro*" che attendeva l'umanità sulla Terra. Paul Ehrlich, un autorevole studioso dell'Università di Stanford (California), che proprio grazie a quel libro diventò famoso in tutto il mondo, sosteneva che il nostro pianeta era alle soglie di una crisi drammatica e irreversibile: con la crescita esplosiva della popolazione, stava per aprirsi un'era in cui non ci sarebbe stato abbastanza cibo per tutti. "La battaglia per nutrire l'umanità è persa"; "centinaia di milioni di persone moriranno di fame"; "il tasso di mortalità aumenterà nei decenni a venire": le frasi di apertura del libro suonavano come sentenze definitive e il tono era "*catastrofista*". Il messaggio di base era che sovraffollamento, carestie e guerre attendevano gli abitanti della Terra se non si fossero presi subito provvedimenti per contenere la crescita della popolazione. Anche da allarmi come quello lanciato da Ehrlich derivarono le campagne intraprese da vari organismi e agenzie internazionali per contenere la crescita demografica, e i programmi per il controllo delle nascite nei Paesi poveri o in via di sviluppo, come quella avviata in India negli anni Settanta garantendo sussidi e benefici economici a chi si sottoponeva a sterilizzazione. Influenzò anche la politica del figlio unico in Cina, abolita ufficialmente nel 2013, che ha provocato non pochi problemi sociali e demografici. Oggi, ad abitare la Terra siamo in 7 miliardi e mezzo, ma la crescita della popolazione è diventata tumultuosa solo a partire dalla Rivoluzione industriale (metà dell'Ottocento). Cento anni fa il pianeta contava due miliardi di persone, e ancora diciassette anni fa eravamo sei miliardi. Dovremmo toccare gli 8 miliardi tra cinque anni, ma il tasso di crescita della popolazione si è oggi quasi dimezzato rispetto ai livelli di metà anni Sessanta, soprattutto per il fatto che la natalità sta scendendo quasi ovunque sotto il livello di sostituzione (quello in cui le nascite rimpiazzano le morti) non solo nell'Occidente sviluppato, ma anche nel sud-est asiatico e in America Latina. L'Africa è l'unico continente in cui la popolazione continua ad aumentare. Nonostante ciò, data l'inerzia dell'andamento demografico, il numero complessivo di abitanti del pianeta continuerà a salire. Per quanto ancora? Un modello demografico delle Nazioni Unite stima che il picco si raggiungerà verso il 2050, con 9 miliardi di persone. Secondo altre previsioni, la popolazione continuerà a crescere fino alla fine del secolo e all'inizio del successivo, raggiungendo gli 11 miliardi. Per contro, una minoranza di ricercatori sostiene che la popolazione inizierà a decrescere a partire dalla metà di questo secolo. Ci sono oggi altre preoccupazioni. Sul piatto della bilancia dei problemi del pianeta pesano i cambiamenti climatici, e il problema viene visto non più tanto nel numero assoluto degli abitanti, ma nel peso imposto all'ambiente e nello squilibrio tra il nord e il sud del mondo. Il mezzo miliardo più ricco di persone, circa il 7 per cento della popolazione globale, è responsabile della metà delle emissioni di anidride carbonica. Mentre il 50 per cento della popolazione più povera contribuisce solo per il 7 per cento.

(Chiara Palmerini, Focus.it, 14/01/2018,
https://www.focus.it/ambiente/ecologia/la-bomba-della-popolazione-e-ancora-innescata)

4° TEST
Prova di Produzione Orale

Domande guida

Riassuma il testo.

- Leggendo l'articolo emerge che la progressiva e costante crescita della popolazione mondiale rappresenta un vero e proprio problema al quale bisogna trovare una soluzione. Questo significa che, con il graduale aumento della popolazione sulla Terra, diminuiranno sempre di più le risorse a disposizione per il sostentamento.

    Dopo questa premessa esplicativa, secondo Lei quali potrebbero essere le reali conseguenze di questo fenomeno a livello mondiale? Possiamo trovare differenze relativamente a questa situazione tra i Paesi in via di sviluppo e quelli economicamente più avanzati?
    Esponga la situazione di questo fenomeno nel Suo Paese, descrivendone le caratteristiche ed eventuali misure che si potrebbero adottare per migliorare la situazione.

B Lo studente dovrà descrivere le foto mettendole a confronto e rispondere alle eventuali domande che gli verranno poste.

FOTO

1.

2.

4° TEST
Prova di Produzione Orale

Domande guida

Descriva le due foto mettendole a confronto.

- Nella nostra quotidianità, secondo statistiche, le persone tendono ad usare maggiormente le automobili anche per percorrere distanze brevi, evitando in questo modo la possibilità di spostarsi a piedi (mezzo di locomozione più antico). Nelle metropoli di diversi Paesi a causa del vertiginoso aumento dei ritmi lavorativi, dello stress ed il poco tempo a disposizione per praticare attività sportive, nella vita di tutti i giorni si limita la possibilità di fare esercizio fisico.

   Esponga la situazione del Suo Paese, fornendo esempi che confermino la presenza di tale fenomeno.
   Secondo Lei, quali sono le conseguenze create da questa abitudine? Quali interventi si potrebbero prevedere per invertire questa tendenza?

C Lo studente dovrà descrivere il/i grafico/i o la/le tabella/e e rispondere alle eventuali domande che gli verranno poste.

CHE FARE? – IL DECALOGO INTELLIGENTE

 LA SPESA INTELLIGENTE
Prima della spesa, controlla cosa serve davvero.

 LA CUCINA INTELLIGENTE
Quando cucini, fai attenzione alle quantità.

 IL FRIGORIFERO INTELLIGENTE
In frigo, metti davanti i cibi a breve scadenza.

 IL FREEZER INTELLIGENTE
Congela i cibi che non puoi mangiare a breve.

 RICETTE CONTRO LO SPRECO
Utilizza avanzi e scarti alimentari.

 PRODOTTI FRESCHI E DI STAGIONE
Privilegia l'acquisto dal produttore.

 È TROPPO PER TE?
Danne un po' ai tuoi vicini di casa.

 AL RISTORANTE NON RIESCI A FINIRE IL TUO PIATTO?
Non farti problemi, chiedi di portare a casa gli avanzi in un pacchetto. Lo fa anche Michelle Obama...

 "DA CONSUMARE PREFERIBILMENTE ENTRO IL…"
Vuol dire che gli alimenti risultano ancora idonei al consumo anche successivamente al giorno indicato. Verifica bene prima di buttarli.

 FIDATI DEL TUO NASO
Prima di buttare un alimento annusa, guarda e, se l'aspetto è buono, assaggia.

4° TEST
Prova di Produzione Orale

Domande guida

Descriva il/i grafico/i o la/le tabella/e.

- Lo spreco alimentare è un fenomeno che solleva profondi interrogativi dal punto di vista sociale. Infatti, considerando il problema della denutrizione che affligge circa un miliardo di persone nel mondo, l'aumento dello spreco alimentare anche sotto forma di eccessiva nutrizione appare quanto mai inaccettabile.

Secondo Lei, perché sprechiamo? Cosa ci spinge a un gesto che nella nostra cultura è considerato negativo fino a considerarlo immorale?

- In realtà però lo spreco alimentare è solo il sintomo più evidente di un sistema alimentare distorto e insostenibile che tratta il cibo come merce e che lo ha privato dei suoi valori culturali, sociali e ambientali durante tutte le fasi della filiera agroalimentare.

Che soluzioni suggerisce per ridare valore al cibo? Chi, tra istituzioni, cittadini, addetti ai lavori, e in che modo, dovrebbe essere il più coinvolto per arginare e combattere questa piaga?

2 ORE E 45 MINUTI

TEST 5

CELI 4

CERTIFICATO DI CONOSCENZA DELLA LINGUA ITALIANA

Livello C1

A   **Prova di Comprensione della Lettura**   *(40 punti)*

B   **Prova di Produzione di Testi Scritti**   *(50 punti)*

Nome e Cognome dello studente

_____

_____

Data

_____

_____

A. PROVA DI COMPRENSIONE DELLA LETTURA

A.1 Legga i due brani. Metta una X vicino alla lettera a.b.c.d. che corrisponde all'affermazione giusta tra le quattro che le vengono proposte.

1° TESTO

La battaglia demografica? Si combatte dando lavoro

I dati sulla profonda crisi demografica verso la quale ci stiamo dirigendo sono ampiamente condivisi in ambito scientifico. L'evidenza dei numeri è tale che mette d'accordo tutti. Più complicata - e per ora infruttuosa - è la riflessione sulle contromisure da adottare in tempi brevi per affrontare, o quantomeno mitigare, i problemi che ci troveremmo davanti. Personalmente credo che l'anello da afferrare e tirare con forza sia quello della maggiore partecipazione al lavoro. Si formano poche giovani coppie perché all'età giusta non si è ancora in grado di finanziare adeguatamente un nucleo familiare autonomo. È il mancato ingresso nel mercato del lavoro la causa prima che porta a rinviare "sine die" i progetti di vita. L'anno che sta iniziando vede la reintroduzione degli incentivi statali alle assunzioni di giovani che solo per il 2018 riguarderanno gli under 35 (dal 2019 la platea si restringerà agli under 30). Si tratta di sgravi contributivi per i datori di lavoro privati che impiegheranno un giovane con contratto a tempo indeterminato.

Funzioneranno? C'è sicuramente da sperarlo. Negli anni passati gli incentivi avevano spinto molte aziende a stabilizzare i loro precari o comunque ad allargare la pianta organica, successivamente esaurita la spinta dei bonus abbiamo visto le imprese utilizzare massicciamente i contratti a termine. Cambierà qualcosa? Dovrebbero bastare tre -quattro settimane per capirlo ma - lo ribadisco - la partecipazione al lavoro mi sembra "la conditio sine qua" non per poter mettere in campo politiche demografiche che aumentino "significativamente la natalità" e consentano ai giovani di programmare il loro itinerario. Sono però convinto che dietro la drastica diminuzione delle nascite non vi siano solo questioni materiali, legate a fattori economici. Sicuramente dei provvedimenti di sostegno alle famiglie numerose sarebbero un segnale forte, farebbero capire a tutti che la politica ha scelto di combattere la "battaglia demografica" e di non rassegnarsi al declino irreversibile della natalità. Ma ci sono fattori sociologici altrettanto forti che vanno analizzati e in qualche maniera contrastati. L'idea che si è fatta largo ed è divenuta maggioritaria soprattutto tra le nuove generazioni riguarda il rapporto tra stili di vita, libertà personale e procreazione.

Quando poi queste tendenze culturali si sommano a modelli organizzativi cittadini che non si possono definire children friendly il mix diventa estremamente negativo. Il caso di Milano, anche da questo punto di vista, è estremamente significativo. L'alta partecipazione delle donne al lavoro pari all'80 per cento delle adulte - anche in posizioni non ghettizzate nelle professioni tradizionali della scuola e della sanità - la rende simile a Londra e più avanti rispetto a Stoccolma ma ha il corrispettivo di un'elevata percentuale di single. Tra le residenti in città meno della metà, ovvero il 47%, ha figli. La risposta che davanti a questi dati viene spontanea chiama in causa le carenze dei servizi pubblici (dagli asili nido in avanti) ma una buona ricerca sul campo sulle motivazioni di scelte di vita così nette ci potrebbe fornire molti elementi di conoscenza in più.

(Di Dario Di Vico, Il Corriere della Sera, 9/01/2018, https://www.corriere.it/buone-notizie/editoriali/18_gennaio_09/battaglia-demografica-si-combatte-dando-lavoro-b27f3156-f51c-11e7-b250-16cc66648122.shtml)

5° TEST
Prova di Comprensione della Lettura

DOMANDE

1. La crisi demografica
   a. si deve ridisegnare modificando l'affluenza nel mercato del lavoro.
   b. va fronteggiata solo facendo leva sul settore occupazionale.
   c. va ostacolata perchè non sprofondi in problematiche irrisolvibili.
   d. deve essere tracciata per provvedere in tempo ad eventuali rimedi.

2. Gli incentivi statali ai datori di lavoro
   a. sono commisurati in termini di esonero dal versamento dei contributi.
   b. sono elargiti in qualità di esenzioni di cui godono all'atto del versamento delle tasse.
   c. sono agevolazioni a favore degli assunti a tempo indeterminato.
   d. sono corrisposti in forma di riduzione delle imposte a carico del contribuente.

3. Gli effetti della manovra in passato
   a. avevano inciso sulle entrate contributive dei lavoratori dell'organico aziendale.
   b. avevano scatenato l'intensificarsi del fenomeno del lavoratore a nero.
   c. avevano permesso alle aziende di compensare i versamenti dovuti in tempi brevi.
   d. avevano assicurato la regolarizzazione della posizione contributiva di molti lavoratori.

4. Il calo delle nascite
   a. è segnale dell'imporsi di una nuova forma mentis in tema di riproduzione.
   b. è l'effetto congiunto di orientamenti mentali e consolidati schemi di vita cittadini.
   c. è il fenomeno base su cui incentrare una politica demografica di intervento.
   d. è dovuto a un complesso di fattori socioculturali e ambientali.

5. L'alta percentuale di single a Milano
   a. rimanda l'attenzione sulle strutture pubbliche ad uso della comunità.
   b. è in stretto rapporto con l'assenza o insufficienza dei servizi statali.
   c. risponde ad una esigenza di ripartizione e di priorità dei posti assegnati.
   d. si rapporta all'alto numero di richieste inoltrate per gli asili nido.

2° TESTO

Ecco gli Sneet, i nuovi single. Né fidanzati, né a caccia, né in flirt

L'amore riguarda tutti. Anche chi l'ha perso. Anche chi non l'ha ancora trovato. È un luogo dove senti che "in due è meglio" e appartiene anche a noi single che un amore non l'abbiamo. Per noi, è il luogo dell'attesa e può essere un bel posto. Non me ne vogliano quelli che preferiscono stare in coppia, anche se ci stanno male, anche se ci si annoiano. Stando a un'analisi della Coldiretti sul censimento Istat 2015, i single italiani sarebbero quasi sette milioni e 700 mila, il 41 per cento in più rispetto a dieci anni fa. Aumentiamo di anno in anno. Invecchiamo soli, di anno in anno. La singletudine è sempre meno una condizione transitoria. E sono sempre di più le persone che non fanno nulla per cercare l'amore.

A voler parafrasare l'acronimo Neet – quello sui giovani che non studiano, non lavorano, non cercano un impiego, che sono Not in Education, in Employment, in Training – sta crescendo la popolazione degli Sneet: Single Not in Engagement, in Expecting, in Toying. Più o meno: né fidanzati né a caccia né in flirt. Una folla che preferisce una serie tv o un libro sul divano piuttosto che una festa dove «vieni, che c'è un sacco di gente nuova». Dicono quelli di «buon senso» che, ad aspettare il partner giusto, si rischia di chiudersi in una corazza. Ma i single coriacei, gli Sneet, non li ascoltano, sono estremi, non danno chanches al destino.

Sono capaci di non concedere neanche un primo caffè. Anche per gli Sneet «in due è meglio» ma solo se l'altro gli aggiunge qualcosa. «L'altro» da qualche parte ci sarà, ma è un Pokémon raro, uno Zapdso o un Mewtwo che riconosci al primo sguardo o pazienza. La svolta è capire che si può essere single accortamente aperti a qualche evenienza. Per farlo, è utile sfatare il mito dell'autosufficienza di cui facilmente gli Sneet sono affetti. Più stai bene da solo, meno fai entrare qualcuno. L'altro è una seccatura, sono le sue scarpe abbandonate nel mezzo del nostro ordinatissimo salotto, sono i suoi problemi che diventano i nostri, quando noi siamo invece bravissimi a risolverci i problemi da soli. Essendo stata un po' Sneet, posso testimoniare che l'autosufficienza comporta manie di perfezionismo e di autocontrollo.

A lungo, la sera, mettendomi a letto, facevo il mio esame di coscienza e puntualmente mi dicevo che avevo sbagliato qualcosa io. Valeva su tutto. Potevano mettermi sotto sulle strisce mentre passavano con il rosso (è successo) ed ero io che non avevo guardato. Capite che, a pretendere tanto da se stessi, si finisce per pretendere troppo da chiunque. E per allontanare chiunque. Poi, in uno dei giorni della mia fiera singletudine, mi sono imbattuta in Brené Brown, che è una sociologa americana diventata una star per i suoi studi sulla vulnerabilità. La vulnerabilità, per me, era una parolaccia. Perché sei vulnerabile quando sei fragile, debole, e io invece volevo essere forte, avere tutto sotto controllo, non aver bisogno di niente e di nessuno. Sarà un fatto generazionale, ma volevo essere Wonder Woman. Io, se uno mi piaceva perché era dolce, lo bloccavo su Whats App, perché il bisogno di dolcezza era una debolezza che non dovevo permettermi. E se uno amava oziare la domenica, lo cassavo, perché la pigrizia era una debolezza imperdonabile. La vulnerabilità era il mio personale baratro ed era fatale che ne sentissi la fascinazione. Mi ci sono immersa e ho capito che, se non l'accetti, uscendo da quella smania di autocontrollo, non puoi avvicinarti davvero a un'altra persona, non puoi consentire all'altro di avvicinarti. Puoi solo essere giudicante, non puoi arrivare nemmeno al primo caffè. Ho capito che dire «io mi basto da sola» è un modo per non aver bisogno dell'altro. Per non temere di esserne ferita. È la famosa «corazza» di cui tanti parlano, forse non per sentito dire. Far pace con la vulnerabilità è il primo passo per uscire da certe singletudini ostinate. Ma è il primo di molti. Perché, poi, l'amore è fare di due uno. È fare di quell'uno un «due» dalla forza moltiplicata all'ennesima potenza. L'amore è amare nell'altro quello che non sono, ma posso essere. E, viceversa, l'amore è lui che ama in me quello che può diventare. L'amore è farsi un uno in divenire. «In due è meglio» quando tu aggiungi qualcosa all'altro e lui aggiunge qualcosa a te. Noi single del mondo non sempre c'incontriamo perché uscire dall'individualismo spaventa. Perché, quando ti fai uno insieme a un'altra persona, rinunci per forza a qualcosa. Devi entrare e uscire da te stesso, guardarti da fuori, perdere qualcosa, ma è il modo più straordinario per ritrovarsi migliori. Ed è un gioco bellissimo, a volerlo giocare.

(Di Candida Morvillo, Il Corriere della Sera, 4/08/2016, https://www.corriere.it/cronache/sesso-e-amore/notizie/ecco-sneet-nuovi-single-ne-fidanzati-ne-caccia-ne-flirt-f6a79a98-5a46-11e6-bfed-33aa6b5e1635.shtml)

DOMANDE

6. La condizione di single
   a. si afferma alla luce dei nuovi punti di vista degli individui.
   b. genera l'aumento del fenomeno dell'invecchiamento prematuro.
   c. converge in uno stato di fatto non passeggero che appaga.
   d. si consolida sempre più in non provvisoria per chi la vive.

7. Per gli Sneet «in due è meglio»
   a. solo se l'altro funge da elemento essenziale per il complemento della sua identità.
   b. se si rintracciano nell'altro aspetti simili della personalità su cui non si transige.
   c. se si riesce a soprassedere alle divergenze caratteriali e comportamentali dell'altro.
   d. quando ci si relaziona con l'altro a prescindere da giudizi di diverso tipo.

8. Per poter essere aperti ad ogni eventualità
   a. si devono demolire le barriere di rigetto che alziamo verso gli altri.
   b. si deve allentare la corda ed essere meno esigenti e pignoli con se stessi.
   c. bisogna scrollarsi di dosso quelle fissazioni che ci fanno sentire invulnerabili.
   d. bisogna familiarizzare e far propri gli eventuali problemi degli altri.

9. Vincere l'ostinazione della singeltudine significa
   a. ricercare quell'equilibrio e armonia interiore che placa i sensi.
   b. prender coscienza dei propri limiti e fragilità ed accettarli di buon grado.
   c. addentrarsi con cognizione alla ricerca delle profondità più oscure di se stessi.
   d. smantellare lo scudo di perfezione e di avidità che avvolge il nostro io.

10. Farsi un uno
    a. consiste nell'annullare il senso di identità di un individuo.
    b. è un gioco che rende inevitabilmente gli individui migliori.
    c. implica un percorso di privazioni e di continua analisi introspettiva.
    d. richiede un cammino reciproco per uscire dagli individualismi.

A.2 Legga il seguente testo e poi risponda alle domande poste.

Portogallo, il nuovo paradiso dei pensionati italiani

Destinazione Portogallo. Il paese più occidentale d´Europa è infatti diventata la meta favorita di tanti pensionati, del nostro paese e non solo. Tranquillità, costo della vita e molto di più. Un'attrattiva formidabile è stata la decisione di detassare per dieci anni le pensioni dei cittadini stranieri che decidono di traferire la residenza in Portogallo. Un accordo bilaterale con l´Italia permette infatti al Portogallo di decidere il regime fiscale da applicare alle pensioni dei nostri connazionali che scelgono di vivere lí. La scelta portoghese è da qualche anno di concedere ai pensionati stranieri che fissano la residenza temporanea nel paese la sospensione di ogni tributo per un decennio. Per poterne usufruire si deve vivere in Portogallo minimo sei mesi più un giorno ogni anno o avere un regolare contratto di locazione annuale (ma per il fisco italiano si deve comunque vivere più di metà anno nella nuova residenza).

Ovviamente c'è chi non ha gradito, nei paesi stranieri che vedono ogni anno centinaia di pensionati trasferirsi in Portogallo, con conseguente perdita di introito fiscale. Ma anche a Lisbona e dintorni: ai portoghesi che si lamentavano di avere le proprie pensioni sempre tassate, al contrario degli "ospiti", lo Stato ha però dimostrato i vantaggi di una simile politica, pubblicando annualmente un resoconto sugli introiti fiscali derivati dalle spese fatte dai pensionati stranieri residenti e dallo sconto fatto sulle loro pensioni. Uno studio che presenta sempre, e abbondantemente, un saldo positivo per le finanze portoghesi. La regione preferita dai nostri connazionali è l'Algarve, nel sud del Paese. Da sempre meta preferita dei pensionati inglesi, per la vicinanza con la Gran Bretagna, lo è diventata ormai anche dei nostri che, incoraggiati dalle misure fiscali portoghesi, hanno scoperto una terra dagli inverni miti e dalle splendide spiagge.

Nell´Algarve sono così nate varie imprese che, gestite da italiani, si sono dedicate proprio ad accogliere i pensionati, offrendo servizi di aiuto sia nei procedimenti burocratici che nella scelta della località in cui vivere e anche della casa. Uno dei primi a capire la portata dell'affare è stato il catanese Rosario Fazio, che aveva già esperienza di trasferimento pensioni in Tunisia. Quando il paese nordafricano, fino a una decina di anni fa meta prediletta dei nostri connazionali, ha iniziato a essere meno appetibile per le paure legate al terrorismo, la società di Fazio, Vado Via, ha deciso di puntare forte sul Portogallo, dove è attiva dal 2013 e dove ha già aiutato nel trasferimento quasi un migliaio di connazionali, la maggior parte dei quali ha scelto di vivere nelle cittadine della costa dell´Algarve, come Portimão e Olhão, dove la società ha i propri uffici. Il Portogallo è un Paese in grande crescita, da "Cenerentola d'Europa" si sta trasformando rapidamente in "principessa" con una crescita del Pil sorprendente e una qualità della vita invidiabile. Rosario Fazio, che gestisce la Vado Via assieme al figlio Alessandro, non ha dubbi che il successo non sia solamente dovuto al fattore fiscale. «I pensionati che si rivolgono a noi – racconta – sono indubbiamente attratti dalla possibilità di avere la pensione integrale ma, quando vengono in Portogallo rimangono sinceramente colpiti da quello che trovano. Un mix equilibrato di vari fattori che qui hanno saputo sfruttare al meglio: la pulizia, l'ordine, l'efficienza dei servizi, l'assenza di criminalità, organizzata e non, insomma tutto quello che in Italia promettono e non mantengono da decenni», e può riservare ancora molte sorprese, tutte positive, per chi lo vuole scegliere.

(Di Luca Palmieri, La Repubblica, 28/05/2018, https://www.repubblica.it/economia/rapporti/osserva-italia/le-storie/2018/05/28/news/portogallo_il_nuovo_paradiso_dei_pensionati_italiani-197551729/)

5° TEST
Prova di Comprensione della Lettura

DOMANDE

11. In che senso si può parlare di un vero e proprio fenomeno di emigrazione previdenziale?

    (da 13 a 17 parole)

12. In che consiste la politica aggressiva di attrattività del Portogallo?

    (da 11 a 15 parole)

13. In che modo questo incentivo fiscale non aggrava le casse dello Stato portoghese?

    (da 10 a 16 parole)

14. Quali altri parametri si aggiungono a fare del Portogallo una meta ideale?

    (da 14 a 24 parole)

CELI 4

A.3 Legga i due brani indicati rispettivamente con la lettera A e B. Abbini successivamente le frasi sottoelencate segnando A quando la frase si riferisce al brano A, segnando B quando la frase si riferisce al brano B.

Diario di bordo di due vetture

TESTO A

Poco ingombrante fuori, alta dentro. È quello che mi ha colpito di più, sulle prime, della Fiat Qubo. In effetti, la simpatica tuttofare italiana resta al di sotto dei quattro metri di lunghezza, ma in altezza tocca il metro e 74 (e questo esemplare ha pure le barre portatutto), diventando così una multiruolo urbana senza tante rivali. A bordo, poi, non si è abituati ad avere così tanta aria sopra la testa. Comode, inoltre, le porte scorrevoli, che accentuano la praticità e la vocazione alle operazioni di carico nei ristretti spazi cittadini. Il portellone è molto grande e va maneggiato con cura: e, quando è aperto, consente a una persona alta di stivare oggetti nel bagagliaio solo reclinando la testa. Passiamo al posto guida. È un po' rialzato, con sedile abbastanza comodo e ben adattabile (lo schienale, cosa gradita, si muove mediante rotella). Si apprezzano, inoltre, il piantone regolabile in altezza e profondità, con il volante che resta, però, piuttosto inclinato, e la leva del cambio, corta e rialzata. Dall'1.4 aspirato bifuel metano-benzina, da 70 CV nell'uso a metano e 77 CV in quello a benzina, non ci si può attendere l'extra. Ha prestazioni sufficienti a muovere la Qubo, sempre che non si abbia eccessiva fretta. Non è l'agilità a mancare, semmai la prontezza del motore ai bassi, anche in rapporto alla massa, qui accresciuta dalla presenza dell'impianto a gas. Il range di utilizzo migliore del motore è dai 2.000 ai 4.000 giri e non conviene spingersi molto oltre. Le cinque marce abbastanza ravvicinate del cambio manuale, in ogni caso, consentono di mantenere la quarta anche in città. Così l'indole della Qubo non può essere che turistica (lo sterzo non brilla in precisione), anche se complessivamente gradevole.

Redazione, Quattroruote.it, 26/01/2018, https://www.quattroruote.it/news/diario_di_bordo/2018/01/18/fia qubo_una_settimana_con_il_1_4_8v_natural_power.html

TESTO B

Per prima cosa, mi piace il volante, più piccolo di come lo ricordavo dalla prova ante restyling: s'impugna bene e ha la parte sotto piatta, come una sportiva. L'X-Trail mi accoglie con tanto spazio e una console ordinata. Non mi dispiace nemmeno il display, che non è grande (7 pollici, ormai il "minimo sindacale" anche su auto di categoria inferiore), ma ha sei tastini touch bene in vista, per memorizzare le stazioni radio, mentre dal volante si fa ricerca manuale e si regola il volume. Il sistema d'infotainment è il noto Nissan Connect, efficace e di facile utilizzo. Comodo, tra l'altro, il pulsante giorno/notte per regolare la luminosità senza passare dai menù. La prima sorpresa è la leva del cambio automatico: il tastino per sbloccarla e inserire la D (o R, P o N, naturalmente) restituisce un feedback, una specie di "clic", che dà una piacevole sensazione di hi-tech. Dietro si trovano due portabicchieri e poi il manopolone del sistema All Mode 4x4i, che comunque lascio su 2WD, visto che il mio percorso prevede solo asfalto. In autostrada, faccio un breve test a velocità sostenuta, assecondato dall'erogazione fluida e pronta del due litri, ma mi trovo più a mio agio sui 120 all'ora, perché poi l'abitacolo diventa un po' rumoroso, mentre comunque assetto e sterzo non sono proprio pensati per una guida particolarmente sportiva. Una cosa curiosa, invece, riguarda il bip dell'avviso di superamento della linea di corsia: è molto tenue e all'inizio non avevo riconosciuto il suono. Verso la fine del viaggio, fermo a un semaforo, mi accorgo che il turbodiesel è piuttosto invadente: avevo disattivato lo Start&Stop in un tratto di traffico con brevissime fermate e nelle soste prolungate effettivamente la rumorosità diventa un po' fastidiosa. Chiudo con un altro suono, quello del clacson: per un macchinone come questo, sembra inadeguato, davvero poco baritonale. Ma ai giapponesi piace così.

Redazione, Quattroruote.it, 2/11/2017, https://www.quattroruote.it/news/diario_di_bordo/2017/10/26/nissan_x_trail_una_settimana_con_la_2_0_dci_4wd_x_tronic tekna.html

15. Sorprendente la cubatura dell'abitacolo della vettura.

16. Pratica la funzione di manipolare dallo sterzo la radio.

17. Nel complesso è un veicolo dalle dimensioni contenute.

18. Altamente tecnologica la nuova versione grazie a graditi accorgimenti.

19. La sua caratteristica di polivalente la rende quasi unica sul mercato.

20. Migliore il confort ad andature moderate.

21. L'eccessiva mole ne riduce lo scatto a bassi regimi.

22. Fievole e quasi impercettibile il dispositivo sonoro di sorpasso.

23. Pecca di stabilità nella guida il volante.

24. È predisposta per risolvere qualsiasi esigenza di carico.

B. PROVA DI PRODUZIONE DI TESTI SCRITTI

B.1 Riassuma il testo, seguendo le tracce fornite, senza riutilizzare integralmente frasi, espressioni o costrutti usati nel testo.

(Da un minimo di 150 ad un massimo di 200 parole)

Roma capitale del carpooling

Una condivisione dell'auto a 360 gradi. Non come il carsharing, già di per sé geniale, in cui la stessa automobile viene utilizzata a turno da più utenti e, non appena parcheggiata, è pronta per essere guidata da qualcun altro. Qui si va oltre: il Carpooling di Moovit, di cui Roma è la prima città al mondo a sperimentarne i benefici, è un servizio che mette in contatto il popolo degli automobilisti con un altro popolo, quello che usa i mezzi pubblici.

L'obiettivo? Liberare le strade della capitale da macchine che viaggiano con un solo conducente a bordo e allo stesso tempo decongestionare i mezzi pubblici. Secondo i dati dell'Aci infatti, ogni giorno a Roma ci sono 2,8 milioni di mezzi circolanti e basterebbe una riduzione dell'1% del traffico privato per aumentare la velocità media del 18%. Il sistema si avvale di due diverse applicazioni. Quella che devono scaricare i conducenti si chiama "Moovit Carpooling", ed è disponibile per Android e iOS. Quella per i passeggeri è invece la classica versione di Moovit, già diffusa nell'area Roma e Lazio tra 1,2 milioni di utenti. Una volta effettuata la registrazione, gli automobilisti possono cominciare a offrire passaggi. A loro volta gli utenti Moovit, che in quel momento cercano una soluzione di viaggio per lo stesso percorso, vedranno tra gli itinerari suggeriti anche l'opzione Carpooling, oltre alle consuete opzioni che prevedono i mezzi pubblici. Una volta richiesto il passaggio in auto, la app invia la richiesta all'automobilista.

Sia il passeggero che il conducente devono dare la loro approvazione: per prenotare infatti un passaggio, entrambi devono verificare il proprio numero di telefono e accedere usando Facebook. Il numero di telefono sarà mostrato solo quando il passaggio sarà confermato. La tariffa è determinata in base alla distanza chilometrica del viaggio ed è per lo più simile al prezzo del biglietto per effettuare lo stesso percorso con i mezzi pubblici. Il passaggio di denaro avviene online. I termini di servizio non consentono un utilizzo commerciale o a scopo di lucro della piattaforma. Moovit offre gratuitamente a tutti gli utenti i primi due passaggi e, per tutta la fase iniziale del servizio, non applicherà alcuna commissione al rimborso dovuto all'automobilista. Sia passeggero che conducente possono comunque visualizzare in anticipo a quanto ammonta il rimborso del passaggio. È evidente che il Carpooling per poter funzionare necessita, tanto per iniziare, della massima puntualità da parte dei conducenti, i quali devono comunicare eventuali ritardi o cambi di itinerario. Dal canto loro i passeggeri devono rispettare il fatto che non si tratta di un servizio di taxi, e che le scelte del proprietario dell'auto, come musica e fumo in macchina, sono inviolabili. Entrambe le parti hanno inoltre la possibilità di dare una valutazione una volta terminato il viaggio. Il punteggio massimo è 5, il minimo 1 e apparirà vicino al profilo di ogni utente. A tutti i membri della Community è inoltre richiesto di utilizzare nomi veri (non diminutivi o nicknames) e vere immagini identificative del profilo, in modo che sia i passeggeri che i conducenti possano vedere il profilo dell'altro e scegliere con chi condividere o meno il passaggio. "Il carpooling funziona", spiega Samuel Sed Piazza, Country Manager di Moovit. "Dopo 7 mesi di sperimentazione, l'81% delle persone che lo hanno utilizzato ha dichiarato che è una reale alternativa al trasporto urbano".

(Federico Pesce, La Repubblica, 20/04/2017, https://www.repubblica.it/motori
/sezioni/attualita/2017/04/19/news/carpooling_a_chi_serve_un_passaggio_-163353985/)

Prova di Produzione di testi scritti — 5° TEST

Per il riassunto segua le tracce indicate:

- definizione di Carpooling e il suo fine principale;

- modalità d'uso e di pagamento;

- prerogative per un efficiente funzionamento;

- trasparenza del servizio.

B.2 Svolga una delle composizioni, scegliendola tra le due proposte:

(Da un minimo di 220 ad un massimo di 250 parole)

1. "Nei prossimi dieci anni la tecnologia creerà o cancellerà posti di lavoro? Se lo è chiesto l'autorevole Pew Research che ha girato la domanda a quasi duemila esperti, analisti e costruttori di prodotti tecnologici che hanno partecipato all'inchiesta intitolata "Future of the internet". [...] Per il 48% degli esperti, la nuova ondata dell'innovazione, fatta di auto che si guidano da sole, robot e network di intelligenza artificiale, impatterà negativamente sulla creazione di posti di lavoro. Nei prossimi anni, dunque, le macchine e i programmi sostituiranno non solo i lavoratori meno specializzati, ma anche gli impiegati. Ne conseguiranno vaste aree di ineguaglianza economica, disoccupazione e, addirittura, la rottura dell'ordine sociale".

   Lei ha letto questa notizia su Magazine del Corriere della Sera e scrive una lettera alla rubrica dei lettori per esprimere le Sue osservazioni a riguardo, volgendo l'attenzione sull'aspetto etico che suscita questo scottante tema di attualità. Fino, a che punto i robot possono sostituire l'uomo nelle sue scelte? Sarà possibile assicurarsi che facciano solo il nostro bene?

2. «Tutti, è vero, abbiamo piacere di stare in un ambiente pulito, bello, sereno, attorniati dalle soddisfazioni scaturenti in buona sostanza da un corretto esercizio della cultura. Vedere un bel quadro, aggirarsi in un'area archeologica ordinata e chiaramente comprensibile, viaggiare attraverso i paesaggi meravigliosi della nostra Italia, tenere lontani gli orrori delle urbanizzazioni periferiche, delle speculazioni edilizie, della incoscienza criminale di chi inquina, massacra, offende, opprime l'ambiente naturale e urbanistico.»

   Lei è molto sensibile al problema e scrive le Sue riflessioni in una traccia che Le servirà per una relazione da presentare ad una conferenza dove verrà dibattuto l'argomento. In essa, detta importanti linee guida che, secondo il Suo punto di vista, dovrebbero orientare gli Stati e gli individui a tenere determinati comportamenti e ad agire secondo chiari principi idonei a tutelare concretamente l'ambiente.

C.1 Completi il testo, tratto da "*Il barone rampante*" di Italo Calvino, con l'inserimento di una sola parola.

Fu il 15 di giugno del 1767 che Cosimo Piovasco di Rondò, mio fratello, ...(1)... per l'ultima volta in mezzo a noi. Ricordo come fosse oggi. Eravamo nella sala da pranzo della nostra villa d'Ombrosa, le finestre inquadravano i ...(2)... rami del grande elce del parco. ...(3)... mezzogiorno, e la nostra famiglia per vecchia tradizione sedeva a tavola a quell'ora, nonostante ...(4)... già invalsa tra i nobili la moda, venuta ...(5)... poco mattiniera Corte di Francia, d'andare a desinare a metà del pomeriggio. ...(6)... vento dal mare, ricordo, e si muovevano le foglie. Cosimo disse: - Ho ...(7)... che non voglio e non voglio! – e respinse il piatto di lumache. Mai ...(8)... era vista disubbidienza più grave. A ...(9)... era il Barone Arminio Piovasco di Rondò, nostro padre, con la parrucca lunga sulle orecchie ...(10)... Luigi XIV, fuori tempo come tante cose sue. ...(11)... me e mio fratello sedeva l'Abate Fauchelafleur, elemosiniere della nostra famiglia ed aio di noi ...(12)... . Di fronte avevamo la Generalessa Corradina di Rondò, nostra madre, e nostra sorella Battista, monaca di casa. All'altro capo della tavola, ...(13)... a nostro padre, sedeva, vestito alla turca, il Cavalier Avvocato Enea Silvio Carrega, amministratore e idraulico dei nostri ...(14)..., e nostro zio naturale, in quanto fratello illegittimo di nostro padre.

(Tratto da *Il barone rampante* di Italo Calvino, Mondadori, 2010)

5° TEST
Prova di Competenza Linguistica

C.2 Completi il testo da 15 a 24 con la parte mancante scegliendo tra le alternative proposte. Una sola è la scelta possibile.

Animali come esseri "senzienti": la Spagna vuole la legge

Genova – Non più cose, oggetti, ma esseri dotati di una loro sensibilità. Passi avanti della Spagna nella tutela degli animali, che a breve potranno ottenere ...(15)... . Allineandosi ad altri Paesi europei come Germania, Francia, Austria, Portogallo e Svizzera, il parlamento spagnolo ha presentato un progetto di legge che mira al riconoscimento per gli animali dello status di esseri "senzienti", accogliendo dunque quel principio fissato dal Trattato di Lisbona che prevede all'articolo 13 che gli animali ...(16)... . Un importante svolta che avrà ripercussioni in caso di maltrattamenti, con pene più severe di quelle già previste, e che, ...(17)... ad una possibile eliminazione della corrida. Importanti conseguenze anche in altre circostanze ...(18)... . Insomma, animali come membri di famiglia, esseri portatori di diritti, che non saranno più considerati solo in base al loro valore economico. Una svolta importante, ...(19)..., ancora ferma al palo: «La notizia che la Spagna ha legiferato finalmente per trasformare gli animali dal punto di vista giuridico da "cose", beni mobili, a esseri senzienti, apre uno spiraglio per la tutela del benessere animale non solo a Madrid ma anche a casa nostra», ha commentato a tal proposito Piera Rosati, Presidente LNDC Animal Protection, specificando però ...(20)... per arrivare ad una piena tutela degli amici a quattro zampe: «La nostra legislazione, infatti, è contraddittoria e ambigua: tratta gli animali come degni di diritti ...(21)..., ma poi nell'ambito del codice civile continua a considerarli oggetti. Per non parlare del fronte fiscale, ...(22)... . C'è ancora molta strada da fare, in Italia ma anche in Spagna dove, ricordiamo, ...(23)... e si sopprimono i cani nei canili. Anche per questa ragione prende sempre più forza il nostro position paper ...(24)... per escludere finalmente la soppressione degli animali sani nei rifugi».

(Rosaria Corona, Il Secolo XIX, 18/12/2017, https://www.ilsecoloxix.it/mondo/2017/12/18/news/animali-come-esseri-senzienti-la-spagna-vuole-la-legge-1.30978175)

a. nel caso specifico fa pensare anche
b. si matano i tori nelle corride
c. si va verso il riconoscimento degli animali
d. quali l'asse ereditario o l'affido in caso di divorzio
e. dopo aver fatto propria la normativa europea
f. cui guarda con favore anche l'Italia
g. una maggiore salvaguardia dal punto di vista giuridico.
h. come ci sia ancora molto da fare
i. non debbano più essere considerati alla stregua di beni mobili.
l. lo status di "esseri vivi dotati di sensibilità"
m. per il quale l'animale è un bene di lusso da tassare
n. a sostegno del progetto dell'Europarlamento

C.3 Nella maggior parte delle righe numerate da 25 a 38 ci sono errori di distrazione. Identifichi negli spazi numerati da 25 a 38 con √ le eventuali righe che non contengono errori, in caso contrario individui gli errori e scriva la forma corretta.

Alle origini delle superstizioni e scaramanzie più diffuse

25. La rarità e il conseguente costo elevato del sale, oltre alle sue proprietà,

26. hanno generato nel mondo antico una serie di cretenze.

27. Tra gli antichi Romani spargere sale sulle rovine delle città vinte significava

28. impedire loro di tornare a prosperare (il sale infatti rende sterile il terreno).

29. Da qui l'idea che il sale caduto sulla terra porti sfortuna e povertà.

30. E un tempo si pensava che egli rovesciava il sale

31. fosse condannato nell'aldilà a raccoglierlo con le palppebre.

32. Solo gettarsi alle spalle (sconguro diffuso ma di origine incerta)

33. tre pizzici (numero magico) di sale allontanava la maledizione.

34. Anche intorno all'olio, sacro già per gli antichi e centrale per riti cristiani,

35. si diffuse varie superstizioni. Per tutelarsi dagli effetti nefasti del suo spreco,

36. se veniva rovesciare era necessario spargervi sopra del sale

37. (che annullava col suo "potere" la ella).

38. Ma in Sicilia, in alternativa, sull'olio versato ci poteva cospargere urina.

(Focus.it, 17/11/2017, https://www.focus.it/cultura/mistero
/superstizioni-perche-tocchiamo-ferro-e-facciamo-le-corna)

5° TEST
Prova di Competenza Linguistica

C.4 Costruisca un testo collegando e sviluppando i punti elencati.

Bimbo trovato su un treno merci al Brennero, identificata la famiglia

Identificare – famiglia piccolo Anthony – bimbo 5 anni – Sierra
Leone – trovato stato ipotermia – treno merci – Brennero
riferirlo – procuratrice capo Tribunale minori – Antonella Fava –
precisare – piccolo – perdere genitori e sorellina – durante viaggio
treno – vicenda parzialmente ricostruire – grazie intervento
mediatrice culturale – parlare lingua piccolo – Anthony –
riconoscere famiglia – alcune foto – grazie segnalazioni
associazioni volontariato – operare migranti – non essere per il
momento ancora chiaro – perché famiglia dividersi – causa
disgrazia o svista – oppure per volontà parenti – essere in corso
contatti – Questura Bolzano – forze ordine Paese nord Europa –
nel quale ora – trovarsi genitori-piccolo per il momento – dare
affidamento – Bolzano – mentre – Tribunale minori valutare –
se famiglia origine – essere idonea prendersi cura – lui – ancora

(Tgcom24, 16/11/2017, https://www.tgcom24.mediaset.it/cronaca/trentino-alto-adige/bimbo-trovato-su-un-treno-merci-al-brennero-identificata-la-famiglia_3106802-201702a.shtml)

Cominciare così: È stata identificata la famiglia del piccolo Anthony...

25 MINUTI

CELI 4

CERTIFICATO DI CONOSCENZA
DELLA LINGUA ITALIANA

Livello C1

D   **Prova di Comprensione dell'Ascolto**   *(30 punti)*

Nome e Cognome dello studente

Data

CELI 4

D.1 Ascolterete un testo che tratta del fenomeno dei bambini dimenticati in auto. Completi le informazioni introducendo al massimo 4 parole negli spazi numerati da 1 a 8.

Il testo va ascoltato due volte.

Stop ai bambini dimenticati in auto

1. Nel nostro Paese ...(1)... è pesante
2. il genitore sistema ...(2)... e quindi dirige
3. Ma per avere una ...(3)..., occorre guardare Oltreoceano
4. Una normativa che imponga alle Case costruttrici ...(4)...
5. messo in commercio un ...(5)... "segnala bebè".
6. inviando un ...(6)... in caso di pericolo
7. presuppone già un certo grado di ...(7)....
8. un po' come avviene con altri ...(8)...

(Roberto Barone, Quattroruote.it, 19/06/2014
https://www.quattroruote.it/news/articoli/2014/06/12/sicurezza_stop_ai_bambini_dimenticati_in_auto.html)

5° TEST
Prova di Comprensione dell'Ascolto

D.2 Ascolterete un testo che tratta degli insetti sulle tavole. Ascoltate attentamente e individuate quali informazioni sono presenti o no nel testo.

Il testo va ascoltato due volte.

Insetti sulle nostre tavole: «mangiarli è un atto alimentare responsabile»

9. Saranno presto ufficialmente legalizzati, in campo alimentare.
10. Il regolamento europeo prevede anche l'uso dei derivati.
11. Convincente il target di consumatori italiani interessati alla novità.
12. Il vero ostacolo all'entomofagia è di carattere demografico.
13. Per le tradizioni culinarie di molte zone del pianeta gli insetti sono una prelibatezza.
14. La carne di insetto eguaglia, dal punto di vista nutritivo, le carni rosse e il pollame.
15. Si potranno combattere le emergenze alimentari del pianeta.
16. Gli insetti sono una fonte proteica di tutto rispetto, a basso impatto ambientale.
17. Al contrario dei manzi, necessitano di quantità di acqua irrisorie.
18. È possibile nutrirli con i rifiuti organici di cibo.
19. Rischiano di diventare una moda per pochi.

(Arianna Caravaglia, iodonna it, 10/11/2017, http://www.iodonna.it/attualita/in-primo-piano /2017/11/10/insetti-sul e-nostre-tavole-mangiarli-e-un-atto-alimentare-responsabile/)

Traccia 15

D.3 Ascolterete ora un testo che tratta di medicine alternative. Durante l'ascolto svolgete l'attività completando con al massimo sei parole.

Il testo va ascoltato una volta.

	Principio base	Trattamento	Effetti benefici
20. Cristalloterapia	...(20. A)...	...(20. B)...	...(20. C)...
21. Pranoterapia	...(21. A)...	...(21. B)...	...(21. C)...
22. Agopuntura	...(22. A)...	...(22. B)...	...(22. C)...
23. Musico Terapia	...(23. A)...	...(23. B)...	...(23. C)...

(https://www.macrolibrarsi.it/cat/)

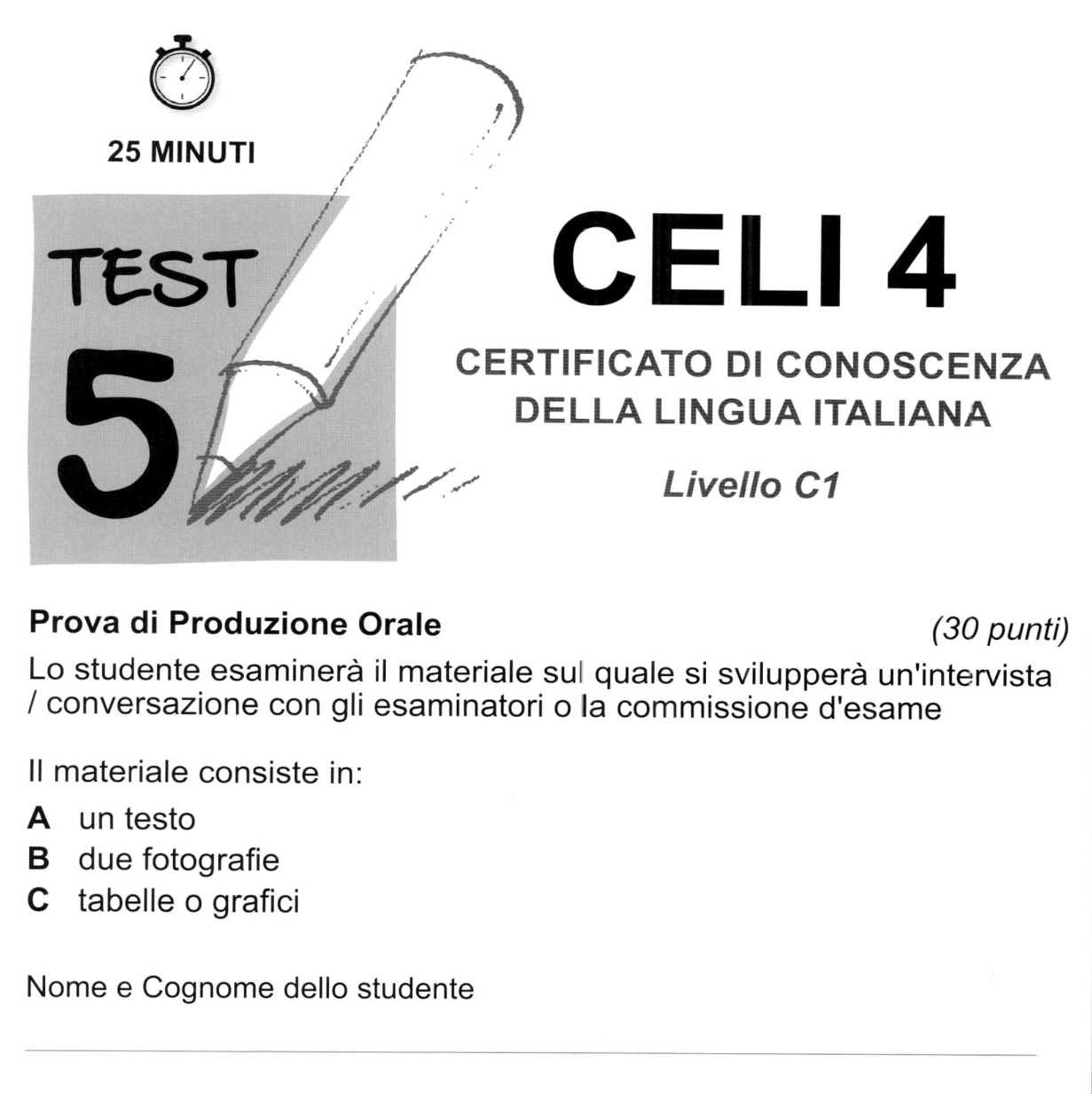

25 MINUTI

TEST 5

CELI 4
CERTIFICATO DI CONOSCENZA DELLA LINGUA ITALIANA
Livello C1

Prova di Produzione Orale (*30 punti*)

Lo studente esaminerà il materiale sul quale si svilupperà un'intervista / conversazione con gli esaminatori o la commissione d'esame

Il materiale consiste in:

A un testo
B due fotografie
C tabelle o grafici

Nome e Cognome dello studente

Data

A Lo studente, dopo aver letto il testo, deve riassumerlo e rispondere alle domande che eventualmente gli verranno poste.

Sandra, l'angelo che ci accompagna alla dolce morte

«Li guardo sempre negli occhi, velati dalla tristezza perché devono lasciare le persone amate; ma non vedo paura, più che altro sincerità e determinazione. Poi, quando hanno in mano il bicchierino con il farmaco letale, s'illuminano come a dire: ce l'ho fatta». Sandra Martino, di 47 anni, è una cittadina svizzera che ha un lavoro particolare: accompagna la gente che ha deciso di morire. Sandra lavora alla Dignitas di Zurigo, un'organizzazione no-profit che dal 1998 al 2015 ha accompagnato alla fine 2.127 candidati all'eutanasia. Il suo ruolo è quello di analizzare diagnosi e referti, corredati dai racconti dei tanti disperati che le inviano lettere perché non ce la fanno più a resistere e aspettano una risposta. Gli italiani che si rivolgono alla Dignitas sono in media 15 all'anno (le domande accolte sono da quattro a cinque), su un totale di circa 200 che cercano una «dolce morte» in Svizzera: l'unico Paese europeo che dal 1942 pratica il suicidio assistito anche su stranieri. Martino racconta alcuni casi che ha seguito. Come quello di una ragazza di neanche 30 anni, imprigionata nel corpo dalla Sclerosi laterale amiotrofica. «Lei voleva davvero suicidarsi, ma sua madre mi chiese: Qual è il senso di mettere al mondo una figlia se devi accompagnarla a morire?» Ma il popolo degli sconfitti della vita che vogliono abbandonare il mondo prima del tempo sono molti e tutti diversi. E gli italiani che si rivolgono alla Dignitas sono intellettuali, artisti, giudici e manager. «Nomi noti, ma anche uomini della strada: gente che a volte non ha più risorse perché da anni combatte contro la malattia. E poi grandi anziani, sempre affetti da patologie inguaribili». Accanto a Dignitas esistono altre realtà svizzere che propongono dei pacchetti a pagamento per il passaggio nell'aldilà. Gli ambienti sono più o meno confortevoli, ma tutti alla fine arrivano alla sostanza del viaggio: bere il famoso bicchierino che prima addormenta e poi crea arresto cardiaco. Il costo del viaggio senza ritorno si aggira attorno ai 10 mila euro e comprende pure la cremazione finale. Insomma, un bel gruzzoletto. E vien da pensare che bisogna risparmiare pure per andare a morire senza sofferenze. Inoltre, il suicidio assistito viene consentito, soldi o non soldi, solo se la situazione clinica di un soggetto è proprio al capolinea. Il paziente, infatti, deve produrre cartelle cliniche che accertino il suo stato di malato terminale e mandarle all'associazione svizzera che ha scelto affinché dia seguito alla sua richiesta. Bisogna che sussistano, dunque, malattie incurabili e demenze senili gravi ma non fino al punto da non comprendere il gesto che si vuole compiere: il medico svizzero, dopo un controllo, accende il semaforo verde, ma l'ultima parola spetta comunque al malato che deve portare il bicchiere alle labbra in piena autonomia.

(Enza Cusmai, Il Giornale.it, 22/09/2016, http://www.ilgiornale.it/news/politica/sandra-langelo-che-ci-accompagna-dolce-morte-1309589.html)

Domande guida

Riassuma il testo.

- Esiste la libertà di morire? In gioco non c'è solo la dignità della vita umana e i significati che ciascuno dà a questa espressione, che possono variare a seconda delle convinzioni personali di cultura e di fede. C'è soprattutto la sua sostenibilità individuale, perché ciascuno di noi conosce il suo dolore e la misura del suo limite e nessuno ha il diritto di dire a un altro cosa deve provare, pensare, sopportare o scegliere.

Nel percorso di cura e accompagnamento non dovrebbe essere la persona malata a rivestire «il ruolo principale», ad assumere le decisioni e a valutare i trattamenti che gli vengono proposti inclusa un'eventuale rinuncia ad essi?
Esprima il Suo parere in merito. Secondo Lei dovrebbe esistere una regolamentazione appropriata che porta a iter chiari, anche di natura psicologica, sul suicidio assistito e sul diritto di libera scelta di morire?

CELI 4

B Lo studente dovrà descrivere le foto mettendole a confronto e rispondere alle eventuali domande che gli verranno poste.

FOTO

1.

2.

5° TEST
Prova di Produzione Orale

Domande guida

Descriva le foto mettendole a confronto.

- È terribile che i bambini siano le prime vittime di guerra e pulizia etnica, che paghino il prezzo di pregiudizi e odi antichi. Ieri in Bosnia, oggi nel Medio Oriente e in troppi paesi africani (ma è già successo con ebrei kurdi, afghani e non accenna a smettere). È tragico che i piccoli siano usati come bombe umane o lasciati orfani; o che siano spinti ad affrontare lunghi viaggi verso una salvezza teorica che pagheranno con altra crudeltà, fame e disperazione.
Ogni giorno, tanti bambini muoiono sotto le bombe, soffrono la fame e la sete o fuggono dalle loro case distrutte.

Secondo Lei, come è possibile offrire loro un aiuto concreto e tutelare i diritti dell'infanzia? Che cosa ne pensa delle organizzazioni umanitarie che promuovono campagne volte a sensibilizzare la comunità internazionale sui crimini contro l'umanità e porre fine a tali atti?

C Lo studente dovrà descrivere il grafico/i o la/le tabella/e e rispondere alle eventuali domande che gli verranno poste.

TABELLA

Popolazione straniera residente in Italia al 1° gennaio 2017. Sono considerati cittadini stranieri le persone di cittadinanza non italiana aventi dimora abituale in Italia.

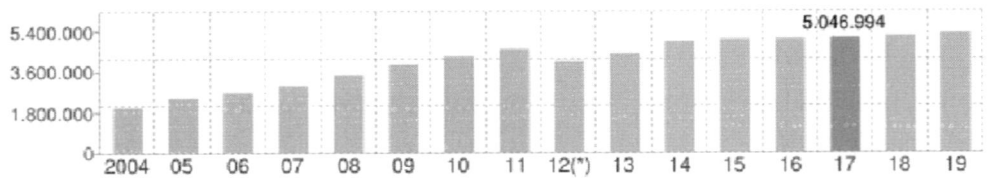

Distribuzione per area geografica di cittadinanza

Gli stranieri residenti in Italia al 1° gennaio 2017 sono 5.046.994 e rappresentano l'8,3% della popolazione residente.

La comunità straniera più numerosa è quella proveniente dalla Romania con il 23,2% di tutti gli stranieri presenti sul territorio, seguita dall'Albania (8,9%) e dal Marocco (8,3%).

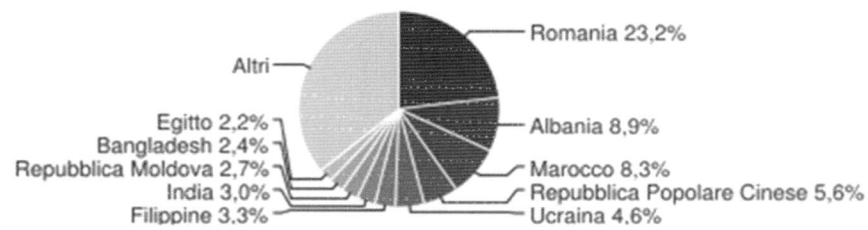

Domande guida

Descriva il/i grafico/i o la/le tabella/e.

- Il tema dell'immigrazione divide le opinioni pubbliche di tutti i paesi verso i quali si indirizzano recenti, imponenti flussi migratori e l'Italia non fa eccezione: ci si divide in base alla maggior o minore conformità dei diversi giudizi all'insegnamento della religione, agli ideali politici e culturali che siano.

    Quali sono, secondo Lei, i pregiudizi più comuni che rendono gli individui chiusi e ostili allo straniero (concorrenza sul mercato del lavoro, l'accesso alle case popolari, la sicurezza dei cittadini...) e come si dovrebbe intervenire per combatterli? I migranti sono una risorsa o una calamità?

- In alcuni paesi l'incidenza della popolazione straniera è più bassa a causa dell'adozione di politiche di ostruzionismo dei Paesi ospitanti.

    Quanto e perché è significativa l'integrazione dei nuovi arrivati?

2 ORE E 45 MINUTI

CELI 4

CERTIFICATO DI CONOSCENZA DELLA LINGUA ITALIANA

Livello C1

TEST 6

A   **Prova di Comprensione della Lettura**   *(40 punti)*

B   **Prova di Produzione di Testi Scritti**   *(50 punti)*

Nome e Cognome dello studente

Data

CELI 4

A. PROVA DI COMPRENSIONE DELLA LETTURA

A.1 Legga i due brani. Metta una X vicino alla lettera a.b.c.d. che corrisponde all'affermazione giusta tra le quattro che le vengono proposte.

1° TESTO

Il segreto giapponese per vivere bene e più a lungo

Che cos'è che ti fa alzare ogni mattina dal letto? La sveglia gioca di certo un ruolo, ma non è poi così importante specie se appartieni alla categoria delle persone che sono in pensione e non devono più correre al lavoro. Per tutti, ma soprattutto per loro, la vera molla che ci fa scattare in piedi ed iniziare la giornata è l'ikigai, un concetto che appartiene alla cultura giapponese e che può allungarci la vita. L'ikigai è quella certa cosa che rappresenta per ognuno di noi il motivo di esistere, la ragione per la quale ci alziamo tutti i giorni dal letto.

Tutti noi abbiamo un ikigai, ma non sempre lo conosciamo. Insomma, qualcosa che rappresenti un obiettivo da raggiungere e che ci dà soddisfazione. Ma perché ci fa vivere più a lungo? "Molte ricerche – spiega Chiara Ruini, professore associato di psicologia clinica presso l'università di Bologna - documentano come le persone che hanno degli obiettivi nella vita hanno anche profili biologici, ormonali e anti-infiammatori più sani. Insomma, c'è una correlazione documentata a livello internazionale tra aspetti esistenziali, migliori condizioni di salute e di conseguenza longevità". La ricerca dell'ikigai è importante per tutti, ma soprattutto per gli anziani o comunque per chi va in pensione. "Questa è la fase in cui più spesso le persone perdono il significato della propria vita e si considerano ormai inutili sia dal punto di vista lavorativo che sociale" spiega la psicologa. Invece, proprio ora dovrebbero riscoprire il proprio ikigai e continuare ad avere un ruolo attivo.

L'esempio arriva dal Giappone dove anche chi si ritira dal lavoro non rinuncia al suo ikigai e continua a svolgere qualche attività e a sentirsi utile. Non a caso i giapponesi – ed in particolare gli abitanti di Okinawa – sono tra i più longevi al mondo. Oltre a seguire una buona alimentazione a base di frutta, verdura e pesce, a spiegare ciò che accade a Okinawa è anche il cosiddetto *yuimaru*, ovvero il senso di appartenenza, la consapevolezza di essere ancora importanti e necessari per la famiglia e la società, la voglia di divertirsi e lavorare. E per noi europei? Qual è il segreto per essere longevi? Anche per noi vale il consiglio di mantenersi attivi il più a lungo possibile perché lavorare a lungo ci allunga la vita. Da un recente studio del dipartimento di neurologia dell'università Northwestern (Illinois) è emerso che chi ha uno scopo nella vita e ne è pienamente coinvolto dorme meglio rispetto a chi ne è privo. Ma come si trova il proprio ikigai? "C'è chi considera l'ikigai qualcosa di spontaneo che ognuno di noi può sviluppare nel corso della vita capendo ciò che ci piace e in cui riusciamo bene – spiega Ruini - ma a volte può essere necessario un lavoro di introspezione su sé stessi, specie se si sono vissuti eventi traumatici, come una malattia grave". La lezione che possiamo trarre dai giapponesi - e in particolare dai residenti di Okinawa - è che dobbiamo fare meno quando ci sentiamo sopraffatti, ma tenerci occupati quando ci sentiamo di non fare niente. Insomma, non esagerare lavorando troppo ma neppure lasciarsi prendere dalla pigrizia. "L'ideale è cercare il più possibile di rimanere coinvolti e impegnati sia mantenendo un lavoro, sia facendo volontariato, dedicandosi ad un hobby, sentendosi vivi e partecipi in tutte le fasi della propria vita. Il problema è che abbiamo uno stile di vita molto frenetico e legato alla performance e alla produttività per cui spesso si perde il valore intrinseco di ciò che facciamo", conclude Ruini. Insomma, la longevità si conquista con un perfetto equilibrio tra il troppo e il troppo poco.

(Irma D'Aria, La Repubblica, 16/10/2017, https://www.repubblica.it/salute/prevenzione/2017/10/05/news/per_vivere_piu_a_lungo_cerca_il_tuo_ikigai-176624135/)

DOMANDE

1. **L'ikigai è un concetto che rappresenta**
   a. il senso di gratificazione esistenziale conseguito tramite processo introspettivo.
   b. la causa per cui ci alziamo tutti i giorni dal nostro letto.
   c. una situazione emotiva che genera la volontà di analizzare la propria interiorità.
   d. le motivazioni per cui una persona crea i presupposti della propria esistenza.

2. **Le persone che hanno predisposto obiettivi nella propria vita**
   a. dispongono di un sistema immunitario e identità genetica più integra.
   b. creano un sistema antinfiammatorio con maggiori proprietà funzionali.
   c. indentificano coloro che dispongono di un sistema anti-infiammatorio integro.
   d. mettono in funzione un sistema ormonale che crea un profilo biologico sano.

3. **Con "yuimaru" si intende la volontà**
   a. di rivestire un ruolo importante nella società per lavorare più anni.
   b. di sviluppare un proprio concetto di divertimento e lavoro.
   c. di seguire un determinato regime alimentare prolungando la propria longevità.
   d. di ricoprire un ruolo attivo ed intercorrente nella società.

4. **Il proprio ikigai può essere raggiunto**
   a. in modo spontaneo elaborando la propria concezione cognitiva.
   b. attraverso un'analisi interiore per ridurre il senso di ansietà.
   c. tramite un processo introspettivo per diminuire la necessità di sicurezza.
   d. lavorando sulle varie esperienze personali considerate traumatiche.

5. **La longevità potrebbe essere acquisita**
   a. tramite un bilanciamento oggettivo tra produttività e regime di inattività.
   b. creando un equilibrio tra la propria produttività e le relative prestazioni.
   c. stabilendo un proprio stile di vita senza influenzare il rendimento lavorativo.
   d. abbinando in modo equo la propria spontaneità e indolenza.

CELI 4

2° TESTO
La tecnologia sta creando una società sempre più narcisista

La tecnologia e il digitale stanno trasformando la società. Dinanzi a queste trasformazioni non si può restare immobili ma dobbiamo catturare e percepire i mutamenti dall'esterno, bisogna evolversi per rimanere competitivi. Questo è anche quanto sostiene uno dei digital analyst più importanti a livello internazionale, Brian Solis, che di recente al Digital World Congress di Madrid ha evidenziato come la *"Digital Transformation"* stia cambiando la società e la sua espressione, che si fa sempre più narcisistica. Questa trasformazione impone un cambiamento che dobbiamo saper propiziare in noi stessi, questo processo passa innanzitutto per la consapevolezza delle opportunità che possiamo cogliere migliorando e modificando il modo di fare e di approcciarsi alle cose nel contemporaneo. In questa post-modernità sono mutate le modalità di comunicazione, le tecnologie digitali hanno perpetuato l'evoluzione del consumatore. Ogni app o servizio che usiamo ci insegna che ognuno viene messo sempre al centro del proprio universo. In una società digitale caratterizzata dalla propria plus-presenza, dove c'è una continua autoreferenza e ogni cosa che condividiamo ci fornisce dei ritorni immediati, conferme, validazioni, apprezzamenti, quindi appagamento e soddisfazione. Proprio per questo, Solis, nel definire i consumatori contemporanei parla di "narcisisti accidentali".

Le app che amiamo ci danno dei servizi o le cose che vogliamo in tempo reale e on demand. Andando a costituire un mercato che Solis definisce "egosistema", dove questi "narcisisti accidentali" trovano collocazione. Non vengono più impressionati dai modi, talvolta arcaici, con cui i brand comunicano con loro o li costringono a comunicare con l'azienda. Secondo Solis, dobbiamo mettere le persone al primo posto, e un modo per rendere l'idea, è dimostrare che le persone sono molto importanti, anche "auto-importanti", in un'epoca autocelebrativa per eccellenza.

Per rispondere a questa nuova dimensione narcisistica, si deve agire, quindi con la mentalità del cambiamento e dell'innovazione, e tutto ciò non è un qualcosa di inerente al DNA di ognuno di noi, ma bensì, è qualcosa che richiede una nuova prospettiva e convinzione riguardo al fatto che le proprie idee o passioni siano la cosa giusta da perseguire. Più sono convalidati, più sono supportati e potenziati, più gli innovatori possono diventare innovatori. Quando inizi a comparare questo per mettere a rischio le culture avverse, dove le persone sono costrette a operare in una modalità di business usuale, il palcoscenico è pronto per essere interrotto, per creare l'innovazione dirompente. Il consumatore sta diventando sempre più introverso e si distrae sempre più facilmente. La tecnologia sta creando una sub-società di introversi digitali. Preferiamo farci coinvolgere dallo schermo del nostro dispositivo mobile piuttosto che da un'interazione con qualcuno faccia a faccia. Gli intervalli di attenzione si sono estinti a lungo a causa delle distrazioni tecnologiche e dei pessimi tentativi dei *marketer* di guadagnare rilevanza tra diverse tipologie di clienti. Per catturare e coinvolgere l' "egosistema" di oggi dobbiamo comprendere qual è il valore che vuole la gente, come scopre, connette e condivide, e inoltre le loro intenzioni e aspirazioni, andando a sviluppare un approccio mirato e continuo all'*engagement* moderno. Se l'esperienza del consumatore è quel qualcosa che viene definito dal brand, c'è una via (una modalità) in cui il brand può controllare la propria immagine? L'esperienza del consumatore viene definita dal cosa il consumatore sente come risultato della sommatoria dei vari coinvolgimenti che ha con l'azienda, questi vengono vissuti e accumulati in ogni momento durante tutto il ciclo di vita del prodotto. L'*experience*, dunque, è il nuovo brand e in quanto tale, le aziende devono investire nella progettazione dell'esperienza.

6° TEST
Prova di Comprensione della Lettura

Oggi, di fatto, c'è un gap tra la promesssa del brand e l'*experience* che gli utenti vivono e condividono in Rete. In questa società iperconnessa le esperienze che gli utenti condividono in Rete sono le fondamenta, la base, del nostro brand. Nel vissuto di ogni utente in Rete, le persone, sono sempre più alla continua ricerca di ciò che altri hanno vissuto. In questo si definisce il concetto di *"Digital Darwinism"*, quella che Solis esplicita come l'evoluzione della tecnologia e il suo impatto nella società: ovvero il cambiamento dei comportamenti, delle aspettative, di preferenze e valori del consumatore. Questo cambiamento si può estendere anche ai propri dipendenti.

(Redazione, sentieridigitali.it, 29/01/2018 , http://www.sentieridigitali.it/innovazione/tecnologia-sta-creando-societa-narcisista-1940)

DOMANDE

6. Il processo di "Digital Transformation" consiste
   a. nell'individuare le opportunità create perfezionando la metodologia di approccio.
   b. nella consapevolezza di ottimizzare il proprio approccio nelle varie situazioni.
   c. nel modificare il metodo di percezione dei cambiamenti della società.
   d. nel bisogno di rimanere competitivi verso le varie situazioni da affrontare.

7. Con "narcisisti accidentali" intendiamo gli utenti
   a. che condividono notizie e post per assicurarsi attenzione.
   b. che desiderano essere al centro del proprio universo in modo autoreferenziale.
   c. che fanno riferimento esclusivamente a loro stessi e al senso di gratificazione.
   d. che provano compiacimento tramite l'uso di app o servizi digitali.

8. La tecnologia sta creando una sub-società dove i consumatori
   a. a causa delle distrazioni tecnologiche interagiscono tramite contatto diretto.
   b. preferiscono modificare il comportamento in base a quello di altri utenti.
   c. mostrano gravi difficoltà nell'approccio diretto e nell'uso di dispositivi digitali.
   d. presentano uno spiccato senso di introversione e difficoltà nell'approccio diretto.

9. Nella nuova società iperconnessa gli utenti
   a. condividono le proprie conoscenze in base al vissuto di altri individui.
   b. sentono la necessità di analizzare le esperienze vissute da altri soggetti.
   c. presentano la necessità di sperimentare nuovi metodi di comunicazione.
   d. sentono il bisogno di identificarsi con qualcuno in Rete.

10. Con "Digital Darwinism" definiamo
    a. il processo di modifica comportamentale e preferenziale dei consumatori.
    b. il procedimento intrinseco creatosi per l'evoluzione della tecnologia.
    c. l'evoluzione e le modifiche del comportamento in Rete dei propri dipendenti.
    d. il cambiamento qualitativo dei servizi offerti agli utenti dalla Rete.

A.2 Legga il seguente testo e poi risponda alle domande poste.

Secondary ticketing, lo scandalo del bagarinaggio online di cui non si parla più

Prima lo scandalo, poi il silenzio. Il secondary ticketing, o bagarinaggio online, ha attirato l'attenzione per i prezzi folli raggiunti dai biglietti di alcuni grandi eventi musicali. Ma poi, dopo il clamore iniziale, su questo fenomeno è tornato il silenzio. «Il bagarinaggio online non è certo una novità recentissima, come forse molti credono - spiega Claudio Trotta, promoter di celebri musicisti che si è speso molto per combatterlo».

Una tecnica ormai consolidata, un meccanismo perfettamente lubrificato adatto a fabbricare soldi sfruttando la legge della domanda e dell'offerta. È risaputo, infatti, come negli ultimi tempi gli spettacoli di artisti famosi registrino il sold out nel giro di pochi minuti e si trasformino in chimere da rincorrere affannosamente. Un miraggio che diventa reale solo grazie ad alcuni siti provvisti di un numero imprecisato di biglietti e che li rivendono per la gioia di chi lo desidera ad ogni costo. Sin dal 2013, nel Regno Unito, Usa e Belgio vi sono stati interventi legislativi per cercare di arginarlo». I provvedimenti adottati all'estero mirano a colpire i software utilizzati per acquisti seriali e che non lasciano alcuna speranza al grande pubblico. «Io i biglietti riesco a comprarli solo grazie ai Bot» racconta Antonio (nome di fantasia), un ragazzo che acquista tagliandi per rivenderli a prezzi maggiorati tramite i social network e che nel suo ultimo affare ha guadagnato qualche centinaio di euro grazie ad appena due biglietti. Sono proprio i Bot ad aver cambiato (almeno in parte) un business sviluppatosi in rete e che nel nostro Paese non è nemmeno un crimine. «Ad oggi, in Italia, il bagarinaggio non costituisce di per sé reato, ma un comportamento rilevante sotto un profilo amministrativo - assicurano il tenente colonnello Leonardo Brandano e il tenente colonnello Luca Meoli della Guardia di Finanza - Il bagarinaggio viene sanzionato e vietato dal legislatore solo in occasione delle manifestazioni sportive.

Per tutti gli altri eventi, l'unico strumento giuridico di contrasto è rappresentato dalle Ordinanze che vietano la rivendita dei biglietti per i soggetti non autorizzati. Per completezza occorre aggiungere che recentemente il legislatore ha inteso introdurre un'ulteriore sanzione amministrativa, non ancora in vigore, nell'ipotesi di vendita di titoli di accesso a tutte le attività di spettacolo (non solo dunque quelle in ambito sportivo) effettuate da soggetto diverso dai titolari in modo non occasionale e comunque senza finalità commerciali». Insomma, un quadro non ancora ben definito e che causa diversi danni. «I principali sono due - chiosano Brandano e Meoli - la non corrispondenza delle maggiori imposte spettanti sul ricarico effettuato dal bagarino per la rivendita dei biglietti, e la mancata corresponsione dei diritti d'autore non versati ai danni dell'ente SIAE e dei medesimi artisti». Il vero business è delle piattaforme di secondary ticketing, capaci di guadagni inimmaginabili». Difficile quantificare quanto denaro circoli dietro i siti su cui è possibile acquistare i tagliandi introvabili nei canali ufficiali, ma sono proprio i loro affari al centro dell'attenzione. «Alcune imprese hanno creato un business di portata immensa con la vendita di biglietti - spiega Trotta - Addirittura le più grandi multinazionali organizzatrici di concerti in tutto il mondo hanno acquisito, in maniera legittima, aziende che fanno parte della filiera musicale e, allo stesso tempo, sono colossi che vendono e distribuiscono tagliandi, ufficialmente proprietari di vari siti di secondary ticketing.

(Emilio Vitaliano, L'Espresso – La Repubblica, 22/02/2018 http://espresso.repubblica.it/attualita/2018/02/22/news/secondary-ticketing-lo-scandalo-del-bagarinaggio-online-di-cui-ora-non-si-parla-piu-1.318545)

6° TEST
Prova di Comprensione della Lettura

DOMANDE

11. Come viene spiegato dal promoter Claudio Trotta il fenomeno del bagarinaggio online?

    (da 15 a 20 parole)

12. Quali sono le misure prese all'estero per affrontare il fenomeno della vendita illegale di biglietti?

    (da 8 a 15 parole)

13. In cosa consiste l'ultima sanzione introdotta, ma non ancora in vigore in Italia contro il fenomeno del secondary ticketing?

    (da 15 a 20 parole)

14. Quante e quali sono le principali piaghe provocate dal bagarinaggio online?

    (da 15 a 20 parole)

A.3 Legga i due brani indicati rispettivamente con la lettera A e B. Abbini successivamente le frasi sottoelencate segnando A quando la frase si riferisce al brano A, segnando B quando la frase si riferisce al brano B.

Se una macchina impara i pregiudizi umani

TESTO A

Se l'intelligenza artificiale prenderà il sopravvento nella nostra vita, probabilmente non porterà l'uomo a combattere un esercito di robot che applicano un'inesorabile logica alla Spock per renderci fisicamente schiavi. Piuttosto, gli algoritmi di apprendimento automatico che già consentono ai programmi di intelligenza artificiale (IA) di raccomandarci un film o riconoscere il viso di un amico in una foto saranno probabilmente gli stessi che un giorno ci negheranno un prestito, faranno arrivare la polizia nel vostro quartiere o diranno al vostro medico che avete bisogno di una dieta. E dal momento che sono gli esseri umani a creare gli algoritmi, questi sono altrettanto inclini a pregiudizi che possono portare a decisioni sbagliate, e conseguenze ancora peggiori. Questi pregiudizi causano alcune immediate preoccupazioni sulla nostra crescente dipendenza dalla tecnologia dell'intelligenza artificiale (IA), perché ogni sistema di intelligenza artificiale progettato dagli esseri umani per essere assolutamente "neutrale" potrebbe rafforzare ancor più i preconcetti umani, invece di evitarli. Le forze dell'ordine sono già state criticate, per esempio, per l'uso di algoritmi informatici che etichetterebbero gli imputati neri come autori più probabili di un crimine futuro, anche se il programma non è stato progettato per prendere in considerazione in modo esplicito la razza. Il problema principale è doppio: in primo luogo, i dati usati per calibrare gli algoritmi di apprendimento automatico talvolta sono insufficienti, e in secondo luogo, gli algoritmi possono essere progettati male.

TESTO B

L'apprendimento automatico è il processo attraverso cui gli sviluppatori di software addestrano un algoritmo di intelligenza artificiale (IA) con enormi quantità di dati rilevanti per il compito da eseguire. Alla fine, l'algoritmo che ha individuato dei modelli nei dati inizialmente forniti, consente di riconoscere modelli simili anche in dati nuovi. Ma questo non sempre funziona come previsto, e il risultato può essere orribile. "È un po' come il problema del tank russo", dice Hal Daume III, docente di informatica all'Università del Maryland. Questa leggenda apocrifa, ma esemplare, spesso riferita dai docenti di informatica, risale agli albori dell'apprendimento automatico, negli anni ottanta. La storia dice che l'esercito americano aveva cercato di addestrare un computer a distinguere in foto i carri armati russi e quelli americani. "Avevano creato una classificazione estremamente precisa, ma tutte le immagini di carri armati russi erano sfocate mentre quelle dei carri armati americani erano ad alta definizione", spiega Daume. Invece di identificare i carri armati, l'algoritmo aveva imparato a distinguere tra foto sgranate e di alta qualità. Nonostante questi limiti ben noti, un gruppo di ricercatori recentemente ha pubblicato uno studio affermando che un algoritmo era in grado di dedurre se una persona è un pregiudicato valutandone i tratti del viso. Dopo aver guardato il 90 per cento delle immagini, l'IA è stata in grado di identificare correttamente nel restante 10 per cento di foto quelle dei criminali condannati. Secondo lo studio, l'algoritmo correla specifiche caratteristiche facciali con la criminalità. I criminali, per esempio, avevano più probabilità di avere certi rapporti spaziali tra la posizione degli angoli degli occhi, la curvatura delle labbra e la punta del naso, anche se comunque avere uno di quei rapporti non indica necessariamente che una persona abbia più probabilità di essere un criminale.

(Redazione, MIND mente e cervello, 2/01/2017, http://www.lescienze.it/news/2018/01/30/news/apprendimento_linguaggio_memoria_dichiarativa_procedurale-3839696/)

15. Esistono algoritmi di apprendimento con capacità di proporre film o identificare un viso.

16. L'intelligenza artificiale tramite l'analisi di foto individua possibili criminali.

17. L'algoritmo individua tramite le caratteristiche facciali soggetti incensurati e non.

18. Gli algoritmi sono opera dell'essere umano pertanto propensi a creare pregiudizi.

19. Lo sviluppo del progetto di apprendimento automatico inizia dagli anni ottanta.

20. Gli algoritmi assegnano a imputati di colore maggiori probabilità di compiere un crimine.

21. L'apprendimento automatico risulta il processo di formazione di un algoritmo.

22. I dati per regolare gli algoritmi di apprendimento automatico possono risultare carenti.

23. L'algoritmo ha capacità di distinguere foto dilatate da quelle ad alta risoluzione.

24. Le caratteristiche facciali non possono indentificare soggetti con precedenti penali.

B. PROVA DI PRODUZIONE DI TESTI SCRITTI

B.1 Riassuma il testo, seguendo le tracce fornite, senza riutilizzare integralmente frasi, espressioni o costrutti usati nel testo.

(Da un minimo di 150 ad un massimo di 200 parole)

Abusi, psicofarmaci online e inquinamento: le emergenze dei bambini di oggi

C'è chi ha subito un abuso sessuale, chi una violenza fisica e chi, invece, è stato messo alle strette a livello psicologico. Sono oltre 91mila i minorenni nel nostro paese assistiti perché hanno subito maltrattamenti. Ma il numero reale potrebbe essere molto più alto: solo un caso su nove viene individuato e preso in carico dai servizi sociali e sanitari. E i bambini stranieri, rispetto a quelli italiani, corrono un rischio doppio di incorrere in un abuso.

Il tema delle violenze sui bambini è al centro dell'XI congresso della Federazione Italiana Medici Pediatri (Fimp). A fare da sentinella è in primo luogo il pediatra di famiglia perché è l'operatore sanitario che assiste più frequentemente. Può quindi riconoscere e segnalare il caso ai servizi sociali o alle forze dell'ordine. Ma il pediatra da solo non può farcela anche perché spesso gli ambulatori sono talmente pieni che il tempo da dedicare a ciascun piccolo paziente è davvero poco: "La continuità dell'assistenza che contraddistingue il nostro lavoro - afferma Paola Miglioranzi, responsabile nazionale Fimp - ci permette di capire cosa stia realmente capitando ad un giovane. Che non può essere lasciato solo: si deve creare una rete di supporto che comprenda anche psicologi clinici, medici di famiglia, ginecologi, forze dell'ordine e magistrati".

È fondamentale anche aumentare il livello di consapevolezza e conoscenza del problema da parte del pediatra di famiglia. Una capacità, quella di comprendere il disagio di un bambino, un adolescente o anche dei genitori, che ha bisogno di tempo e di fiducia. "La tutela del benessere psico-fisico dei giovanissimi per tutto l'arco della crescita e dello sviluppo è un nostro compito prioritario - aggiunge Luigi Nigri, vicepresidente nazionale della Fimp - ma dobbiamo saper individuare anche le condizioni di disagio che spesso affliggono un minorenne e che rendono difficili i suoi rapporti con i coetanei, la famiglia, la scuola o l'intera società". Sono oltre 650 i siti web che vendono on line le cosiddette "nuove sostanze psicoattive". Si tratta di prodotti legali a base di erbe o funghi che producono effetti simili a quelli di cannabis, ecstasy o allucinogeni. Per questo gli specialisti della Fimp si confronteranno anche sull'uso di psicofarmaci senza prescrizione medica e delle sostanze stupefacenti. Gli adolescenti italiani, infatti, risultano ai primi posti in Europa per questi consumi. "Un fenomeno in forte crescita negli ultimi anni è il commercio di droghe su internet - per questo abbiamo realizzato la app "Giù le mani dai nostri figli", che mette a disposizione dei genitori e degli educatori informazioni sul fenomeno della vendita online delle sostanze stupefacenti, sui rischi per la salute e anche notizie riguardanti le nuove droghe arrivate negli ultimi anni sul mercato". Focus anche sui problemi dei minori stranieri non accompagnati. "Da inizio anno oltre 18mila giovani sono arrivati nel nostro Paese dopo aver affrontato viaggi spesso pericolosissimi - sottolinea Maria Rosaria Sisto, responsabile nazionale Fimp - per il minore migrante - si tratta di una categoria i cui diritti rischiano di essere affievoliti o addirittura negati." Un altro tema di grande attualità è quello dell'ambiente. "L'infanzia spesso paga il prezzo più alto provocato dalle molte criticità che contraddistinguono diverse aree del nostro Paese - conclude Maria Grazia Sapia, responsabile nazionale

Fimp per l'Ambiente". Come "avvocati" della salute dei giovanissimi al G8 di Bologna sull'ambiente, del giugno scorso, i pediatri hanno avanzato alcune proposte e raccomandazioni alle Istituzioni italiane. "A nostro avviso è necessario effettuare un attento monitoraggio degli effetti negativi sulla salute del bambino causati dall'inquinamento, promuovere interventi educativi e rafforzare con atti concreti l'attenzione ai primi 1.000 giorni di vita della persona".

(Irma D'Aria, La Repubblica, 01/10/2017, https://www.repubblica.it/salute/medicina/2017/09/28/news/abusi_psicofarmaci_online_e_inquinamento_ecco_le_emergenze_dei_bambini_di_oggi-176687768/)

Per il riassunto segua le tracce indicate:

- descrivere la situazione dei minorenni relativamente alle violenze subite;

- presentare i vari progetti che intendono fronteggiare disagi e abusi;

- delineare le varie proposte presentate dagli esperti del campo;

- esporre riflessioni personali e possibili soluzioni per queste situazioni.

B.2 Svolga una delle composizioni, scegliendola tra le due proposte:

(Da un minimo di 220 ad un massimo di 250 parole)

1. Ha deciso di seguire un breve corso di aggiornamento scientifico sullo "stress passivo". Durante il corso viene analizzato l'ultimo studio proveniente dall'università delle Hawaii. Secondo la ricerca, intitolata "Emotional contagion", lo stress si comporta come una malattia: c'è un portatore iniziale che infetta gli altri, i quali lo covano fino a farlo esplodere, contagiando a loro volta altre persone. È un fenomeno assolutamente reale e assai diffuso. Ma in realtà lo stress non è una malattia. Bensì una reazione complessa dell'organismo, capace di svilupparsi in maniera anomala provocando disagio e malattie, anche fisiche.

   Esprima le Sue personali riflessioni sull'argomento in un elaborato che dovrà presentare e discutere alla fine del corso.

2. Seguendo il telegiornale, ascolta una notizia dove un team di studiosi italiani di antropologia ha presentato un documento, presso la Camera dei deputati, per chiedere alla politica di impegnarsi a contrastare il razzismo tramite la formazione e la comunicazione scientifica. In questo atto viene sottolineato che oltre il 99% del nostro genoma viene condiviso con qualsiasi altro essere umano. E anche se lo sappiamo da tempo, in troppi sembrano continuare a dimenticarlo. Gli esperti italiani hanno deciso di scendere in campo, per sottolineare ancora una volta che il concetto di razza, e tutte le connotazioni e le idee che porta con sé, non hanno alcun fondamento nella scienza moderna. Sotto la nostra pelle - hanno ricordato i rappresentanti delle associazioni e società scientifiche degli antropologi italiani - al di là di differenze superficiali come il colore o la forma degli occhi, il grado di parentela con qualsiasi altro essere umano è altissimo.

   Decide di scrivere a questo team di esperti italiani mostrando la propria sensibilità verso questo tema e offrendo il proprio appoggio all'iniziativa. Nella lettera cerca di quantificare e indicare il comportamento che si dovrebbe seguire in casi di razzismo. Infine, cerca di fornire consigli personali sul come limitare manifestazioni razziali.

1 ORA E 15 MINUTI

CELI 4

CERTIFICATO DI CONOSCENZA
DELLA LINGUA ITALIANA

Livello C1

C   **Prova di Competenza Linguistica**   *(20 punti)*

Nome e Cognome dello studente

Data

C.1 Completi il testo con l'inserimento di una sola parola.

Circuiti cerebrali antichissimi per imparare una lingua

L'apprendimento del linguaggio è gestito da circuiti cerebrali evolutivamente antichi, precedenti alla comparsa dell'essere ...(1)..., e non da circuiti sviluppatisi specificamente nella nostra specie. Questi sistemi cerebrali si ...(2)... anche negli animali - per esempio, i ratti li usano quando imparano a ...(3)... in un labirinto. La ricerca – basata sulla meta-analisi di 16 studi che hanno ...(4)... l'apprendimento ...(5)... linguaggio nei bambini e di una seconda lingua negli adulti - ha indicato ...(6)... centrali due sistemi cerebrali già molto studiati: la memoria dichiarativa e procedurale. La memoria dichiarativa (quella che usiamo per memorizzare la lista della spesa o ricordare che cosa abbiamo mangiato ieri) è strettamente correlata ...(7)... ricchezza del vocabolario padroneggiato. La memoria procedurale (quella che usiamo per imparare compiti come guidare, andare in bicicletta o suonare ...(8)... strumento) è responsabile della capacità di gestire le regole sintattiche della ...(9)... . La distinzione fra i compiti dei due tipi di memoria è molto netta nei bambini, mentre è più sfumata negli adulti quando ...(10)... . una nuova lingua; in questo caso infatti ...(11)... l'apprendimento dei costrutti sintattici e grammaticali è mediato, almeno all'inizio, dalla memoria dichiarativa, che lascia spazio a quella procedurale solo in un secondo momento. Forse anche ...(12)... questo è difficile padroneggiare una lingua imparata più avanti ...(13)... anni altrettanto bene come la ...(14)... . La scoperta può aiutare a comprendere meglio le basi genetiche e biologiche dell'apprendimento dei linguaggi.

(MIND mente e cervello, 30/01/2018, http://www.lescienze.it/news/2018/01/30/news/apprendimento_linguaggio_memoria_dichiarativa_procedurale-3839696/)

6° TEST
Prova di Competenza Linguistica

C.2 Completi il testo da 15 a 24 con la parte mancante scegliendo tra le alternative proposte. Una sola è la scelta possibile.

Latte vegetale? Il più nutriente è quello di soia

Secondo una ricerca, tra i diversi tipi di latte vegetale, ...(15)... di vista nutrizionale. In particolare, gli autori ...(16)... delle quattro bevande vegetali non zuccherate, in porzioni da 240 ml. ...(17)... subito dopo il latte vaccino - che continua a essere il più nutriente -, il più equilibrato dal punto di ...(18)... di soia. Questa bevanda, inoltre, ...(19)... isoflavoni, che hanno proprietà anti-cancerogene. Ma possiede qualche difetto: ...(20)... a tutti e la presenza di antinutrienti, sostanze che riducono o interferiscono con l'assorbimento di alcuni nutrienti. ...(21)... il latte di riso è caratterizzato da un sapore dolce ma un contenuto nutrizionale relativamente scarso. Privo di lattosio, può rappresentare ...(22)... che sono allergiche ai semi di soia e alle mandorle. Il latte di cocco, invece, ...(23)... e contiene poche calorie, ma la maggior parte derivano dai grassi. Il consumo regolare di questa bevanda ...(24)... di colesterolo cattivo, ma se viene conservato per più di due mesi i suoi valori nutrizionali si riducono. Infine, il latte di mandorla possiede un alto contenuto di acidi grassi monoinsaturi, che sono considerati utili nella gestione del peso e per dimagrire. Queste sostanze aiutano anche a ridurre il colesterolo cattivo. Tuttavia, per fornire nutrienti essenziali, la bevanda necessita di fonti complementari di cibo.

(Nadia Comerci, Il sole 24 ore, 14/02/2018, https://salute24.ilsole24ore.com/articles/20524)

a. fornire nutrienti essenziali

b. può aiutare a ridurre i livelli

c. L'indagine ha dimostrato che

d. è privo di proteine

e. contiene fitonutrienti chiamati

f. un'alternativa per le persone

g. Gli esperti precisano che

h. un sapore non gradito

i. vista nutrizionale è il latte

l. hanno analizzato il profilo nutrizionale

m. mandorla possiede un alto contenuto

n. quello di soia sarebbe il migliore dal punto

C.3 Nella maggior parte delle righe numerate da 25 a 38 ci sono errori di distrazione. Identifichi negli spazi numerati da 25 a 38 con √ le eventuali righe che non contengono errori, in caso contrario individui gli errori e scriva la forma corretta.

Attività fisica e salute: gli sport che fanno vivere più a lungo

25. L'attività fisica è uno dei pilastri di uno stile di vite salutare, ma le abitudini
26. tipiche del uomo occidentale contemporaneo, dominate dalla sedentarietà, la
27. riduce a tal punto da esporre la salute a rischi concreti. Praticare
28. un sport aiuta a porre rimedio a questa situazione, ma quali sono i tipi di
29. esercizio che aiutano a vivere più a lungo? Il tema è stato oggeto di studio da
30. parte di un gruppo di ricercatore guidato dagli esperti dell'Università di Sydney
31. (Australia), che della pagine del *British Medical Journal* spiegano: "Le prove
32. degli effetti sulla salute a lungo termine di specifiche discipline sportive sono
33. poche. Per questo, abbiamo esaminato l'associazione di 6 diversi tipo di sport o
34. esercizio con il rischio di mortalita per qualsiasi causa e per malattie
35. cardiovascolari". Il risultato? Chi si dedica ad uno sport in qui deve essere
36. utilizzata una racchetta (come il tennis, lo squash o il badminton) ha magiori
37. speranze di vivere più a lungho e il suo cuore è meno a rischio di malattie
38. cardiovascolari fatali rispetto a chi si allena, ad esempio, correndo.

(Silvia Soligon, Il sole 24 ore, 2/12/2016, http://salute24.ilsole24ore.com/articles/19391)

6° TEST
Prova di Competenza Linguistica

C.4 Costruisca un testo collegando e sviluppando i punti elencati.

Brindisi, taglia a pezzi un ulivo millenario per vendere la legna: arrestato 50enne

Tagliare – fare a pezzi – ulivo millenario – ricavare legna – vendere –

ma bravata – farlo finire – arresti domiciliari –

protagonista – 50enne – San Pancrazio Salentino – Giuseppe Carrozzo

carabinieri – piccolo centro – indentificarlo – grazie testimonianza –

proprietario uliveto – Contrada Farai – dove avvenire – furto – giorni prima –

olivicoltore – recarsi – lavoro – sua campagna – accorgersi – scempio –

subìre – pianta millenaria – di cui sparire – enorme tronco – rami grossi – per terra –

50enne – lasciare – solo fronde – cariche foglie – radici avvinghiate terreno –

sospetti – uomo – essere abbastanza precisi – così carabinieri –

andare colpo sicuro – Carrozzo – trovare – possesso – cinquanta quintali –

legna – restituire proprietario albero – 50enne – sottoporre – arresti domiciliari – furto

(Chiara Spagnolo, La Repubblica, 2/03/2018 https://bari.repubblica.it/cronaca/2018/03/02/news/brindisi_taglia_a_pezzi_un_ulivo_millenario_per_vendere_la_legna_arrestato_50enne-190205599/)

Cominciare così: Ha tagliato e fatto a pezzi un ulivo millenario: ...

25 MINUTI

TEST 6

CELI 4
CERTIFICATO DI CONOSCENZA DELLA LINGUA ITALIANA
Livello C1

D   **Prova di Comprensione dell'Ascolto**   *(30 punti)*

Nome e Cognome dello studente

Data

CELI 4

D.1 Ascolterete un testo che tratta della vita e delle opere della cantante lirica Katia Ricciarelli. Completi le informazioni introducendo al massimo 4 parole negli spazi numerati da 1 a 8.

Il testo va ascoltato due volte.

Katia Ricciarelli, 70 anni senza melodrammi: "A me piace ridere"

1. Luciano Pavarotti – ha saputo sdoganare la lirica ...(1)...
2. destino segnato fin da bambina, da una voce ...(2)...,
3. Ma il successo arriva solo dopo ...(3)...,
4. La sera del mio debutto le mie paure si mescolavano a una ...(4)...
5. ...(5)... lo raggiunge tra gli anni '70 e '80 a Milano
6. con un doloroso divorzio dopo 18 anni di unione sempre al centro dei ...(6)...
7. sui palchi dei migliori teatri del mondo, forte ...(7)...
8. *"Da donna a donna, la mia vita melodrammatica"*, un ...(8)... nel tempo

(Leda Balzarotti e Barbara Miccolupi, iodonna.it, 15/01/2016, https://www.iodonna.it/personaggi/interviste-gallery/2016/01/15/da-40-anni-mastico-lirica-dove-tutte-le-eroine-sono-melodrammatiche-ma-io-amo-ridere-sono-una-mattacchiona/)

6° TEST
Prova di Comprensione dell'Ascolto

D.2 Ascolterete un'intervista in cui si parla di alcune ricerche relative ai tratti psicologici degli utilizzatori dei social network. Ascoltate attentamente e individuate quali informazioni sono presenti o no nel testo.

Il testo va ascoltato due volte.

L'uso problematico dei social

9. Psicologi italiani hanno effettuato ricerche sull'uso problematico dei social.

10. L'indagine non ha delineato l'identikit dell'utilizzatore problematico.

11. Viene analizzato il tempo medio che si trascorre su Facebook e altri social.

12. Si è lavorato su un campione esteso di utenti dando valore effettivo ai risultati.

13. Si cerca di non informarsi dettagliatamente su quanto accade online.

14. Nella ricerca non vengono considerati utenti che usano poco Facebook.

15. L'utilizzo problematico di Facebook si associa al concetto di bassa autostima.

16. L'utente che usa Facebook in modo problematico ricerca informazioni personali.

17. I soggetti afflitti da nevrotismo utilizzano in modo problematico Facebook.

18. Persone con uno spiccato senso del dovere trascorrono meno tempo su Facebook.

19. Le persone più problematiche trascorrono maggior tempo sulla piattaforma.

D.3 Ascolterete ora un testo che parla delle professioni meglio retribuite del futuro. Durante l'ascolto svolgete l'attività completando con al massimo sei parole.

Il testo va ascoltato una volta.

Le dieci professioni meglio pagate del futuro

	Incremento in %	Requisiti e formazione	Competenze e conoscenze
20. Infermiere	...(20. A)...	...(20. B)...	...(20. C)...
21. Analisti di gestione	...(21. A)...	...(21. B)...	...(21. C)...
22. Sviluppatori di applicazioni computer	...(22. A)...	...(22. B)...	...(22. C)...
23. Ricercatore di Marketing	...(23. A)...	...(23. B)...	...(23. C)...

(Valentina Vacca, studenti.it, 25/06/2013, https://www.studenti.it/le-dieci-professioni-meglio-pagate-del-futuro.html)

25 MINUTI

CELI 4
CERTIFICATO DI CONOSCENZA DELLA LINGUA ITALIANA
Livello C1

Prova di Produzione Orale *(30 punti)*

Lo studente esaminerà il materiale sul quale si svilupperà un'intervista / conversazione con gli esaminatori o la commissione d'esame

Il materiale consiste in:
- **A** un testo
- **B** due fotografie
- **C** tabelle o grafici

Nome e Cognome dello studente

Data

CELI 4

A Lo studente, dopo aver letto il testo, deve riassumerlo e rispondere alle domande che eventualmente gli verranno poste.

Cibo sostenibile, una tassa ci salverà

Una politica fiscale mirata sui prodotti meno sostenibili a livello ambientale potrebbe ridurre in Italia del 19% le emissioni derivanti dai processi di produzione e consumo agro-alimentare. Senza pesare sulle tasche dei consumatori, orientandoli a comportamenti alimentari più salutari e rispettosi dell'ambiente. È quanto emerge dal progetto di ricerca europeo Susdiet, che ha coinvolto studiosi di 9 Paesi e di aree disciplinari diverse. Ma c'è di più. Poiché produzione e consumo agro-alimentare generano il 20-25% delle emissioni complessive di CO_2, tassare i prodotti meno sostenibili potrebbe ridurle di un ulteriore 4-5% con un impatto significativo sull'effetto serra. Obiettivo di Susdiet è stato definire modelli di diete "sostenibili" dal punto di vista economico, nutrizionale e ambientale per identificare gli strumenti di politica economica e alimentare in grado di indirizzare le scelte dei consumatori dell'Unione europea. Il progetto ha messo in evidenza la difficoltà a influenzare le scelte di consumo alimentare mediante politiche basate sulle informazioni nutrizionali e sui marchi, le scelte alimentari e la dieta hanno una componente molto forte legata alle abitudini e alle tradizioni. Molti esperimenti condotti nell'ambito del progetto hanno messo in evidenza questa sorta di "resistenza al cambiamento" delle scelte di consumo, in diversi contesti, come ad esempio, super/ipermercati, mense, ristoranti, e in diversi Paesi europei. Nonostante la crescente sensibilità generale dei consumatori verso questi temi, difficilmente questo si traduce in cambiamenti rilevanti nelle scelte di consumo alimentare. Le difficoltà a orientare i consumatori verso diete più sostenibili mediante politiche basate sull'informazione ha spinto i ricercatori ad analizzare l'impatto potenziale della tassazione dei prodotti meno sostenibili, sulla scorta di esperienze che sono già state applicate in altri Paesi: dalla tassa sulle bevande gassate zuccherate negli Usa e in Francia a quella sui grassi in Danimarca, solo per citare qualche esempio. In particolare abbiamo simulato l'impatto di una tassa sugli alimenti a più alto contenuto di emissioni di CO_2, che, com'è noto, sono i prodotti di origine animale. Se si tassano i prodotti di origine animale, di cui ovviamente aumenta il prezzo finale, contemporaneamente si sussidiano i prodotti a basso impatto ambientale, come frutta, verdura, derivati dei cereali, per i quali i consumatori possono beneficiare di un prezzo più basso. Le simulazioni effettuate hanno portato a risultati piuttosto diversi nei paesi Ue, considerando che la dieta dei cittadini europei è molto diversificata. Se per esempio guardiamo all'Italia, l'impatto potrebbe essere piuttosto rilevante: la riduzione delle emissioni derivante dai processi di produzione e consumo agro-alimentare potrebbe ridursi fino al 19%. Inoltre, si registrerebbe un miglioramento della qualità della dieta piccolo ma significativo (un miglioramento di due punti di un indice di qualità della dieta che varia fra 0 e 100), legato al minor consumo di nutrienti che hanno un impatto negativo sulla salute: zuccheri, sale e grassi saturi.

(Redazione, La Repubblica, 16/10/2017, https://www.repubblica.it/salute/alimentazione/2017/10/16/news/giornata_mondiale_alimentazione_una_tassa_ci_salvera_-178426469/)

6° TEST
Prova di Produzione Orale

Domade guida

Riassuma il testo.

- L'articolo evidenzia che nonostante la crescente sensibilità dei consumatori difficilmente questa si trasforma in cambiamenti verso le scelte e relative abitudini alimentari. Ci sono concrete difficoltà a influenzare le scelte di consumo. A tal fine, viene presentato un progetto di una politica fiscale mirata sui prodotti meno sostenibili a livello ambientale allo scopo di invertire questa tendenza.

Secondo Lei questa proposta potrebbe contribuire a migliorare la situazione? In che modo?
In base alle Sue conoscenze, nel Suo Paese, viene posta un'adeguata attenzione a questo fenomeno? Descriva la situazione ed eventuali proposte di miglioramento.

B Lo studente dovrà descrivere le foto mettendole a confronto e rispondere alle eventuali domande che gli verranno poste.

FOTO

1.

2.

Domande guida

Descriva le due foto mettendole a confronto.

- I numeri parlano chiaro, trascorriamo sempre più tempo davanti agli schermi. Sono serviti migliaia di anni di evoluzione per prendere confidenza con le interazioni umane in contesti faccia a faccia, ma appena due decenni per creare un mondo online diffuso su larga scala. Una rivoluzione in grado di influenzare il comportamento umano. Troviamo una sempre più presente distanza fisica, incertezza verso il pubblico che ci vede e ascolta, la percezione dell'anonimato. La maggior parte delle persone si costruisce online un profilo che risulta una versione potenziata di se stessa.

Secondo Lei è giusto così o c'è qualcosa di cui dovremmo preoccuparci? Nel Suo Paese esiste questa tendenza? Quali interventi o proposte si potrebbero realizzare in modo da modificare questa attitudine, soprattutto tra i giovani?

C Lo studente dovrà descrivere il/i grafico/i o la/le tabella/e e rispondere alle eventuali domande che gli verranno poste.

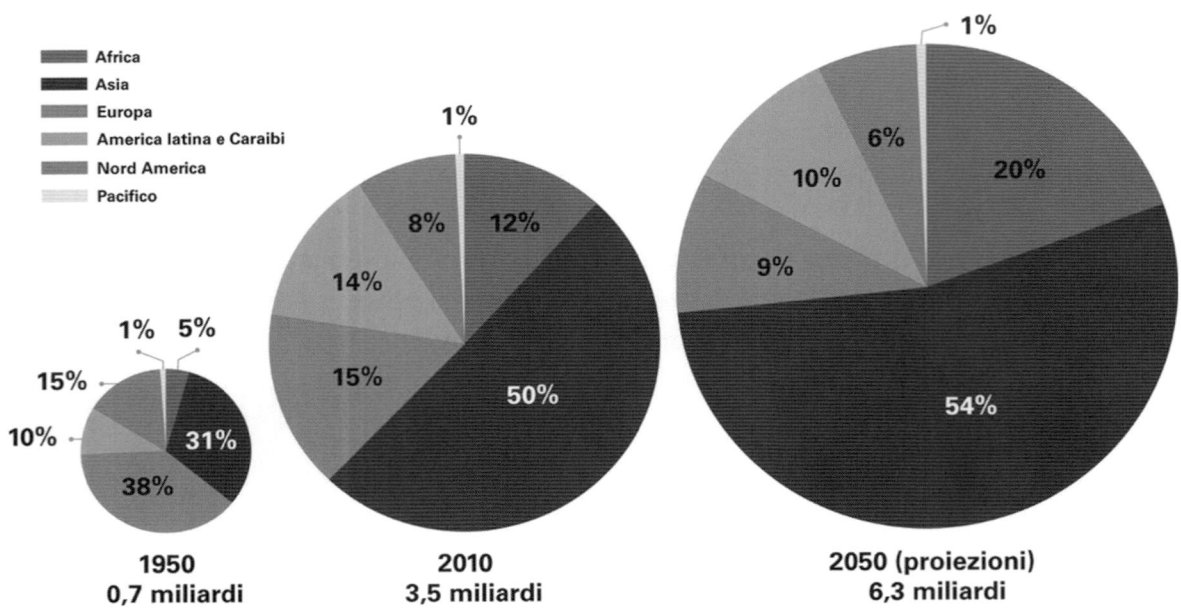

Grafico 1.4. Le popolazioni urbane crescono più rapidamente in Asia e in Africa
Popolazione urbana mondiale 1950, 2010, 2050 (proiezione)

Fonte: UNDESA, Population Division.

6° TEST
Prova di Produzione Orale

Domande guida

Descriva il/i grafico/i o la/le tabella/e.

- Il mondo si muove verso l'urbanizzazione globale. Oggi il 50% della popolazione mondiale vive in aree urbane. Entro la metà di questo secolo questa quota arriverà a oltre due terzi. La popolazione urbana è in crescita costante: ogni anno aumenta di circa 60 milioni di persone, soprattutto nei Paesi a medio reddito. Circa un terzo vive negli slum dove si concentrano povertà, emarginazione e discriminazione. Entro il 2020 quasi 1,4 miliardi di persone vivranno in insediamenti non ufficiali e negli slum.

Secondo Lei, le città sono realmente importanti fattori di sviluppo, di miglioramento del livello del benessere e di riduzione della povertà? La crescita urbana, rapida e non pianificata, minaccia la sostenibilità dei migliorati livelli di vita eventualmente conseguiti?

- Le popolazioni dell'Europa occidentale e delle Americhe sono già quasi completamente urbane. Tuttavia, l'Africa ha una popolazione urbana superiore a quella del Nord America o dell'Europa occidentale. L'Asia ospita metà della popolazione urbana mondiale. Quasi il 10% della popolazione urbana vive in megalopoli, città con oltre 10 milioni di abitanti che si sono moltiplicate in tutto il pianeta. Tuttavia, la quota maggiore dell'incremento umano in ambiente urbano si sta verificando non nelle megalopoli ma in città più piccole. Nella stragrande maggioranza delle città, la rapida espansione urbana non regolata ha portato con sé il fenomeno della "periferia", divenuto sinonimo di esclusione e devianza sociale, inquinamento, degrado ambientale e livelli di spesa pubblica insostenibili.

Quali provvedimenti, secondo Lei, si potrebbero adottare per colmare questa lacuna?

2 ORE E 45 MINUTI

TEST 7

CELI 4

CERTIFICATO DI CONOSCENZA
DELLA LINGUA ITALIANA

Livello C1

A   Prova di Comprensione della Lettura   *(40 punti)*

B   Prova di Produzione di Testi Scritti   *(50 punti)*

Nome e Cognome dello studente

Data

A. PROVA DI COMPRENSIONE DELLA LETTURA

A.1 Legga i due brani. Metta una X vicino alla lettera a.b.c.d. che corrisponde all'affermazione giusta tra le quattro che le vengono proposte.

1° TESTO

**Tre giorni alla nuova Repubblica.
Più diritti per tutti le scelte di campo che rendono il Paese migliore**

Amore o guerra? Amore, senz'altro. Quell'amore che è fatto di riconoscimento dell'altro, di accettazione, di solidarietà e di inclusione, di uguaglianza e di carità. Quell'amore che non lascia nessuno solo. Indipendentemente dalle specificità di ognuno e dalle differenze di sesso, di genere, di orientamento sessuale, di colore della pelle, di credo religioso, di abilità o di disabilità. Una delle questioni più importanti che si pongono oggi quando si ha a cuore il vivere-insieme, è d'altronde quella del ruolo che si è disposti o meno a dare alle "diversità" in una società che dice di voler promuovere l'uguaglianza e la pienezza dei diritti.

Come si può, infatti, parlare di uguaglianza (ma anche di solidarietà, e rispetto, e civiltà, e amore) se poi non si è capaci di riconoscere a tutti e a tutte esattamente gli stessi diritti? Nel nostro paese, nonostante le grandi dichiarazioni di principio, le persone continuano di fatto ad essere distinte in due categorie: da un lato, le persone di serie A, i cosiddetti "normali": gli eterosessuali, le coppie senza problemi di sterilità, le persone senza disabilità... cittadini protetti dalla legge perché considerati e trattati come adeguati, giusti, degni di considerazione, di rispetto e di empatia; dall'altro lato, le persone di serie B: gli omosessuali, i transessuali, i malati terminali, gli immigrati e i figli degli stranieri, i disabili, i bambini nati da donne che hanno deciso di partorire anonimamente... Un popolo di "quasi adatti", per utilizzare le parole dello scrittore Peter Hoeg, che dovrebbe smetterla di domandare gli stessi diritti di tutti gli altri e di tutte le altre. Certo, è nel corso di questa legislatura che è stata approvata la legge sulle unioni civili colmando, dopo trent'anni di attese, silenzi, smarrimenti e voltafaccia, quell'incomprensibile vuoto normativo che impediva al nostro Paese di accompagnare la vita delle persone omosessuali verso un orizzonte di libertà, dignità e uguaglianza. Ma per approvarla, si è dovuto scendere a compromessi negando ad esempio alle persone omosessuali che stipulano queste unioni civili la possibilità di chiamarsi "famiglia", nonostante abbiano poi accesso alla quasi totalità dei diritti e dei doveri di due coniugi.

Per non parlare poi del vero "vulnus" della norma approvata, ossia l'assenza totale di tutele per i bambini e le bambine che già vivono nelle famiglie omogenitoriali e che, però, la legge continua ad ignorare, negando loro ogni tipo di legame giuridico con il compagno o la compagna del padre o della madre biologica. Fino a quando, questi bambini, continueranno ad essere discriminati in ragione dell'orientamento sessuale dei propri genitori? Quale amore, quali attenzioni e quale riconoscimento ricevono, oggi, nel nostro Paese?...Prima o poi, bisognerà che l'Italia decida in quale direzione vuole andare. Senza più tentennamenti, esitazioni, incertezze. Sono numerosissime le persone che aspettano una risposta. Che hanno avuto pazienza. E che di pazienza, però, oggi non ne hanno veramente più. Perché c'è sempre qualcos'altro da fare, qualcos'altro di cui occuparsi, qualcosa di più urgente? Perché si tollera che ci siano amici, compagni, fratelli o genitori che aspettano da una vita di essere riconosciuti per quello che sono e che, forse, arriveranno alla fine

7° TEST
Prova di Comprensione della Lettura

della propria esistenza senza aver ottenuto rispetto e riconoscimento? Da anni ci si sente ripetere che è una questione di priorità. E che sono altre le urgenze: lavoro, occupazione, corruzione, tasse e via di seguito. Tutte questioni essenziali, certo, e che nessuno dovrebbe permettersi di sottovalutare. Ma chi pensa che l'uguaglianza dei diritti non sia una priorità, forse dimentica che occuparsi di chi è "diverso" — ma "uguale" in termini di diritti e di dignità — è anche la condizione necessaria per costruire una società in cui nessuno si senta solo e in cui l'amore, inteso come riconoscimento dell'altro, accettazione, carità e cura, possa essere la base del vivere-insieme.

(Michela Marzano, La Repubblica, 19/11/2017 https://www.repubblica.it/cronaca/2017/11/19/news/-_3_giorni_alla_nuova_repubblica_piu_diritti_per_tutti_le_scelte_di_campo_che_rendono_il_paese_migliore-181493858/)

DOMANDE

1. Il principio di uguaglianza sociale per ogni individuo o collettività
    a. è condizionato dall'accettazione che si dà al ruolo delle diversità.
    b. è la condizione di pari diritti umani e individuali secondo un'odierna legge.
    c. è una situazione ideale che non esiste in ogni società moderna.
    d. è subordinato alla posizione che si intende conferire a scelte diverse.

2. Le persone di serie "B"
    a. sono una collettività di individui reputati in parte idonei.
    b. comprendono un complesso di individui privi dei requisiti basilari.
    c. sono parte di una comunità messa al bando dalla collettività.
    d. sono una pluralità di persone che si avvicina alla massa.

3. Per "vulnus" della norma approvata s'intende
    a. la violazione del principio della norma.
    b. la lesione di un diritto fondamentale.
    c. il disorientamento provocato dalla normativa.
    d. il danno giuridico che ne è scaturito.

4. La strada che si dovrà intraprendere
    a. non deve porre ostacoli alla realizzazione di fatti concreti.
    b. non giustifica più indugi in futuro ma opere risolutive.
    c. deve essere indirizzata all'insegna della trasparenza e decisione.
    d. prevede una serie di comportamenti titubanti e dubbi.

5. Chi si occupa di chi è diverso
    a. è consapevole della necessità di amore nella vita collettiva.
    b. si attiva per creare una società i cui fondamenti sono la vita e l'amore.
    c. costruisce le basi di una società in cui l'amore è il caposaldo della vita.
    d. accetta a priori di amare e di rispettare chi è diverso.

2° TESTO

Elena e Maria Chiara: poiché siamo disabili la nostra libertà ha una data di scadenza

Caro Presidente del Consiglio e cari Ministri, Come butta? Siamo due sorelle, Elena e Maria Chiara. Siamo disabili. Più precisamente, da sole, non riusciamo a fare quelle cose che la gente di solito fa se vuole restare viva. Quindi mangiamo, ci laviamo, puliamo casa e abbiamo una vita sociale innanzitutto grazie a delle assistenti personali. Le nostre assistenti agiscono al posto delle nostre gambe e braccia, e questo ci permette di "fare cose, vedere gente" e in generale vivere come ci pare. Le paghiamo grazie a due cose: i fondi ridicoli che lo Stato ci dà e gli enormi sforzi economici della nostra famiglia. Ma questi soldi finiranno presto e allora dovremo limitare seriamente la nostra vita, indipendenza e felicità. La nostra libertà ha una data di scadenza. È molto semplice. Senza assistenti, non potremo più uscire liberamente. Magari perché non avremo qualcuno che guidi la nostra macchina per andare dagli amici. O magari non potremo fare la doccia quando vogliamo. O non avremo nessuno che cucini al posto nostro. Farsi un toast, arrivare a uno scaffale alto, scostare le coperte e scendere dal letto, fare la doccia, mettere il reggiseno, caricare il cellulare, depilarsi. Sono funzioni basilari, eppure c'è una categoria di cittadini che per soddisfarle deve tirare fuori i soldi e pagare, oppure rinunciare.

Sì, perché i contributi statali attuali, di entità diversa di regione in regione, sono niente più che un'elemosina, una presa per i fondelli neanche tanto sottile. Eppure paghiamo le tasse e ci aspettiamo che ci tornino. I fondi che ogni tanto vi vantate di stanziare per i disabili in realtà vengono destinati in gran parte alle case di cura, perché dietro alla case di cura - diciamolo ad alta voce - ci sono lucrosi interessi. È lì che va chi non ha parenti, partner o amici che possano lasciare il loro lavoro per assisterlo. Ma cosa succede in una struttura residenziale per disabili? Immaginate di non poter uscire, non poter vivere con chi vi pare, non poter compiere scelte e non avere libertà di movimento. Che tutto questo sia legale, solo perché sei disabile.

Che tutto questo sia sconosciuto e sotterraneo, perché i reporter là dentro non ci arrivano. Siamo assolutamente pronte – e con noi tanti altri – a lottare fino a che sarà necessario contro una vita di costrizioni e di rinunce. Lo Stato ha il dovere di intervenire: proteggere le persone più vulnerabili e oppresse è proprio la sua funzione primaria. Andate a ripassarvi la Costituzione la Carta dei diritti ONU del 2009, e le leggi specifiche. Poi applicatele. Abbiamo bisogno di assistenza ora, per vivere le nostre vite adesso. Al momento ce la caviamo alla meno peggio e perdiamo opportunità, facendo con quel che c'è e rimanendo schiacciati: molti di noi stanno in pratica morendo, sprecando la vita. Spesso non possiamo neanche fare una cosa normale come cercare lavoro, perché semplicemente non possiamo permetterci una persona che ci vesta tutte le mattine, e lo spiegate voi al mio capo che non dispongo pienamente del mio tempo? Diciamo chiara una cosa. La tragedia non è il non essere autosufficienti: la tragedia è vivere in un paese che pensa di essere ancora nel Medioevo. Siamo qui per assicurarvi questo, semmai ce ne fosse bisogno: non siamo passivi oggetti di cura da rabbonire e lisciare con promesse di cartapesta o briciole di diritti. Abbiamo una lunga lista di ambizioni e aspirazioni, e nessuna intenzione di lasciar perdere. Siamo stanchi di sacrifici, fondi insufficienti e in ritardo, continue attese, contentini temporanei e rimbalzi di responsabilità. La clessidra della nostra sopportazione sta finendo e siamo pronti a scendere in piazza se

non vediamo risposte concrete. Vogliamo che venga dato a ciascuno secondo il proprio bisogno di assistenza. Sappiamo che quando volete vi muovete veloci, quindi aspettiamo azioni, e in fretta. Siamo qui e non ce ne andiamo.
Maria Chiara e Elena

(Redazione, disabili.com,, 03/10/2017, https://www.disabili.com/aiuto/articoli-qaiutoq /elena-e-maria-chiara-poiche-siamo-disabili-la-nostra-liberta-ha-una-data-di-scadenza)

DOMANDE

6. Per uscire dalla condizione di subalternità
    a. ci avvaliamo della risolutezza di una figura professionale.
    b. è impossibile prescindere da prestazioni specifiche di supporto.
    c. bisogna ignorare il proprio stato di permanente invalidità.
    d. occorre avere determinatezza e giusta predisposizione d'animo.

7. Per poter potenziare una vita indipendente
    a. le risorse pubbliche vanno integrate e in gran parte ripartite.
    b. le cifre devolute dallo stato risultano alquanto irrisorie.
    c. gli stanziamenti sociali sono approssimativamente scarsi.
    d. occorre gestire con parsimonia i sussidi statali ricevuti.

8. il ricovero in strutture abilitate all'assistenza
    a. non discosta poi tanto da quello nelle proprie mura domestiche.
    b. finisce per trasformarsi in una vera e propria segregazione.
    c. somiglia a quello di un recluso appena arrestato.
    d. è vissuto come un insieme di oneri e restrizioni di diverso tipo.

9. Ci appelliamo al rispetto della legge
    a. perché accolga il nostro appello senza remore.
    b. perché le opzioni a disposizione scarseggiano.
    c. per non veder naufragare la nostra esistenza.
    d. per non dare più adito ad altri fallimenti.

10. È assurdo dover accettare
    a. di reprimere e sacrificare con compromessi il diritto dell'individuo.
    b. di non poter far valere in modo efficace le proprie ragioni.
    c. di non essere in grado di potersi sottrarre da un tale mondo.
    d. che l'impresa da mettere in atto si scontri con una dura realtà.

A.2 Legga il seguente testo e poi risponda alle domande poste.

I ventenni di oggi ce la faranno ad afferrare il loro futuro

«Per riavere la mia giovinezza farei di tutto, tranne far ginnastica, alzarmi presto o essere rispettabile». Questo è quello che pensava della gioventù Oscar Wilde e, almeno per due su tre di queste attività, non aveva torto. Non tornerei indietro ai miei vent'anni per nessun motivo al mondo, magari ai quaranta sì. La giovinezza è un lavoro complesso e faticoso: una volta saltato l'ostacolo, ci si sente sicuramente meglio. Non voglio gufare sulle generazioni che stanno affrontando ora questo delicato passaggio, bensì rendere giustizia alla difficoltà del percorso. All'epoca io sono stata aiutata dai Rolling Stones. So di deludere chi sperava dicessi i libri di Theodor Adorno o il libretto rosso di Mao, invece proprio la scapigliata band inglese mi ha dato una mano a crescere più di tanti ideologi e pensatori. L'irriverenza giovanile di Mick & Co. è stata una ventata benefica in un mondo ancora pietrificato da convenzioni e pregiudizi. Ma, si sa, la risacca, nel tempo, riporta indietro i detriti peggiori e, dopo decenni dal referendum sul divorzio, da quello sull'aborto e dall'abolizione dell'attenuante per il delitto d'onore, siamo ancora qui a combattere per i diritti più elementari. Per non parlare dei rigurgiti di razzismo e intolleranza che trionfano in questi nostri tempi considerati moderni. I nuovi giovani devono farsi largo nella giungla dei falsi profeti internettiani, resistere alla cattiveria gratuita dei nuovi troll in rete, non cedere ai richiami delle sirene dei selfie che ci spingono a emulare le Kim-Kardashian-tutto-lato B di turno. Allo stesso tempo, sono finalmente una vera generazione del mondo, con possibilità illimitate di scambi e movimenti. Mai come adesso, nonostante i muri fittizi alzati per propagande elettorali, l'informazione libera può arrivare nelle camerette di milioni di giovani sparsi sul pianeta e spalancare le loro prospettive. I ventenni di oggi sono migliori di noi, ce la faranno ad afferrare il loro futuro, forse non avranno le tanto strombazzate macchine che si guidano da sole o i computer più intelligenti degli esseri umani. Di certo, avranno una coscienza più allargata e una visione globale che a noi è del tutto mancata. Dobbiamo avere fiducia nel loro avvenire e, se è possibile, farci un po' da parte, ridimensionando la nostra presenza ingombrante da "eterni giovani" che non vogliono mollare il colpo. Non dico di rottamarci, almeno di evitare lo scenario dell'ultimo romanzo di Don DeLillo, "Zero K", appena uscito in America, in cui l'anziano protagonista finanzia una clinica segreta per congelare i corpi, in attesa di una resurrezione che ci procuri una vita eterna: «La gloria dell'uomo non è rifiutarsi di accettare un destino sicuro?». Speriamo di no, sarebbe proprio un brutto scherzo per i nostri ventenni.

(Cristina Lacava, iodonna.it, 14/05/2016,
https://www.iodonna.it/attualita/costume-e-societa/2016/05/14/io-non-torno-indietro/)

7° TEST
Prova di Comprensione della Lettura

DOMANDE

11. Perché la giovinezza viene definita come un "lavoro complesso e faticoso"?

    (da 14 a 21 parole)

12. Quale atteggiamento ha aiutato la scrittrice a fronteggiare la sua adolescenza? Perché?

    (da 18 a 24 parole)

13. Qual è la vera generazione del mondo? Perché?

    (da 16 a 20 parole)

14. Quale condotta devono assumere gli adulti verso le nuove generazioni?

    (da 9 a 15 parole)

A.3 Legga i due brani indicati rispettivamente con la lettera A e B. Abbini successivamente le frasi sottoelencate segnando A quando la frase si riferisce al brano A, segnando B quando la frase si riferisce al brano B.

Elettrodomestici per organizzare la cucina

TESTO A	TESTO B
Cucine a induzione tra design e hi-tech. Elettrodomestici che, grazie all'Internet of Things, dialogano tra loro, semplificano la vita e migliorano la qualità dell'aria. Il piano a induzione aziona direttamente la cappa mentre si cucina e in ambienti sempre più spesso aperti sul living di casa. A livello strutturale, le dimensioni dei condotti sono più compatte e permettono quindi di avere più spazio per i cassetti sotto al topo dove sono inseriti. Dal punto di vista estetico la lastra in vetroceramica è tutt'uno con il piano di lavoro, senza spigoli né angoli (incasso a filo top). Ma si può optare per i modelli con pregiate cornici in acciaio inossidabile oppure di rame. In entrambi i casi la pulizia è facilitata. Con la loro compattezza sono ideali per le cucine a isola: i piani di cottura a induzione accoppiati a una cappa da tavolo offrono una grande libertà progettuale ad architetti e utenti finali. Ma anche sicurezza: le zone di cottura si attivano solo a contatto con le pentole, mentre le superfici del piano restano fredde perché il calore si genera solo sul fondo delle pentole. La cottura è rapida e precisa e si possono impostare vari livelli di temperatura, in certi casi anche 17, per passare con precisione da cotture lente al fuoco vivo. E c'è anche la funzione booster per far bollire l'acqua in pochissimo tempo. Per chi non vuole rinunciare alla fiamma, esistono anche modelli ibridi, combinati, in parte a gas e in parte a induzione. In ogni caso, è bene verificare in fase di acquisto che la potenza del piano a induzione sia compatibile con quella dell'impianto elettrico dell'appartamento. Quanto alle pentole fondamentale assicurarsi che presentino sulla confezione il simbolo "adatte all'induzione" e, quindi, siano provviste di fondo piatto e realizzato con materiale ferroso, acciaio o ghisa. Ma se non volete rinunciare a una vecchia pentola c'è la soluzione: il diavolo non farà i coperchi, ma qualcuno ha pensato agli adattatori per l'induzione.	Sono il motore della cucina e non si può organizzare una cucina senza pensare prima a quale sarà il loro posto. I grandi elettrodomestici, sia da incasso che freestanding, vanno idealmente disposti secondo lo schema ergonomico a triangolo: lavaggio, cottura e conservazione dei cibi. A questa disposizione ideale bisogna poi aggiungere le esigenze legate alle abitudini del nucleo familiare. Il consiglio è quindi di stilare una check list di desideri e necessità, sarà utile per rispondere alle domande dei tecnici che si occuperanno delle installazioni, ma anche a individuare la sequenza corretta dei vari elementi, lasciando aperta la possibilità di aggiungerne altri in un momento successivo. Come una plancia di comando, i fornelli possono essere modulari, formati cioè da elementi, larghi 30 cm, da comporre a piacere. Oltre a quelli standard, si possono prevedere fuochi particolari come la friggitrice, il wok orientale con il caratteristico incavo semisferico, o la piastra teppanyaki. Innovativi sono il piano di cottura a induzione portatile, plug&play. Un evergreen è il fornello ribaltabile, ovvero semplicemente appoggiato sopra il top della cucina: quando è sollevato, consente l'uso dello spazio sottostante come piano di lavoro. Sopra il piano di lavoro trova sempre più spesso posto anche la cappa, elettrodomestico chiave, dal design sempre più futuristico, fondamentale nella cucina open space aperta sul living. La versione down-draft, ovvero installata sul piano e non sopra, è potente e salvaspazio. Nel progetto dei fornelli si deve avere l'accortezza che l'area adiacente al piano cottura – lo stesso vale per il lavello – sia libera per almeno 45 cm. Per quanto riguarda la cottura, altre novità tecnologiche sono quelle che offrono forni in grado di cuocere a vapore o sottovuoto, seguendo le ultime tendenze della cucina. Un elettrodomestico inedito che sta facendo il suo ingresso anche nelle cucine domestiche è l'abbattitore, dedicato al congelamento e scongelamento rapido e alle cotture a basse temperature.
(Barbara Gerosa, Il Corriere della Sera, 31/05/2019 http://living.corriere.it/arredamento/elettrodomestici/cucine-a-induzione/)	(Barbara Gerosa, Il Corriere della Sera, 26/01/2017, http://living.corriere.it/arredamento/elettrodomestici/elettrodomestici-organizzare-la-cucina/)

7° TEST
Prova di Comprensione della Lettura

15. Con la sua istallazione si ottimizza l'area sottostante al piano lavoro.

16. Per una funzionalità sensibilmente più alta occorre predisporne l'assetto.

17. Può essere incassato direttamente nel piano lavoro senza l'aggiunta di cornici.

18. È possibile scegliere tra una varietà di soluzioni diverse di piani di cottura.

19. Si scalda solamente con il calore che ritorna dalla pentola.

20. Diventa vero e proprio oggetto di design nella cucina aperta.

21. Si devono rispettare delle distanze limitrofe di sicurezza.

22. Solo stoviglie di acciaio, smaltate d'acciaio o di ghisa assicurano induzione.

23. Viene usato per modificare in breve tempo il valore della temperatura dei cibi.

24. La tensione scritta sulla targhetta deve corrispondere a quella della rete elettrica.

B. PROVA DI PRODUZIONE DI TESTI SCRITTI

B.1 Riassuma il testo, seguendo le tracce fornite, senza riutilizzare integralmente frasi, espressioni o costrutti usati nel testo.

(Da un minimo di 150 ad un massimo di 200 parole)

Antitrust: tassa Airbnb sugli affitti brevi rischia di danneggiare gli utenti

Si riaccende la polemica sulla tassa "Airbnb" a seguito dell'allarme che arriva dall'Antitrust. Con un coup de théâtre l'Autorità di Piazza Verdi si è schierata contro la tassa "Airbnb", cioè l'obbligo per gli intermediari degli affitti turistici, che siano portali on line o agenzie tradizionali che operano nel settore degli affitti turistici, di raccogliere le tasse al 21% per conto dei proprietari di casa e versarle all'Agenzia delle Entrate.

Si tratta solitamente di alloggi o di camere utilizzati per brevi periodi e affittati da privati che dispongono di uno spazio extra. La normativa introdotta con la manovra bis di primavera in tema di regime fiscale delle locazioni brevi, "appare - scrive l'Antitrust in una segnalazione al Presidente del Senato, al Presidente della Camera dei Deputati, al Ministro dell'Economia e delle Finanze e al Direttore dell'Agenzia delle Entrate - potenzialmente idonea ad alterare le dinamiche concorrenziali tra i diversi operatori, con possibili ricadute negative sui consumatori finali dei servizi di locazione breve (ovvero sui conduttori)". L'Autorità premette di essere "pienamente consapevole che l'intervento del legislatore mira a realizzare un interesse pubblico di natura fiscale e a contrastare il fenomeno dell'evasione.

Tuttavia l'introduzione dei suddetti obblighi non appare proporzionata rispetto al perseguimento di tali finalità" e quindi danneggia i consumatori. Tra l'altro, secondo l'Autorità Garante della Concorrenza e del Mercato, la norma rappresenta "un unicum nell'ambito del panorama europeo". In particolare, ha scritto l'Antitrust la misura "scoraggia, di fatto, l'offerta di forme di pagamento digitale da parte di piattaforme che hanno semplificato e al contempo incentivato le transazioni on line, contribuendo ad una generale crescita del sistema economico".

Immediata la replica del Codacons. "La tassa su Airbnb introdotta dal Governo dovrà essere rivista per non creare alterazioni al mercato e danni agli utenti. In caso contrario, scatteranno i ricorsi anche in sede europea per ottenere l'annullamento della cedolare secca sugli affitti brevi al 21% scattata lo scorso settembre e introdotta con la manovra bis", minaccia l'associazione dei consumatori. Di avviso contrario, Federalberghi. "Bene fa il Governo a tenere la barra dritta in materia di disciplina fiscale delle locazioni brevi", ha commentato il direttore generale di Federalberghi, Alessandro Massimo Nucara. "Le imprese italiane, che sono soggette ad un carico fiscale tra i più gravosi al mondo - ha proseguito Nucara - non comprenderebbero il senso di aggiustamenti volti a strizzare l'occhio agli evasori".

(Di Tiziana Di Giovannandrea, rainews.it, 27/11/2017, http://www.rainews.it/dl/rainews/articoli/ANTITRUST-AIRBNB-cedolare-secca-affitti-brevi-21-per-cento-autorita-Piazza-Verdi-manovra-bis-1b3a2f4f-feda-4742-9178-c9110d5edb2c.html)

7° TEST
Prova di Produzione di testi scritti

Per il riassunto segua le tracce indicate:

- l'obbligo nascente dalla nuova normativa su Airbnb;

- tipi di alloggi che ne sono soggetti;

- finalità e particolare carattere della norma;

- rischi che la normativa comporta secondo l'Antitrust.

B.2 Svolga una delle composizioni, scegliendola tra le due proposte:

(Da un minimo di 220 ad un massimo di 250 parole)

1. «Con il telefonino è defunta una frase come "pronto, casa Heidegger, posso parlare con Martin?". No, il messaggio raggiunge – tranne spiacevoli incidenti – lui, proprio lui; e lui, d'altra parte, può essere da qualunque parte. Abituati come siamo a trovare qualcuno, non riuscirci risulta particolarmente ansiogeno. La frase più minacciosa di tutte è " la persona chiamata non è al momento disponibile". Reciprocamente, l'isolamento ontologico inizia nel momento in cui scopriamo che "non c'è campo" e incominciamo a cercarlo affannosamente. Ci sentiamo soli, ma fino a non molti anni fa era sempre così, perché eravamo sempre senza campo, e non è solo questione di parlare.»

Lei utilizza questa affermazione come spunto per una riflessione che invia a un blog aperto a contributi liberi. Nel suo intervento evidenzia gli effetti di un uso così repentinamente massiccio delle nuove tecnologie. In che modo le tecnologie digitali stanno trasformando le vite, le abitudini, le abilità cognitive e i comportamenti delle future generazioni? Insomma, come saranno gli adulti di domani?

2. «Prendiamo in mano i nostri libri e le nostre penne», dissi. «Sono le nostre armi più potenti. Un bambino, un insegnante, un libro e una penna possono cambiare il mondo.» […] La pace in ogni casa, in ogni strada, in ogni villaggio, in ogni nazione – questo è il mio sogno. L'istruzione per ogni bambino e bambina del mondo. Sedermi a scuola e leggere libri insieme a tutte le mie amiche è un mio diritto.» Malala Yousafzai, premio Nobel per la pace 2014.

Esprima le sue opinioni sul diritto all'educazione in un intervento da presentare ad un meeting al quale saranno presenti autorità, studenti, insegnanti e genitori.

C.1 Completi il testo con l'inserimento di una sola parola.

Milano, tra divorzi brevi e negoziazioni assistite è boom di coppie che si dicono addio

Un boom di divorzi, sia contenziosi che congiunti: è quello che si registra a Milano negli ultimi mesi, soprattutto dopo l'introduzione della normativa sul "divorzio breve", che ha ...(1)... i tempi della separazione per poter divorziare. Diminuiscono, invece, le separazioni consensuali "tradizionali", e questo perché molte coppie scelgono la nuova possibilità, ...(2)... della negoziazione assistita, che non prevede il ...(3)... al giudice ma solo l'assistenza dell'avvocato. Sono circa 800 le negoziazioni concluse a Milano in un anno, dopo l'entrata in vigore della ...(4)... , nel dicembre 2014. I dati sono quelli dell'Ami, l'associazione avvocati matrimonialisti italiani, che ha sette sezioni territoriali a Milano. Con la negoziazione assistita gli avvocati hanno un ruolo centrale, ...(5)... che una coppia che raggiunge un accordo può firmare l'addio davanti a un solo legale, senza la ...(6)... e i tempi lunghi dei tribunali. Ma in tanti scelgono anche un'altra formula, quella del "divorzio low cost", davanti all'ufficiale di Stato civile del Comune. In questo caso i costi sono molto ...(7)... : soltanto 16 euro di diritti di segreteria - ed è per questo che i ...(8)... di attesa per ottenere un appuntamento all'Anagrafe sono lunghi - ma è necessario che la coppia non ...(9)... figli minori o con handicap gravi o economicamente non autosufficienti e non ci siano ...(10)... di trasferimento di patrimonio. L'Aimi, che ha appena rinnovato le ...(11)... , con Silvia Colombo vicepresidente che affianca la presidente Laura Galli, rileva anche il dato sull'aumento delle ...(12)... civili. Milano guida la ...(13)... delle città italiane in cui si applica la legge Cirinnà: da agosto 2016 (quando la legge è entrata in vigore) a fine 2017 ...(14)... sono state registrate 261.

(La Repubblica, 2/03/2017, https://milano.repubblica.it/cronaca/2017/03/02/news/divorzi_milano_boom-159584111/?ref=search)

7° TEST
Prova di Competenza Linguistica

C.2 Completi il testo da 15 a 24 con la parte mancante scegliendo tra le alternative proposte. Una sola è la scelta possibile.

Un drone veglierà sul Festival di Sanremo

È scattato il grande dispositivo di sicurezza per il Festival della Canzone Italiana di Sanremo: questa mattina ...(15)..., il questore di Imperia Leopoldo Laricchia ha illustrato alla stampa le azioni ...(16)... per garantire la sicurezza durante la kermesse canora. "Si alzerà in volo - afferma il questore Laricchia - un drone sopra il teatro Ariston che avrà l'obiettivo di tenere sotto controllo tutte le vie e le piazze circostanti. Le immagini - prosegue Laricchia - ...(17)... che sarà aperta e operativa dalle 13 sino a fine puntata del Festival. L'impianto, come lo scorso anno, vedrà l'utilizzo di tecnologie avanzate come il drone, ...(18)... , dopo l'utilizzo ad Expo 2015." Il drone volerà per un massimo di 150 metri e sarà manovrato con un joystick e tastiera da parte del personale della polizia, ...(19)..., ha un'autonomia di 45 minuti. Il dispositivo di sicurezza è sotto la supervisione della questura di Imperia e vigili del fuoco, polizia, polizia locale, carabinieri, 118, Guardia di Finanza, personale Rai e tecnici del Comune di Sanremo saranno al lavoro ...(20)... e addetti ai lavori un Festival sicuro. Ma oltre all'utilizzo del drone, ci sarà il grande fratello a vigilare sul Festival numero 67, con ben 274 telecamere, pubbliche e private, più del doppio rispetto allo scorso anno che avranno in tempo reale la situazione di quanto avviene in città. Ulteriore novità di quest'anno, ...(21)..., tramite un apposito software, si potrà risalire alla loro identità (con tanto di foto) e ...(22)... e se il posto è il suo. Inoltre, come lo scorso anno, ...(23)..., ossia nel raggio di 500 metri dal teatro Ariston, i blocchi di calcestruzzo anti tir presenti già dallo scorso Natale, cani antiesplosivo, antisommossa e antidroga, gli "007" della polizia postale ...(24)... e gli "uomini telecamera", cioè agenti in borghese dotati di telecamera nascosta.

(Andrea Di Blasio, La Repubblica, 6/02/2017 https://genova.repubblica.it/cronaca/2017/02/06/news/un_drone_vegliera_sul_festival_di_sanremo-157709871/?ref=search)

a. per quanto riguarda gli spettatori seduti in platea o in galleria all'Ariston
b. che avranno gli accessi controllati con metal detector
c. da telecamere collegate alla sala operativa del commissariato
d. presso il commissariato di polizia di Sanremo
e. che verranno intraprese dalle forze dell'ordine
f. quindi verificare in tempo reale l'esatta identità della persona
g. il cui impiego sarà sperimentato per la prima volta al Festival di Sanremo
h. che vigileranno su eventuali intrusioni telematiche
i. per dare alla cittadinanza ed ai numerosi visitatori
l. dotato di telecamera con visore termico utile per le riprese notturne
m. verranno remotizzate nella "Control Room" del commissariato di Sanremo
n. ci saranno i varchi di controllo nella cosiddetta "zona rossa"

CELI 4

C.3 Nella maggior parte delle righe numerate da 25 a 38 ci sono errori di distrazione. Identifichi negli spazi numerati da 25 a 38 con √ le eventuali righe che non contengono errori, in caso contrario individui gli errori e scriva la forma corretta.

25. Le case di oggi si presentano spesso con poche pareti e piante aperte, soprattutto negli

26. open space, ma anche nei living aperti sulla cucina a veduta. Ma avere un elemento

27. capace di dividere lo spazio senza mura a volte è una necessità. Se le pareti trasparenti

28. sono molto di moda, una risoluzione più tradizionale, affascinante e sempre utile è la

29. libreria divisoria, perfetta anche per arredare con i libri la casa. Dette anche

30. freestanding (o librerie passanti), questi aredi separano senza chiudere, creano privacy

31. ma non tolgono troppa luce e, data la loro profondità più ampia dei modelli con muro,

32. possono anche rappresentare uno risparmio di spazio. Le applicazioni possibili sono

33. davvero tante, anche in spazi piccoli possano tornare utili, ad esempio quando dobbiamo

34. partire le zone quando arrediamo un monolocale. Ma le librerie divisorie possono

35. anche dividere lo spazio dalla camera dei figli, separare la zona notte da quella giorno,

36. ricavare un corridoi, creare un filtro tra l'ingresso e il resto della casa, creare un

37. passaggio in un ambiente unico. Ogni soluzioni illustrate da immagini di case e alternate

38. ai modelli più celebri e iconici raccolti in questa selezione di librerie bifacciali.

(Barbara Gerosa, Il Corriere della Sera, 31/05/2019, http://living.corriere.it/arredamento
/elettrodomestici/cucine-a-induzione/)

C.4 Costruisca un testo collegando e sviluppando i punti elencati.

Si finge proprietario e scappa con la Ferrari

Per impressionare – ragazza appena conosciuta – scorso luglio – 28enne Florida – chiedere chiavi Ferrari 458 Spider – parcheggiatore – come auto essere sua – stare a quanto riportato – Tampa Bay Times – richiesta – classico tagliandino identificativo – auto parcheggiata – ragazzo rispondere – sostenere – lasciarlo in macchina – grazie questa scusa – riuscire farsi consegnare chiavi auto – senza parcheggiatore sospettare nulla – salito auto – dopo qualche impaccio partenza – ragazzo allontanarsi – andare farsi giro – guida sportiva 540 CV – coppia giovani – fermare poco dopo – pattuglia – dopo trovarli possesso droga – arrestare – scoprire anche – auto rubare appena

(Redazione, Quattroruote.it, 25/01/2018, https://www.quattroruote.it/news/cronaca/2018/01/25/stati_uniti_si_finge_proprietario_e_scappa_con_la_ferrari.html)

Cominciare così: Per impressionare una ragazza appena conosciuta,...

25 MINUTI

TEST 7

CELI 4

CERTIFICATO DI CONOSCENZA DELLA LINGUA ITALIANA

Livello C1

D **Prova di Comprensione dell'Ascolto** *(30 punti)*

Nome e Cognome dello studente

Data

D.1 Ascolterete un testo che tratta di una truffa ai danni degli immigrati. Completi le informazioni introducendo al massimo 4 parole negli spazi numerati da 1 a 8.

Il testo va ascoltato due volte

1. Sulla base di documentazione completamente falsa, ...(1)...
2. Per l'Immigrazione è stato raggiunto dalla ...(2)...
3. Ha riguardato anche due fratelli pachistani S. A. di 45 anni - ...(3)...
4. Dei requisiti previsti dalla legge, in particolare delle ...(4)...
5. Da un' ...(5)... della documentazione è così emerso il giro di tangenti
6. Che nel suo ...(6)... allo Sportello per l'immigrazione
7. Dando per legittimi documenti ...(7)...
8. Falsi certificati di residenza, ...(8)... di locazione di immobili

(La Repubblica, 29/01/2018, https://napoli.repubblica.it/cronaca/2018/01/29/news/caserta_falsi_nullaosta_a_immigrati_in_cambio_di_tangenti_e_mozzarelle-187570681/?ref=search)

7° TEST
Prova di Comprensione dell'Ascolto

D.2 Ascolterete un testo che tratta del perché è meglio rivolgersi a un Wedding Planner. Ascoltate attentamente e individuate quali informazioni sono presenti o no nel testo.

Il testo va ascoltato due volte.

9. Permettersi un matrimonio sfarzoso è meglio.
10. Per essere liberi da preoccupazioni occorre limitare le spese.
11. Sfruttando una segretissima cerchia di conoscenze ottimizza i costi.
12. L'allestimento non presume dei tempi prestabiliti.
13. È possibile optare per un determinato tipo di aiuto.
14. L'esito implica una procedura da seguire.
15. Sempre sotto la supervisione dei diretti interessati.
16. Il segreto sta nell'affinità di coppia dei futuri sposi.
17. Lo scopo è personalizzare sempre il risultato.
18. L'assegnazione dei compiti agevola il procedimento.
19. Il giusto approccio è non esitare a vivere il proprio sogno.

(Fashionchannel.ch, 8/01/2018, https://www.fashionchannel.ch/lifestyle/people/1322820/matrimonio-lo-organizzo-io)

 Traccia 21

D.3 Ascolterete ora un testo che dà istruzioni sull'uso di quattro medicinali. Durante l'ascolto svolgete l'attività completando con al massimo sei parole.

Il testo va ascoltato una volta.

	Indicazioni d'uso	Posologia	Effetti collaterali
20. TACHIPIRINA	…(20. A)…	…(20. B)…	…(20. C)…
21. TORVAST	…(21. A)…	…(21. B)…	…(21. C)…
22. ZOVIRAX CREMA	…(22. A)…	…(22. B)…	…(22. C)…
23. NORVASC	…(23. A)…	…(22. B)…	…(23. C)…

(Testi adattati da http://www.my-personaltrainer.it/Foglietti-illustrativi/)

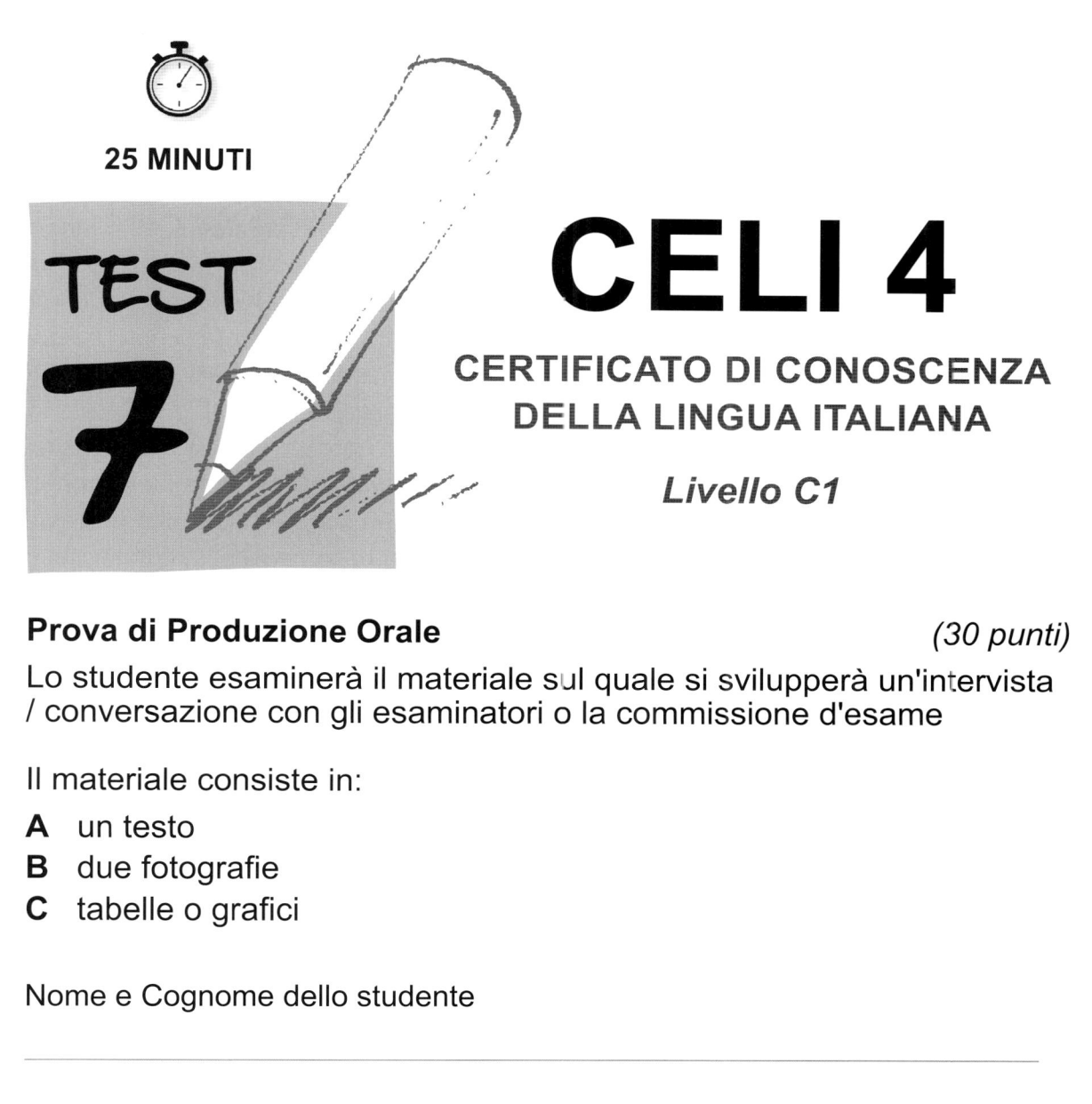

25 MINUTI

TEST 7

CELI 4
CERTIFICATO DI CONOSCENZA DELLA LINGUA ITALIANA
Livello C1

Prova di Produzione Orale *(30 punti)*

Lo studente esaminerà il materiale sul quale si svilupperà un'intervista / conversazione con gli esaminatori o la commissione d'esame

Il materiale consiste in:

A un testo
B due fotografie
C tabelle o grafici

Nome e Cognome dello studente

_____

_____

Data

_____

_____

A Lo studente, dopo aver letto il testo, deve riassumerlo e rispondere alle domande che eventualmente gli verranno poste. Legga attentamente il testo su cui si svolgerà parte del colloquio.

Agli uomini, con amore

Io faccio lunghi viaggi a piedi, da sola. Non ho paura, non voglio avere paura. Mi hanno detto: "Sei brava a camminare da sola perché tu sei una donna!". Io non sono brava, sono libera, libera di vivere come mi piace, libera dalle paure. E ho fiducia nelle donne che non si fanno spaventare e in quegli uomini che non si sentono rappresentati dalla ferocia di altri maschi, uomini che possono aiutare altri a cambiare gli stereotipi, i pregiudizi e la concezione della relazione tra generi. Uomini che avranno la capacità di affermare la cultura della non violenza, del rispetto e della libertà delle donne. Nelle civiltà arcaiche la figura della donna era amata e onorata, associata alla Madre Terra, generatrice di vita e potente forza della natura. Eppure nel mondo le donne da sempre hanno subìto violenze da parte degli uomini nelle forme più barbare: dallo stupro, alle percosse, fino all'omicidio. Donne vittime di gravi brutalità, deturpate nella bellezza e nella dignità. Nel nostro Paese i dati sono molto allarmanti. Secondo l'ultimo rapporto Istat del 2016 il 31,5% delle donne ha subìto maltrattamenti fisici o abusi sessuali. Ed è probabile che i numeri siano più alti perché molti reati non vengono denunciati. Quanto al femminicidio, dal 2006 al 2016 sono stati registrati 1.740 casi. Solo negli ultimi giorni un minorenne ha ucciso la sua ragazza della stessa età e una turista è stata stuprata e legata nuda a un palo. Orrori che si ripetono ogni giorno. Ma cosa sta succedendo? La società basata sulla supremazia maschile con la rivoluzione femminile si è trasformata e ha cambiato la relazione tra i generi. Le donne hanno affermato la propria femminilità conquistando la libertà. Questa nuova qualità del rapporto spesso ha trovato resistenza in alcuni uomini che ancora oggi reagiscono con la violenza. Forse il genere maschile ha paura di perdere qualcosa. Le azioni sono specchio dei pensieri: dietro ai gesti violenti non c'è amore, né rispetto. Quando cammino a volte è solo una linea sottile a farmi scegliere un percorso piuttosto che un altro. E così l'amore è la strada che permette di guardare oltre i limiti delle parole, dei pregiudizi, degli stereotipi. L'amore è il percorso che crea rispetto per tutte le cose e non ha bisogno di prendere e pretendere.

(Simona Roveda, lifegate.it, 21/09/2017,
https://www.lifegate.it/persone/news/agli-uomini-con-amore)

7° TEST
Prova di Produzione Orale

Domande guida

Riassuma il testo.

- La misoginia è una delle piaghe della nostra società e anche se abbiamo compiuto passi da gigante per offrire a tutti molti diritti che in passato venivano loro negati, bisogna anche sottolineare che c'è ancora tanto da fare. Partendo proprio dalla condizione della donna, che non è delle migliori, considerato che ci sono uomini che arrivano persino a odiarla o a ucciderla.

Cosa bisognerebbe fare, secondo Lei, per scongiurare i casi di violenza provocati dagli uomini contro le donne? Pensa anche Lei, come emerge dall'articolo, che un tale atteggiamento dipenda dalla paura dell'uomo di perdere qualcosa o è semplicemente l'effetto dell'esaurimento o dell'indebolimento delle forze di autocontrollo di un individuo? Quale tipo di violenza reputa più grave, quella fisica o quella psicologica?

B Lo studente dovrà descrivere le foto mettendole a confronto e rispondere alle eventuali domande che gli verranno poste

FOTO

1.
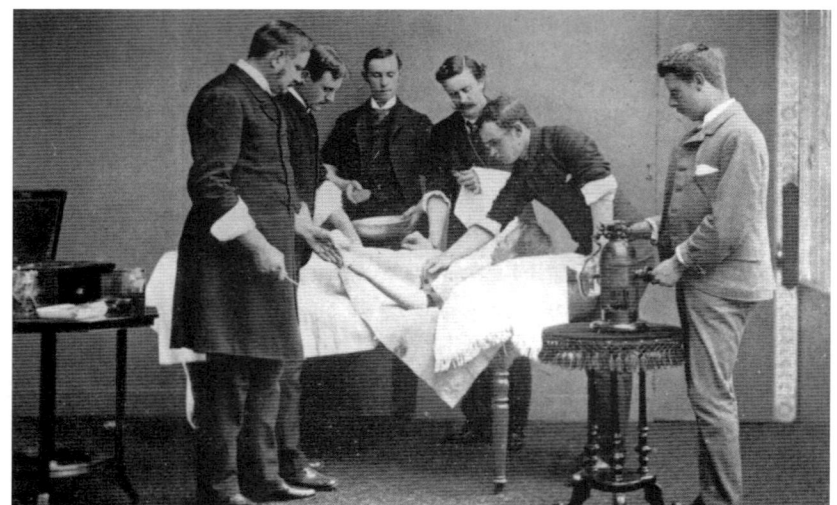

2.
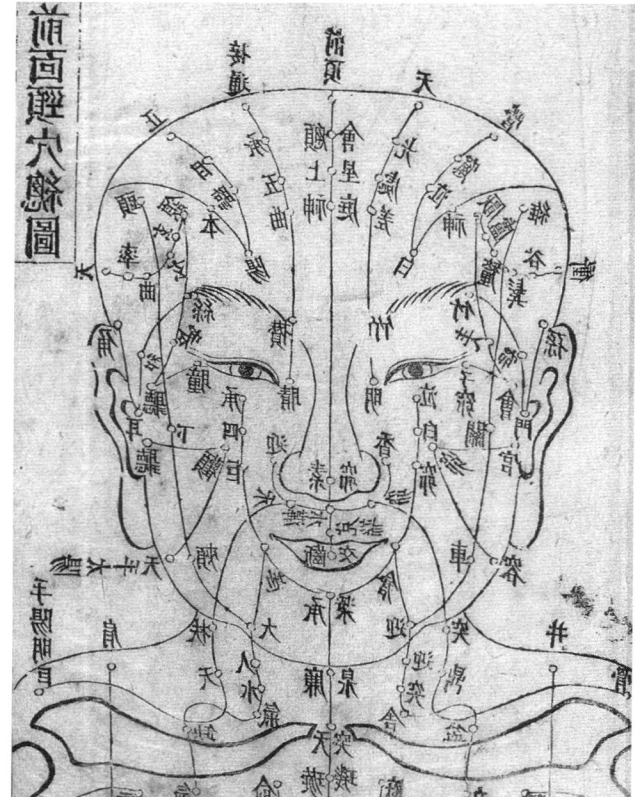

Domande guida

Descriva le foto mettendole a confronto.

- Medicina tradizionale o alternativa? La medicina ufficiale è efficace, razionale e si affida alla scienza occidentale, l'altra si affida a terapie alternative del corpo e della mente, tenendo in considerazione anche l'aspetto psicologico; l'una prende in considerazione un corpo ammalato da guarire, l'altra cerca di riequilibrare il contenitore esterno e l'animo.

Secondo Lei quanto sono efficaci le medicine alternative o meglio "complementari" come qualche medico della medicina tradizionale ama definirle? Che dimensione assume questo fenomeno nel Suo Paese e qual è il giusto approccio da seguire?

- I tentativi di proposta di legge presentati in Parlamento sulle medicine non convenzionali (omeopatia, agopuntura, fitoterapia, chiropratica, ecc.), che prevedono l'istituzione di cattedre universitarie, di corsi di formazione autorizzati dal Ministero della Sanità e di albi di esperti, hanno scatenato una bagarre. Il numero dei pazienti in Italia che si affidano a medicine non convenzionali è però ormai imponente ed è evidente che lo Stato non può rimanere inerte di fronte ad un fenomeno del genere.

Alcuni sostengono che chi li vende non abbia alcuno scrupolo di coscienza, e che sfrutti il senso di impotenza di individui i quali, ricorrendovi, sperano che agiscano in qualche modo o pensano che qualcosa di naturale non sia dannoso. Qual è la Sua opinione a riguardo?

CELI 4

C Lo studente dovrà descrivere il grafico/i o la/le tabella/e e rispondere alle eventuali domande che gli verranno poste.

TABELLA

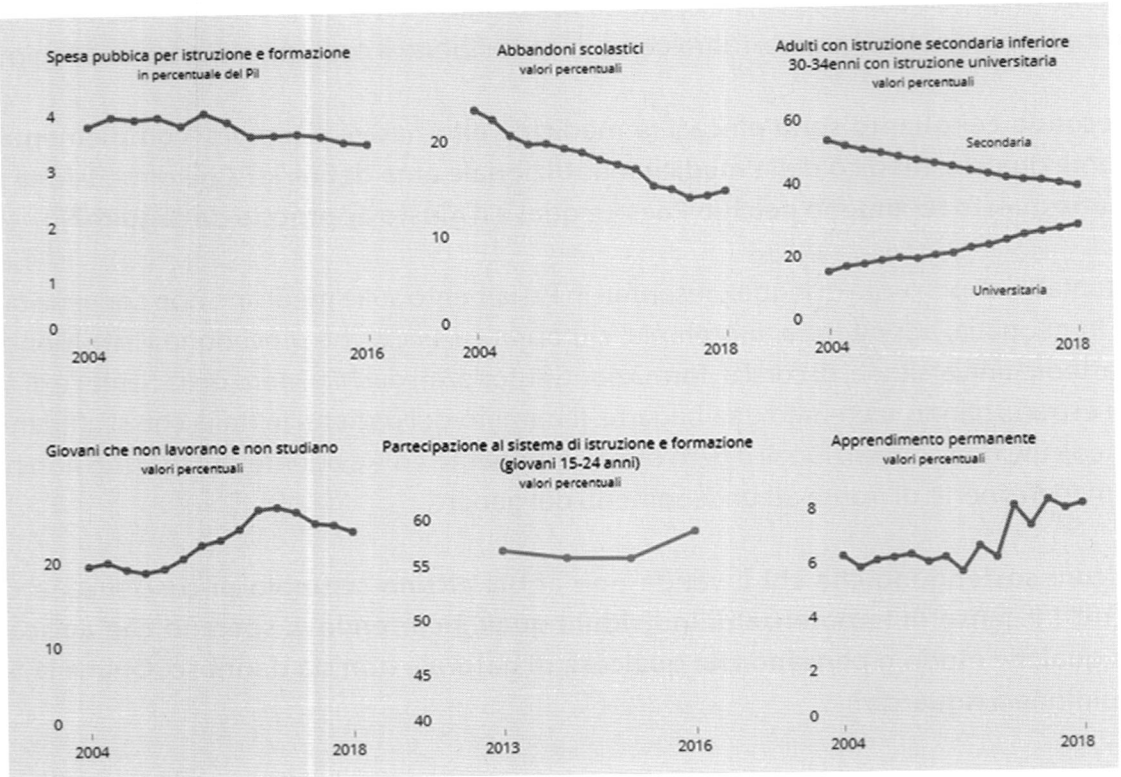

7° TEST
Prova di Produzione Orale

Domande guida

Descriva il/i grafico/i o la/le tabella/e.

- La spesa in istruzione permette di valutare le politiche attuate in materia di crescita e valorizzazione del capitale umano. Il punto di forza di ogni organizzazione è difatti *l'individuo*, che attraverso la *sua intelligenza ed il suo patrimonio intellettuale* determina il *successo dell'impresa* e delinea una strategia che favorisce non solo l'aspetto economico, ma anche uno stile efficiente di servizio che soddisfa le richieste del mercato.

In questa ottica come reputa lo sforzo fatto in tal senso nel Suo Paese? Quali sono gli obiettivi sui livelli di istruzione della popolazione che dovrebbero essere raggiunti e quali, secondo Lei, le strategie da seguire?

2 ORE E 45 MINUTI

TEST 8

CELI 4

CERTIFICATO DI CONOSCENZA DELLA LINGUA ITALIANA

Livello C1

A Prova di Comprensione della Lettura *(40 punti)*

B Prova di Produzione di Testi Scritti *(50 punti)*

Nome e Cognome dello studente

Data

A. PROVA DI COMPRENSIONE DELLA LETTURA

A.1 Legga i due brani. Metta una X vicino alla lettera a.b.c.d. che corrisponde all'affermazione giusta tra le quattro che le vengono proposte.

1° TESTO

La realtà non esiste, è (quasi) tutta un'illusione

L'illusione è la nostra realtà. Perché del mondo là fuori vediamo il poco che i nostri occhi sono in grado di vedere e ci aggiungiamo quello che il cervello vuole farci credere. Il risultato è una rappresentazione delle cose che non è reale per niente. Ma c'è una buona notizia: capire come e perché questo accada permette di arrivare a rappresentazioni nuove, più ampie e versatili. Di fare cioè quello che un tempo avremmo definito "espandere i confini della mente".

Di tutto questo scrive il neurobiologo inglese Beau Lotto nel suo sorprendente saggio dal titolo "Percezioni". Come il cervello costruisce il mondo, in cui comincia col farti giocherellare con le illusioni ottiche e finisce per parlare di politica, pedagogia, vita di coppia e creatività. Lotto da anni si dedica al tema nel suo laboratorio alla University of London. Lo ha chiamato Lab of Misfits, più o meno "laboratorio dei disadattati". Occuparsi di percezione significa studiare come ci facciamo un'idea del mondo che ci circonda, ma, esordisce Lotto, «se la domanda è "vediamo la realtà accuratamente?" la risposta non può che essere no. E nemmeno avrebbe senso farlo». Non la vediamo accuratamente perché la filtriamo attraverso occhi capaci di una lettura limitata delle cose: niente a che vedere con quei fenomeni dei bombi, che hanno un sistema sofisticatissimo per riconoscere i colori. «Però tutto questo a noi non servirebbe: l'evoluzione ha selezionato organi della vista funzionali alla sopravvivenza delle specie» spiega Lotto, e intende: ha selezionato quel che funziona meglio per riconoscere il cibo e sfuggire ai predatori. In realtà «per creare la nostra visione del mondo non usiamo solo gli occhi ma, al novanta per cento, il cervello: come dire che non siamo solo osservatori, ma anche creatori di significato».

Chi si occupa di percezione parte da qui. La domanda «vediamo davvero la realtà?» è un antico dilemma. «Oggi però le neuroscienze possono cominciare a dare una risposta», studiando gli organi di senso e come il cervello interpreta i segnali che questi gli mandano. «La scienza ha evitato a lungo di chiedersi il perché avvengano le cose, concentrandosi sul come. Invece credo che farlo sia necessario. E capire che la nostra percezione del mondo è fallace diventa l'inizio di una percezione diversa anche di noi stessi, degli altri, dell'ambiente». Se siamo campioni di distorsione della realtà anche solo guardando un cubo di quadrati colorati, figuriamoci quanto possiamo sbagliare quando giudichiamo le azioni di un altro. Vale per l'educazione, «da genitore devi capire che il tuo compito non è quello di proteggere i figli dalle difficoltà, ma di educarli a trattare i dubbi, i rischi, le sfide». E vale anche nella costruzione della società, nell'affrontare pregiudizi e conflitti culturali: «I politici sanno che creare incertezza e poi mostrarsi come l'unica soluzione è un modo per controllarci. Così come lo è manipolare il racconto della storia. Cioè: quello che facciamo oggi non è tanto il riflesso della nostra storia quanto dei significati che le diamo. E, per controllarci, religioni e governi ridefiniscono questi significati di continuo». D'accordo, ma in pratica per "espandere i confini della mente" come si fa? Lotto promette di darci il coraggio di dubitare di quel che vediamo e l'umiltà di sapere che quasi certamente è sbagliato. Bisogna però lavorarci su. «Si comincia con l'acquisire consapevolezza del fatto che facciamo, in automatico, alcune assunzioni di base sul

8° TEST
Prova di Comprensione della Lettura

mondo, che possono essere sbagliate anche a un livello molto basilare, come la visione dei colori». «Poi devi giudicare queste assunzioni e metterle in discussione», cioè provare a liberartene. Qui, spesso, il giudice migliore non siamo noi, ma gli altri, e servono confronti ed esperienze. «Non è difficile ma ci vuole un ambiente adatto, non competitivo, che permetta di giocare».

(Silvia Bencivelli, La Repubblica, 4/10/2017, https://www.repubblica.it/venerdi/articoli/2017/10/04/news/realta_e_illusioni_ottiche_-177368321/)

DOMANDE

1. Con "illusione" intendiamo la
   a. proiezione di immagini falsate derivanti dall'ambiente esterno.
   b. creazione di sensazioni irreali da parte di ricettori sensoriali.
   c. percezione distorta di elementi non corrispondenti alla realtà contingente.
   d. modificazione degli input sensoriali provenienti dal sistema nervoso.

2. Gli studi sulla percezione intendono analizzare
   a. il processo di sintesi dei dati sensoriali in forme dotate di significato.
   b. il sistema di funzionamento degli apparati sensoriali dell'organismo.
   c. il meccanismo di elaborazione dei vari recettori sensoriali.
   d. il processo psichico che opera la sintesi di dati e informazioni interne.

3. Il funzionamento dell'attività percettiva della realtà si basa
   a. sull'interazione del proprio campo visivo e vari stimoli uditivi.
   b. nel trasmettere informazioni esterne verso le varie aree sensoriali.
   c. nel memorizzare immagini e stimoli provenienti dal sistema nervoso.
   d. su processi di raccolta con relativa elaborazione visiva e sensoriale.

4. Secondo il testo la realtà può essere percepita tramite
   a. il collegamento delle cortecce sensoriali e motorie dell'encefalo.
   b. gli organi sensoriali e il processo di interpretazione dei segnali.
   c. il meccanismo che permette di mandare segnali motori ai nostri occhi.
   d. l'apparato sensoriale e la decodificazione dei vari segnali uditivi.

5. "espandere i confini della mente" significa
   a. creare giudizi personali potenziando il processo di valutazione.
   b. avere come base di ragionamento un approccio olistico.
   c. creare pregiudizi in base alle proprie esperienze vissute.
   d. l'evoluzione delle proprie conoscenze plasmando nuove attitudini.

2° TESTO

Hiv, il peggior virus oggi è il silenzio

Un successo. Così può essere considerata la battaglia contro l'infezione da Hiv, una delle storie più felici della medicina contemporanea: nel giro di pochi decenni si è passati dal non conoscere il virus che la causava ad avere farmaci in grado di azzerare la malattia, e anche la sua trasmissione. Al centro di questa vicenda ci sono i pazienti, organizzati in associazioni e gruppi capaci di far sentire la loro voce ai congressi scientifici, di parlare con politici e manager delle case farmaceutiche. È appena il 1983 e un gruppetto di persone con Aids si riunisce in una stanza di un albergo della capitale del Colorado in cui si svolge un congresso scientifico ed elabora un documento contenente alcuni principi basilari, come: "non vogliamo essere considerati vittime". In quella voglia di riscatto è contenuto il percorso che porterà la community delle persone con Hiv e Aids a dare un contributo fattivo nella ricerca scientifica sulla malattia così come nelle policy messe in campo per fermare la diffusione dell'infezione.

Oggi dell'infezione non si parla più, e si pensa che il problema sia risolto. Niente di più sbagliato, in Italia come nel mondo. «Oggi per ottenere dei risultati dobbiamo raggiungere le cosiddette popolazioni chiave, quelle che diffondono il virus». Ma comunicare con i gay in alcune zone dell'Africa o con chi fa uso di droghe in alcuni paesi dell'est Europa è davvero difficile: si tratta di persone che rischiano il carcere o altre punizioni, emarginate socialmente. Così l'infezione continua a perpetuarsi e, grazie a globalizzazione e migrazioni, ritorna anche da noi. «L'Aids non è affatto sconfitto. Pensarlo è un errore di prospettiva tragico: la salute delle persone dei paesi in via di sviluppo è anche la nostra salute. Ma soprattutto non possiamo pensare di vincere solo a suon di pasticche, ci vuole un vaccino e la cura».

Ora però uno dei meccanismi con cui l'Hiv eludeva il sistema di immunizzazione è stato scoperto e questo ha dato nuova linfa all'idea di un presidio di prevenzione. Accanto a questa strategia si sta facendo strada quella che mette insieme i farmaci antiretrovirali - quelli che consentono ai sieropositivi di avere una aspettativa di vita simile a quella di chi non ha l'infezione - ai nuovi farmaci immuno-oncologici che stanno ottenendo risultati molto buoni in alcuni tipi di tumore. Più ancora della terapia non c'è dubbio però che potrebbe aiutare la prevenzione. I rapporti sessuali non protetti rimangono la principale causa di infezione. «In Danimarca, un paese piccolo e dunque dall'epidemia contenuta, quando hanno visto che la principale via di trasmissione del virus era il rapporto sessuale tra maschi, hanno immaginato un intervento specifico per quella popolazione». «In Francia da gennaio, e in Norvegia da poche settimane, hanno deciso di distribuire gratuitamente la terapia preventiva a chi ne ha bisogno. Gli effetti si vedranno tra un po'. Ci vorranno dei mesi, ma certamente le infezioni diminuiranno». Far cooperare i diversi tasselli della società, proprio come è stato all'inizio della storia dell'Aids quando dalla coesione fra medici, pazienti, istituzioni, case farmaceutiche nacquero le prime dichiarazioni e campagne, è quindi ancora la strada da percorrere. Trattando con le terapie le categorie a rischio, dando informazioni alle comunità di persone più coinvolte, sostenendo l'uso del preservativo, con un approccio integrato per superare lo stigma e la discriminazione che ancora tocca le persone con Hiv. E in Italia? Le istituzioni sono immobili, fossilizzate sugli stessi messaggi da anni, ma le associazioni provano a realizzare progetti nuovi. «Come Plus onlus abbiamo aperto un anno fa a Bologna il primo locale gay gestito dalle associazioni di pazienti nel quale, in tutta tranquillità, è possibile fare il test per Hiv e Hcv in modo rapido e avere i risultati in 20 minuti». «È stato un lavoro di anni, abbiamo messo insieme la Asl - che mette il personale infermieristico specializzato - e il Comune di Bologna - che mette i locali. Noi abbiamo fatto una campagna di fundraising.

(Letizia Gabaglio, L'Espresso – La Repubblica, 30/11/2016, http://espresso.repubblica.it/attualita/2016/11/29/news/hiv-il-peggior-virus-oggi-e-il-silenzio-1.289602)

DOMANDE

6. **La ricerca contro l'Hiv è arrivata ad individuare**
   a. il batterio infettivo e i farmaci che limitano l'attività dell'organismo.
   b. sostanze capaci di bloccare l'ingresso de virus nelle cellule infette.
   c. l'agente infettivo e rimedi che bloccano le modalità di contagio.
   d. le cause dell'infezione virale rallentando l'interazione con le cellule.

7. **Le persone affette dall'Aids hanno offerto un contributo**
   a. nelle attività di studio e nella politica informativa contro il virus.
   b. nel percorso di formazione della popolazione non infetta.
   c. nella realizzazione di un congresso dedicato alla ricerca sulla patalogia.
   d. tangibile per frenare la diffusione dell'intolleranza verso i pazienti.

8. **La diffusione dell'infezione persiste a causa**
   a. dello spostamento continuo di gruppi di persone in territori infetti.
   b. del trasferimento collettivo di persone con difficoltà ecomomiche.
   c. dell'intersificarsi della migrazione e della comunicazione a livello globale.
   d. delle disuguaglianze sociali e la necessità di immigrazione a livello mondiale.

9. **I farmaci antiretrovirali permettono ai soggetti portatori del virus**
   a. di ridurre il processo di moltiplicazione delle cellule affette nell'organismo.
   b. acquisire il numero medio di anni equivalente ad un soggetto sano.
   c. la ricostruzione più o meno completa delle difese immunitarie distrutte.
   d. di avere un livello di vita simile a soggetti non affetti da malattie respiratorie.

10. **Contro l'Hiv potrebbe aiutare anche l'insieme**
    a. di azioni finalizzate a ridurre le probabilità di trasmissione dell'infezione.
    b. di attività protettive e difensive contro infezioni dell'apparato circolatorio.
    c. di interventi specifici e diretti su una determinata popolazione.
    d. di azioni incentrate a diminuire le probabilità di malattie ematologiche.

A.2 Legga il seguente testo e poi risponda alle domande poste.

Si apre l'era delle terapie genetiche

Le terapie geniche, che curano le malattie intervenendo sul Dna delle persone, non rappresentano più il futuro della medicina: fanno ormai parte degli strumenti a disposizione dei medici. Lo evidenzia uno studio pubblicato sulla rivista "*Science*" da un gruppo di ricerca statunitense diretto da Cynthia E. Dunbar, del National Heart di Bethesda, secondo cui dopo tre decenni di speranze mitigate da battute d'arresto, oggi questi trattamenti vengono eseguiti con successo e sono in grado di migliorare le condizioni dei pazienti affetti da numerose patologie. La terapia genica prevede l'introduzione di materiale genetico nelle cellule per correggere le anomalie del Dna. Per esempio, se la variante di un gene ostacola la produzione di una proteina necessaria per l'organismo, la terapia genica può introdurre una copia normale di questo gene, in modo da ripristinare il rilascio della proteina. Nel corso dell'indagine, gli autori hanno condotto una revisione approfondita dei principali progressi che hanno permesso lo sviluppo di terapie geniche efficaci per i pazienti affetti da gravi condizioni mediche. L'analisi ha preso in particolare considerazione le tecnologie emergenti di editing del genoma - incluso l'approccio con il sistema CRISPR/Cas9 (si pronuncia crisper) si basa sull'impiego della proteina Cas9, una sorta di forbice molecolare in grado di tagliare un DNA bersaglio, che può essere programmata per effettuare specifiche modifiche al genoma di una cellula, sia questa animale, umana o vegetale. Secondo gli scienziati, fornirebbero metodi per correggere o alterare il genoma di un individuo con precisione, migliorando ulteriormente l'efficienza degli approcci di terapia genica. Nello specifico, i ricercatori hanno esaminato i metodi che finora hanno prodotto i migliori risultati: la somministrazione diretta in vivo di vettori virali o l'uso di virus per introdurre i geni terapeutici nelle cellule umane; il prelievo di cellule staminali di sangue o di midollo osseo dal paziente, che dopo essere state geneticamente modificate in laboratorio, vengono re-introdotte nello stesso soggetto. Gli scienziati sottolineano che le terapie geniche sono state originariamente concepite come trattamenti diretti a correggere i disturbi ereditari, ma oggi vengono applicate anche a condizioni acquisite come il cancro. Osservano, infine, che nel 2017 un flusso costante di risultati clinici incoraggianti ha mostrato i progressi compiuti dalle terapie geniche nella cura di numerose malattie, come l'emofilia, l'anemia falciforme, la cecità, diverse patologie neurodegenerative ereditarie gravi, altre malattie genetiche e tumori multipli del midollo osseo e dei linfonodi.

(Nadia Comerci, ilsole24ore.com, 15/02/2018, https://salute24.ilsole24ore.com/articles/20501)

DOMANDE

11. La terapia genica è una tecnologia medica che consiste?

(da 8 a 15 parole)

12. Quale trattamento prevede una terapia genica?

(da 15 a 20 parole)

13. La procedura del sistema CRISPR/Cas9 si basa?

(da 15 a 20 parole)

14. Le terapie genetiche erano inizialmente concepite come?

(da 15 a 20 parole)

A.3 Legga i due brani indicati rispettivamente con la lettera A e B. Abbini successivamente le frasi sottoelencate segnando A quando la frase si riferisce al brano A, segnando B quando la frase si riferisce al brano B.

Riscoprire il dialetto è un'opportunità per i giovani?

TESTO A	TESTO B
Recentemente, nella sala della Protomoteca in Campidoglio a Roma, l'associazione culturale Italia Scuola Strumento di Pace, presieduta dalla professoressa Anna Paola Tantucci, ha premiato alcune tra le cento scuole italiane che hanno partecipato alla gara di poesia e prosa intitolata "Salva la tua lingua locale". È stato straordinario ed emozionante ascoltare poesie, cori, rappresentazioni teatrali proposti nei dialetti locali di tutta la Penisola. Un doppio registro: prima la presentazione in un eccellente italiano, poi la "lingua locale" da salvare. L'Unione Europea stessa, nei suoi atti fondativi, richiama il concetto di unità nella diversità. Il dialetto della propria terra resta, nel nostro difficile Paese, un forte ancoraggio a radici rese sempre meno forti dalla globalizzazione e dall'omogeneizzazione della Rete. La lingua locale è un pezzo di Patrimonio da tenere ben stretto: è il frutto di secoli di sedimentazioni culturali, di spontaneità popolare e anche aristocratica. Cancellare un bene così prezioso significherebbe rinunciare a una parte di noi stessi. Un vero suicidio identitario, un tradimento verso un passato ricco di Storia e di passioni. Le tradizioni vengono dimenticate soprattutto dalle nuove generazioni, pertanto, bisogna mantenere vivo il desiderio di scoprirle, per farle conoscere pure ai giovani. Non perderle.	Negli anni Ottanta, soprattutto nel meridione, c'è stata una generazione di fanciulli a cui è stato impedito di parlare il dialetto. Sono i figli di genitori nati negli anni Cinquanta, appartenenti alla piccola e media borghesia, che sognavano per i propri pargoli un italiano perfetto per poi indirizzarli verso quelle tre I (inglese, informatica, impresa) che gli avrebbero aperto le porte del mondo. Nell'Italia che si avvicinava alla globalizzazione, spogliarsi del vincolo del dialetto voleva dire affacciarsi con più facilità alla finestra del mondo. Oggi che la globalizzazione è entrata in crisi, sembriamo incastrati nel nostro essere italiani. Non ci sentiamo cittadini del mondo e, stranamente, nemmeno più calabresi o pugliesi, lombardi o emiliani. In giro si sente farfugliare un becero "prima gli italiani" come se fossimo tutti, avrebbe detto Vasco di Albachiara, "soli dentro una stanza e tutto il mondo fuori". È l'ora di tornare a impararlo, il dialetto. Sapere dove sono le radici della pianta è il miglior modo di farla crescere bene. Conoscere la lingua delle regioni, dei campanili, non sarà un ostacolo a imparare l'inglese o lo spagnolo. Al contrario, sapendo chi siamo, di fronte a uno straniero che parla inglese o spagnolo saremo pronti ad accoglierlo meglio. O anche solo ad accoglierlo, ché di questi tempi sarebbe oro.

(Paolo Conti e Tommasi Labate, iodonna.it, 19/02/2018, https://www.iodonna.it/attualita/costume-e-societa/2018/02/19/riscoprire-il-dialetto-e-unopportunita-per-giovani/)

8° TEST
Prova di Comprensione della Lettura

15. Alla competizione di poesia hanno partecipato cento scuole italiane.

16. Unità nella diversità è un concetto portante dell'Unione Europa.

17. A causa della globalizzazione non ci sentiamo più cittadini del mondo.

18. Abbondonare il dialetto significherebbe rinunciare alla propria identità.

19. Durante gli anni ottanta ai giovani veniva imposto il non uso del dialetto.

20. Allontanarsi dall'uso del dialetto significava possibilità di integrazione.

21. Il dialetto risulta fondamentale per tenere vivo il rapporto con le proprie radici.

22. Accettando il proprio essere saremo più propensi ad accogliere uno straniero.

23. La lingua locale è il risultato di una stratificazione secolare di diverse culture.

24. La conoscenza dei dialetti regionali non impedisce di imparare lingue straniere.

B. PROVA DI PRODUZIONE DI TESTI SCRITTI

B.1 Riassuma il testo, seguendo le tracce fornite, senza riutilizzare integralmente frasi, espressioni o costrutti usati nel testo.

(Da un minimo di 150 ad un massimo di 200 parole)

Genitori e figli nella società di oggi

Il rapporto tra genitori e figli è sempre stato molto complesso: le differenze da generazione a generazione, infatti, negli ultimi cento anni sono diventate enormi. Nella società attuale sembra però che le cose stiano cambiando in maniera ancora più veloce. Se essere genitori è sempre stato definito il "mestiere più difficile del mondo", ci si chiede oggi per quale ragione questa difficoltà sia così grande.

La famiglia tradizionale è certamente superata, per molti aspetti: innanzitutto non ci sono più grandi differenze tra il ruolo della madre e quello del padre che, un tempo, era di fatto il "capo famiglia", in una società patriarcale. Secondo molti il vero problema consisterebbe proprio nella mancanza di una figura di riferimento quale era quella del papà per i nostri genitori e ancora di più per i nostri nonni. Vi sono però storie di madri che hanno rivestito entrambi i ruoli. Pare proprio che le mamme e i papà di oggi non sappiano più essere la forza della famiglia stessa. Le colpe vengono attribuite alla Scuola, all'assenza dei padri per lavoro, all'apprensione delle madri. Se è vero che la vita attuale è più stressante di quella di cinquanta o settanta anni fa, è anche vero che molto spesso si tende a colpevolizzare la società senza chiedersi perché siano arrivati a questo punto. In che senso la Scuola era un tempo un proseguimento della famiglia? La maestra, cui si dava rigorosamente del "Lei", non risparmiava prediche o castighi, la promozione doveva essere meritata, pochi erano coloro che non trovavano ostacoli a scuola. Oggi molti genitori, con il loro essere apprensivi, colpevolizzano gli insegnanti per gli insuccessi dei figli. Cosa accade a quei pochi ragazzi che non hanno genitori così accomodanti? Che si sentono frustrati, spesso diversi, che si domandano come mai la loro madre o il loro padre debbano essere così severi se, alla fine, tutti ottengono tutto.

La cultura ha perso valore: non si trova lavoro anche con più lauree, mentre si è bombardati da programmi televisivi esempi di successo ottenuto con pochi sforzi e non certo grazie al proprio livello di cultura. A questo punto il problema "rimbalza": la colpa è dei genitori o dei figli? Da cosa nascono i contrasti tanto aspri di oggi? A risolvere alcuni problemi intervengono spesso i nonni: essi, che un tempo erano una sorta di "enciclopedia", perché raccontavano la loro vita ai nipoti e questi li rispettavano, si trovano di fronte a ragazzi ribelli, che preferiscono non contraddire perché sono stanchi. Un genitore non può e non deve essere un amico: questa idea è nata dopo i grandi cambiamenti degli anni Settanta, dove davvero il genitore era troppo severo e le nuove generazioni chiedevano maggiore libertà, ma forse ora la cosa è sfuggita di mano. I giovani si sentono orfani di una guida sicura. Il mondo sembra essersi rovesciato: i genitori non sanno imporsi, i docenti vengono rimproverati dai genitori per aver tentato di mettere un freno alle cattive abitudini dei figli. In tutto questo rovesciamento di ruoli, chi si scontra sono i figli con mamma e papà, che vedono poco, al termine delle rispettive attività, magari ognuno distratto dal proprio telefonino. La tecnologia, in questo senso, ci ha resi tutti alienati e non ci rendiamo conto che rincorriamo, nei discorsi, sempre gli stessi temi: come spendere, dove andare in vacanza, chi ha sbagliato. Raramente si affrontano i problemi con spirito critico e, soprattutto, con calma. Il rapporto tra genitori e figli, quindi, è difficile per sua natura, reso ancora più complicato da due fattori: l'eccessiva apprensività degli adulti, che non lasciano crescere i figli, e una società che costringe a rimanere adolescenti a vita.

(lavocecosentina.it, 16/05/2018, https://www.lavocecosentina.it/index.php?option=com_k2&view=item&id=1097:genitori-e-figli-nella-societa-di-oggi&Itemid=280)

Per il riassunto segua le tracce indicate:

- spiegare l'evoluzione del rapporto tra genitori e figli nelle varie generazioni;

- descrivere e spiegare quali sono i problemi attribuiti alla società attuale;

- quali sono i pericoli che si potrebbero creare nel rapporto tra genitori e figli;

- considerazioni finali ed eventuali consigli per migliorare la situazione.

B.2 Svolga una delle composizioni, scegliendola tra le due proposte:

(Da un minimo di 220 ad un massimo di 250 parole)

1. «[...] esistono normative già ben consolidate e universalmente condivise che pongono severi vincoli di sicurezza alle applicazioni biomediche. [...] però [...] è necessario ragionare e distinguere i differenti casi, evitando di accomunarli tutti in sommarie e frettolose condanne. Si può certo comprendere che, nell'immediatezza dell'evento Dolly e di fronte agli scenari apocalittici e ripugnanti descritti dai mass media, le autorità pubbliche abbiano sentito l'esigenza di intervenire in maniera rapida e decisa, per tranquillizzare un'opinione pubblica frastornata e preoccupata dai vorticosi progressi della biologia e che poteva alla fine arrivare a dubitare del valore stesso del progresso scientifico. [...] Ma una volta passata la fase dell'emergenza e dell'emozione, bisogna tornare a discutere, ad analizzare fino in fondo le varie prospettive e a distinguerle in base alle finalità che si propongono, evitando che la condanna delle finalità aberranti metta a repentaglio anche la possibile utilizzazione della tecnica della clonazione per finalità chiaramente benefiche. Una di queste utilizzazioni è [...] quella nel settore della ricerca sulle cellule staminali».

Lei, che è molto attento ai problemi morali emergenti nell'ambito delle scienze biomediche, prende spunto da questa affermazione per scrivere un articolo in cui vuol far riflettere i lettori sulla necessità di definire criteri e limiti alla liceità alla pratica medica e alla ricerca scientifica, affinché il progresso avvenga nel rispetto di ogni persona umana e della sua dignità.

2. «Siamo un Paese straordinario e bellissimo, ma allo stesso tempo molto fragile. È fragile il paesaggio e sono fragili le città, in particolare le periferie dove nessuno ha speso tempo e denaro per far manutenzione. Ma sono proprio le periferie la città del futuro, quella dove si concentra l'energia umana e quella che lasceremo in eredità ai nostri figli. C'è bisogno di una gigantesca opera di rammendo e ci vogliono delle idee. [...] Le periferie sono la città del futuro, non fotogeniche d'accordo, anzi spesso un deserto o un dormitorio, ma ricche di umanità e quindi il destino delle città sono le periferie. [...] Spesso alla parola "periferia" si associa il termine degrado. Mi chiedo: questo vogliamo lasciare in eredità? Le periferie sono la grande scommessa urbana dei prossimi decenni. Diventeranno o no pezzi di città?»

Rifletta criticamente su questa posizione di Renzo Piano, articolando in modo motivato le Sue considerazioni e convinzioni al riguardo.

1 ORA E 15 MINUTI

TEST 8

CELI 4

CERTIFICATO DI CONOSCENZA
DELLA LINGUA ITALIANA

Livello C1

C   **Prova di Competenza Linguistica**   *(20 punti)*

Nome e Cognome dello studente

_____

_____

Data

_____

_____

C.1 Completi il testo con l'inserimento di una sola parola.

Un supermercato senza plastica: ve lo immaginate?

Il primo supermercato d'Europa con un corridoio "plastic-free", inaugurato qualche giorno fa ad Amsterdam, ...(1)... che tutto è possibile: prezzi convenienti senza pesare sull'ambiente. Il negozio offre oltre 700 ...(2)... di largo consumo, tra carne, riso, salse, latticini, cereali, cioccolato, yogurt, snack, frutta e verdura, tutti impacchettati, ma non ...(3)... involucri di plastica tradizionale. Tutto ciò che somiglia alla plastica è di origine vegetale e compostabile (cioè in grado di degradarsi rapidamente). Gli altri contenitori sono di ...(4)... più facilmente riciclabili, come vetro, cartone e alluminio. Il supermercato, che fa parte della ...(5)... "Ekoplaza", con una settantina di punti ...(6)... in Olanda, ha raccolto l'istanza di "A Plastic Planet", un'organizzazione britannica che un anno ...(7)... ha lanciato la campagna "*Plastic-Free Aisle*" (corridoio senza plastica) per denunciare il fatto ...(8)... più del 40% del packaging di plastica è tipico della distribuzione alimentare. Ci sono già supermercati in cui la necessità del packaging è ...(9)... al minimo - e in cui si incoraggiano i ...(10)... a portare da casa le bottiglie di olio o di detersivo da riempire. Il nuovo reparto risponde tuttavia a un'esigenza di spesa più veloce e immediata, ...(11)... confezioni modulari e convenienti, che non abbiano nulla da invidiare, in termini di prezzo e comodità, a quelle tradizionali. Non c'è assolutamente nessuna logica nell'incartare in qualcosa di indistruttibile come la plastica qualcosa di effimero ...(12)... il cibo. Gli involucri di cibo e bevande sono utili per ...(13)... giorno, eppure lasciano una presenza sulla Terra per secoli. Nuove forme di packaging alimentare sono allo studio in tutto il mondo, ma non è detto che una plastica di derivazione vegetale ...(14)... necessariamente anche biodegradabile o compostabile: alcuni di questi materiali non si degradano nell'oceano, dove sembrano inevitabilmente finire, e pongono un problema di inquinamento in modo analogo alle plastiche ricavate da combustibili fossili.

(Elisabetta Intini, focus.it, 7/03/2018, https://www.focus.it/ambiente/ecologia/un-supermercato-senza-plastica-ve-lo-immaginate)

8° TEST
Prova di Competenza Linguistica

C.2 Completi il testo da 15 a 24 con la parte mancante scegliendo tra le alternative proposte. Una sola è la scelta possibile.

La casa galleggiante che ospita biodiversità

Una casa galleggiante e "viva". Il progetto dello studio di architettura Lanker Desing LLC è ...(15)...in simbiosi con la natura, che non rinuncia al comfort ...(16).... Il progetto, che attualmente galleggia sulle acque del Lake Union (Seattle) ...(17)... Houseboat H, ed ha tante ...(18)... di casa ecosostenibile. Ogni dettaglio dell'abitazione è stato concepito da ...(19)... . Muri perimetrali e soffitto ...(20)..., e altissima resistenza a umidità. Mentre i materiali che li rivestono esternamente sono stati scelti per la loro durevolezza e per la minima necessità di manutenzione. Il tetto è rivestito per due terzi di pannelli fotovoltaici e per un terzo di prato, ...(21)... isolamento. Internamente, ogni finitura è stata selezionata scrupolosamente attraverso parametri di ecologia: si tratta di materiali di riuso, oppure di riciclo, ...(22)... . Il riscaldamento proviene da un impianto geotermico che sfrutta l'acqua del lago. Le luci sono tutti LED, ma le enormi vetrate garantiscono un'illuminazione naturale ottimale. Ma se queste sono caratteristiche abbastanza "classiche" nel mondo dell'architettura ecosostenibile, è tutto quello che sta sotto alla casa galleggiante H ad essere stupefacente. Sotto il "ponte" – ...(23)..., si trova un impianto di orti galleggianti. Poggiando su supporti di plastica riciclata, le piante affondano le radici in acqua e substrato limaccioso. In questo modo i progettisti (che abitano la casa) vogliono provvedere a fornire ai pesci e a tutti gli organismi viventi del lago un habitat. Allo stesso tempo, le colonie batteriche che abiteranno il fondo di questo orto galleggiante, ...(24)... . Mentre le piante stesse, ripuliranno l'acqua. Quando si dice "vivere in simbiosi con la natura".

(La Stampa, 6/03/2018, http://www.lastampa.it/2018/03/06/scienza/ambiente/architettura/la-casa-galleggiante-che-ospita-biodiversit-x8r9HbQJlPOXUeY6kXL5JI/pagina.html)

a. di una casa moderna e di design
b. è stato soprannominato semplicemente
c. garantiscono un isolamento eccellente
d. ragioni per forgiarsi del titolo
e. scrupolosamente attraverso parametri di ecologia
f. nel mondo dell'architettura ecosostenibile
g. un piccolo gioiello di edilizia
h. da un impianto geotermico che sfrutta l'acqua
i. un punto di vista ecologico
l. e per un terzo di prato
m. le colonie batteriche che abiteranno
n. rivestono esternamente sono stati scelti

C.3 Nella maggior parte delle righe numerate da 25 a 38 ci sono errori di distrazione. Identifichi negli spazi numerati da 25 a 38 con √ le eventuali righe che non contengono errori, in caso contrario individui gli errori e scriva la forma corretta.

Non tutti i sorrisi sono uguali, ne esistono 3 tipi diversi

25. Di sorriso non ce n'è uno solo: tutte le espresioni facciali dove contraiamo il
26. muscolo zigomatici maggiore fanno parte della categoria del sorriso, ma i sorrisi
27. possono avere origini evolutive molto diverse e trasmettere messaggi anche
28. opposti, come amicizia, supporto emotivo, imbarrazzo velato, stato sociale
29. superiore, scherno, indifferenza e sfida. Però il criteri per decodificare in modo
30. oggettivo un sorriso – al di là del "fiuto" dei cacciatori di bugie del telefilm Lie to
31. me, basati sugli studi di Paul Ekman sulle microespressioni – non è ancora del tuto
32. stabilito dalla scienza. A fare luce sugli segni che distinguono un sorriso dall'altro è uno studio.
33. "Abbiamo considerato tutti le situazioni in cui produciamo un sorriso
34. sincero e non volontario in presenza di altre persone, ossia un "soriso sociale". Lo
35. studio ha una sua utilità nell'approfondire la conoscenza sul rapporto tra emozioni
36. e mimica facciale, ma ha anche un risvolti pratico: "Aver definito quali sono i
37. muscoli coinvolti, può essere di aiuto ai chirurghi plastici per capire a quali
38. muscoli dare priorità nelle operazioni di ricostruzione del volto"

(Giuliano Aluffi, La Repubblica, 29/07/2017 https://www.repubblica.it/scienze/2017/07/29/news/non_tutti_i_sorrisi_sono_uguali_ne_esitono_3_tipi_diversi-171917233/?ref=search)

C.4 Costruisca un testo collegando e sviluppando i punti elencati.

Trento, l'autista del bus che lascia a piedi i profughi alla fermata

Conducente d'autobus – ex assessore comunale – Trasporti ad Avio – provincia Trento – in più di un'occasione – tirare dritto – davanti fermata autobus – lasciare piedi – folto gruppo migranti – aspettare bus – Moreno Salvetti – 41 anni – dipendente Trentino Trasporti – dovere affrontare – provvedimento disciplinare – forse – processo – attitudine a dimenticare – ogni mattina – migranti frazione – Marco – raggiungere – Rovereto pullman – frequentare corsi – legati progetto – inserimento – documentare – due video – girare persone vicine ai profughi – sporgere denuncia procura – allegare prove filmate – Provincia – avviare – confronti Salvetti – procedimento disciplinare – potere sfociare licenziamento – visto violazioni accertate

(Redazione, La Repubblica, 12/03/2018 https://www.repubblica.it/cronaca/2018/03/12/news/l_autista_del_bus_che_lascia_a_piedi_i_migranti_ma_loro_non_avevano_alzato_la_mano_-191076303/)

Cominciare così: È conducente d'autobus, ed ex assessore comunale ai Trasporti ad Avio,…

25 MINUTI

TEST 8

CELI 4

CERTIFICATO DI CONOSCENZA DELLA LINGUA ITALIANA

Livello C1

D **Prova di Comprensione dell'Ascolto** *(30 punti)*

Nome e Cognome dello studente

Data

CELI 4

D.1 Ascolterete un testo che parla della Giornata Internazionale dedicata alle donne e ragazze nella scienza. Completi le informazioni introducendo al massimo 4 parole negli spazi numerati da 1 a 8.

Il testo va ascoltato due volte.

1. La Giornata Internazionale delle donne e delle ragazze ...(1)...
2. a promuovere la piena ed equa ...(2)... nelle scienze
3. Le varie Giornate Internazionali ovviamente ...(3)...
4. su una situazione che non ...(4)... e le carriere femminili
5. Non possiamo negare che rispetto a 20 anni fa ...(5)..., per esempio
6. Il problema dunque non è tanto ...(6)... quanto la
7. Commissione europea che ormai da anni sta ...(7)... sulla parità
8. lo strumento principe ...(8)... e innescare cambiamenti culturali

(Simona Regina, iodonna.it, 10/02/2018, http://www.iodonna.it/attualita/in-primo-piano/2018/02/10/giornata-internazionale-delle-donne-e-delle-ragazze-nella-scienza-siamo-piu-vicini-alla-parita-di-genere/)

8° TEST
Prova di Comprensione dell'Ascolto

D.2 Ascolterete un'intervista in cui si tratta il fenomeno dell'anoressia. Ascoltate attentamente e individuate quali informazioni sono presenti o no nel testo.

Il testo va ascoltato due volte.

9. Sono circa 300 mila i portali che celebrano l'anoressia come stile di vita.
10. Per le pazienti l'anoressia risulta una scelta estetica compiuta in totale libertà.
11. I pazienti affetti da questi disturbi approvano il supporto da parte dei genitori.
12. Circa il 90% delle pazienti dichiara di aver appreso su come vomitare tramite il web.
13. I social network non rientrano tra i canali di diffusione dell'anoressia e bulimia.
14. Le pazienti presenti a Palazzo Francisci non hanno visitato siti pro anoressia.
15. I social network offrono la possibilità di appagare il proprio lato esibizionista.
16. Molti pazienti postano immagini sui social correlate al periodo del ricovero.
17. A Palazzo Francisci di Todi e al day hospital è vietato l'uso di internet.
18. Durante il ricovero i pazienti possono usare computer o telefono dalle 11 in poi.
19. Si organizzano corsi relativi al corretto utilizzo dei social network.

(Valentina Ruggiu, La Repubblica, 26/11/2017, https://www.repubblica.it/salute/alimentazione/2017/11/26/news/_l_anoressia_e_una_malattia_non_una_scelta_per_queste_ragazze_una_foto_con_il_sondino_nasogastrico_e_una_vittoria_-182194081/?ref=search)

D.3 Ascolterete ora un testo che parla di sport estremi acquatici. Durante l'ascolto svolgete l'attività completando con al massimo sei parole.

Il testo va ascoltato una volta.

Sport estremi acquatici da provare

	Scopo della disciplina	Equipaggiamento	Luogo e anno di diffusione
20. Flyboard	...(20. A)...	...(20. B)...	...(20. C)...
21. Blob Jump	...(21. A)...	...(21. B)...	...(21. C)...
22. Subwing	...(22. A)...	...(22. B)...	...(22. C)...
23. Rafting	...(23. A)...	...(23. B)...	...(23. C)...

(Marco Franco, trendylife.it, 3/09/2015, http://www.trendylife.it/2015/09/archivio/5-sport-acquatici-estremi-da-provare/)

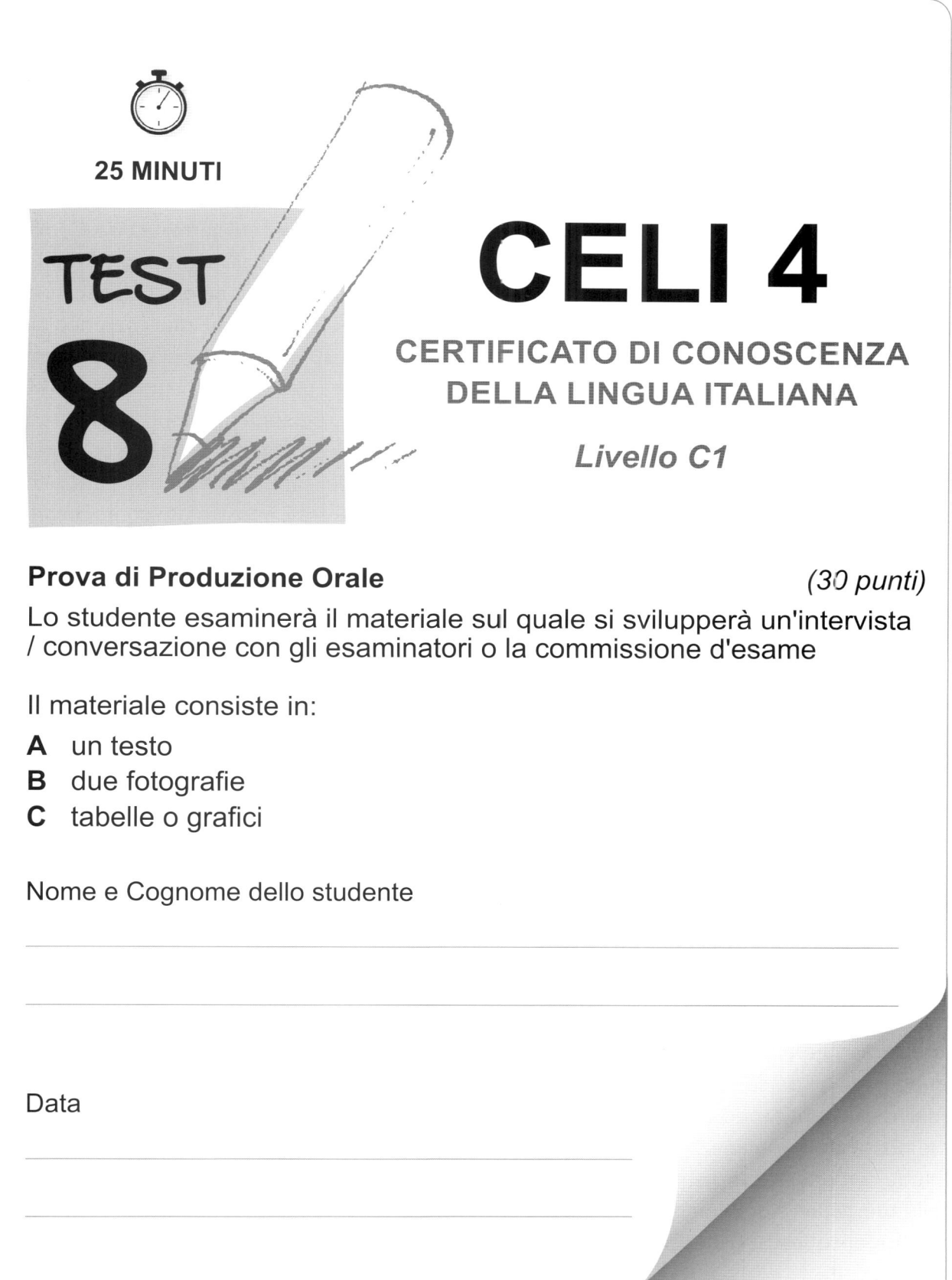

25 MINUTI

TEST 8

CELI 4

CERTIFICATO DI CONOSCENZA
DELLA LINGUA ITALIANA

Livello C1

Prova di Produzione Orale *(30 punti)*

Lo studente esaminerà il materiale sul quale si svilupperà un'intervista / conversazione con gli esaminatori o la commissione d'esame

Il materiale consiste in:

A un testo
B due fotografie
C tabelle o grafici

Nome e Cognome dello studente

Data

CELI 4

A Lo studente, dopo aver letto il testo, deve riassumerlo e rispondere alle domande che eventualmente gli verranno poste.

"Lettera a un mio coetaneo razzista", l'appello della studentessa burkinabè diventa virale

Voglio parlarti, capire perché tu mi voglia uccidere, visto che sono negra. Sono impaurita, non perché io abbia paura di essere uccisa, ma mi spaventano le ragioni per cui verrei uccisa. Come puoi pensare di uccidere qualcuno solo per il colore della sua pelle?". Leaticia Ouedraogo, 20 anni, originaria del Burkina Faso, è una studentessa di lingue al Collegio Internazionale di Ca' Foscari, e questo è uno dei passaggi più intensi della lettera che ha idealmente spedito al "mio coetaneo razzista". L'ha pubblicata pochi giorni fa nel blog studentesco "Linea 20" dopo che nel bagno dei maschi della biblioteca universitaria alle Zattere, dove lavora, è apparsa una scritta che inneggiava al duce e a Luca Traini, l'uomo che a Macerata ha sparato a caso contro persone di colore: "Uccidiamoli tutti 'sti negri", con il simbolo della svastica. "Mi sono immaginata un ragazzo della mia età chiedermi la tessera per la biblioteca, e poi andare in bagno a scrivere quelle frasi, e mi sono chiesta: perché?". È una lettera che inizia con un dialogo tra lei e il fratellino di 8 anni, apostrofato come "*negher*" da due compagni di classe. "Doveva essere un insulto. Magari credono di essere migliori di te perché loro sono bianchi. Ma tu non ci devi credere, perché non è vero. La prossima volta che te lo dicono, tu rispondi che sei fiero di essere negro. Capito?", scrive la studentessa, rivolgendosi al fratellino. Arrivata in Italia a 11 anni, a Bergamo insieme alla madre per raggiungere il padre, in prima media Leaticia ha dovuto rispondere alle prime strane domande dei suoi compagni. "Ma sei arrivata con il barcone?". Oppure: "Ma tu sei una bambina in regola?". Negli anni del liceo, mentre aspettava l'autobus per tornare a casa, è capitato che le si avvicinassero uomini tre volte più grandi di lei per offrirle un passaggio. Sfregando il pollice e l'indice. "Mi scambiavano per una prostituta. Allora io rispondevo a voce alta, tutti sentivano e loro si vergognavano da matti". La sua arma per difendersi dal razzismo, racconta la ragazza, che da due anni vive a Venezia, è sempre stata l'ironia. "In qualche modo mi ha reso immune al razzismo". Almeno lo credeva. La scritta trovata nel bagno della Biblioteca, vergata a pennarello in un luogo di cultura da qualche suo coetaneo, è stata come uno schiaffo: "Uccidiamoli tutti". La lettera di Leaticia è la risposta di una ventenne all'odio. "L'ho scritta di getto, non pensavo che potesse avere questa attenzione", spiega dopo che il suo intervento è stato condiviso da migliaia di lettori, soprattutto studenti. Una lettera scritta pensando a quel che è successo a Macerata, pensando a suo fratello. "A otto anni, come si rielabora il razzismo? E io, da sorella maggiore, come lo semplifico il razzismo per un bambino ingenuo?", si interroga. Non le fanno paura le persone, i mostri che le abitano sì. Finiti gli studi a Venezia Leaticia ha un sogno, al quale si sta applicando con sacrificio: lavorare nelle relazioni internazionali, costruire un progetto che possa aiutare i ragazzi di origine africana a realizzarsi, come sta facendo lei. La sua lettera si chiude con queste parole: "Non devi uccidere me, devi uccidere quel mostro oscuro che si nutre delle tue paure e della tua ignoranza, ma anche della tua ingenuità. Ti auguro sinceramente di sconfiggere questi mostri". Chissà se il suo coetaneo razzista avrà avuto il coraggio di leggerla tutta fino alla fine.

(Francesco Furlan, La Repubblica, 12/03/2018 https://www.repubblica.it/cronaca/2018/03/12/news
/_lettera_a_un_mio_coetaneo_razzista_l_appello_della_studentessa_brkinabe_diventa_virale-191086859/)

8° TEST
Prova di Produzione Orale

Domande guida

Riassuma il testo.

- Leggendo l'articolo risulta che il problema razziale è un fenomeno complesso e difficilmente definibile univocamente. Un fenomeno dalle radici molto profonde. Quel razzismo presente anche nell'ambito della cultura e dello sviluppo, come nelle Università, che si identifica con una innata natura criminale.

Secondo Lei, quali sarebbero le motivazioni che spingono un individuo a tali manifestazioni di odio razziale? Quali i fattori principali?
Crede che nel Suo paese ci siano atteggiamenti simili? Quali sarebbero, secondo Lei, eventuali soluzioni al problema? Presenti la situazione ed eventuali problematiche.

B Lo studente dovrà descrivere le foto mettendole a confronto e rispondere alle eventuali domande che gli verranno poste.

FOTO

1.

2.

Domande guida

Descriva le foto mettendole a confronto.

- L'Italia non è un Paese per donne che lavorano e sono anche mamme, a tenere distanti le donne dal mondo del lavoro contribuisce lo scarso investimento nei servizi ci welfare che dovrebbero invece aiutare a conciliare lavoro e famiglia. La spesa pubblica nazionale per aiutare le mamme lavoratrici risulta inferiore del 39,3% rispetto alla media dei 27 Paesi Ue. Crisi economica e qualità dei servizi pubblici per la famiglia influenzano la natalità e condiziona anche la partecipazione delle donne al mercato del lavoro: in Italia quasi una donna su 2 (46,5%) è inattiva.

Illustri la situazione nel Suo Paese, fornendo degli esempi che rispecchino questo fenomeno.
Secondo Lei ci sarebbero le basi per poter affrontare questo fenomeno attuale? In che modo potremmo modificare questa tendenza?

C Lo studente dovrà descrivere il grafico/i o la/e tabella/e e rispondere alle eventuali domande che gli verranno poste.

L'ANALFABETISMO FUNZIONALE - ITALIA

UN PROBLEMA CRITICO

L'ANALFABETA FUNZIONALE SA LEGGERE E SCRIVERE, MA NON SA TRARRE DA QUESTE ABILITÀ INFORMAZIONI O SPUNTI UTILI.

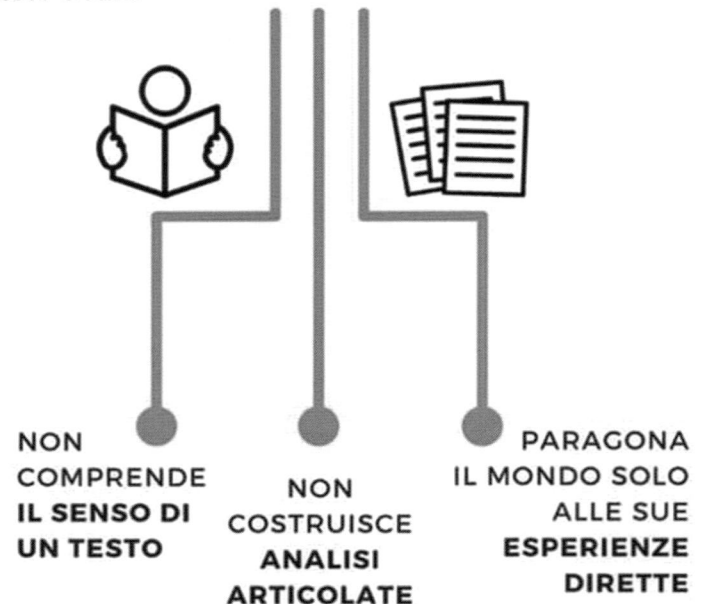

- NON COMPRENDE **IL SENSO DI UN TESTO**
- NON COSTRUISCE **ANALISI ARTICOLATE**
- PARAGONA IL MONDO SOLO ALLE SUE **ESPERIENZE DIRETTE**

8° TEST
Prova di Produzione Orale

Domande guida

Descriva il/i grafico/i o la/le tabella/e.

Così, lo stesso linguista De Mauro:

- *"un testo scritto che riguardi fatti collettivi, di rilievo anche nella vita quotidiana, è oltre la portata delle loro capacità di lettura e scrittura, un grafico con qualche percentuale è un'icona incomprensibile"*

Statisticamente un italiano su due, pur sapendo leggere e scrivere è funzionalmente analfabeta, ovvero soffre delle stesse mancanze e lacune di chi non sa veramente né leggere né scrivere. L'analfabeta funzionale è in grado di leggere un testo, cioè di interpretare i segni contenuti, ma non ne comprende il significato.

Secondo Lei queste persone sono in grado di acquisire una rappresentazione del mondo esterno da fonti che non siano la propria esperienza diretta? Che tipo di problemi potrebbero creare?

- Per comprendere l'impatto drammatico di questa realtà, basta individuare il caso della generalizzazione che porta al razzismo: è sufficiente vedere una persona di colore diverso o straniera, che commette un reato per desumere automaticamente che tutti gli extracomunitari commettono reati oppure osservare il fenomeno dilagante delle bufale su Internet e di come vengano propagate.

Quali soluzioni potrebbe proporre per affrontare questo fenomeno contemporaneo? In che modo secondo Lei le istituzioni e la società potrebbero arginare e combattere questa situazione?

CELI 4

CERTIFICATO DI CONOSCENZA DELLA LINGUA ITALIANA

Livello C1

Trascrizione dei testi registrati per la prova di comprensione dell'ascolto

A. PROVA DI COMPRENSIONE DELL'ASCOLTO

1° test

D.1 Ascolterete un testo che tratta delle relazioni tra la musica e la crescita delle piante. Completi le informazioni introducendo al massimo 4 parole negli spazi numerati da 1 a 8. Il testo va ascoltato due volte.

Peppe Vessicchio: "Mozart fa crescere i pomodori, i Beatles migliorano il vino"

F "Mozart aiuta i pomodori a crescere meglio. Beethoven non tanto. E i Beatles fanno bene a melanzane e zucchine, e a dire il vero anche al vino". Parola di Peppe Vessicchio, musicista e arrangiatore, celebre per le direzioni d'orchestra a Sanremo, che lontano dai riflettori si dedica allo studio delle relazioni tra la musica e la crescita delle piante. Argomento affascinante, sviscerato nel libro "*La musica fa crescere i pomodori*", nato dalle conversazioni con il giornalista di "*Repubblica*" Angelo Carotenuto e appena presentato a Melpignano.

Maestro, come è nata l'idea di applicare la musica all'agricoltura?

M "La musica dal 1500 a oggi è ricerca dell'armonia. Lo studio mi ha fatto scoprire che ci sono forme armoniche che riescono a interagire con le piante. Non sono l'unico a riflettere su questa cosa: in alcune cantine il vino viene affinato a suon di musica e l'Università di Firenze ha monitorato la crescita di alcune viti che ascoltavano Mozart, rilevando che i filari con la musica sono più attivi degli altri".

F   A Copertino il suo metodo viene applicato alle coltivazioni di pomodori.

M "Un amico ha accettato il mio invito a fare questo esperimento, poi gli imprenditori che lo usano sono diventati sette. Dà ottimi risultati, a cui gli agronomi stentano a credere: dalle maturazioni anticipate a un maggior vigore delle piante, fino alla resistenza ai vermi che solitamente le infestavano".

F   Su quali piante ha iniziato i Suoi esperimenti?

M "Sulle piante grasse nel mio studio a Roma, una decina di anni fa, di notte al rientro dal lavoro. Ho notato che le piante sono suscettibili di performance migliori nel momento in cui incontrano i segnali sonori. Ho cominciato con Mozart, poi ho tentato Beethoven ma senza raggiungere gli stessi risultati. Con Bach invece è andata meglio: significa che non è la musica di un determinato periodo o con un certo stile il segreto, ma la sua organizzazione polifonica".

F   Ha sperimentato anche la musica del nostro secolo?

M "Diciamo del secolo scorso, cercando brani che avessero lo stesso meccanismo. I Beatles mi hanno dato molte soddisfazioni: in particolare il brano Penny Lane, ma soltanto nella versione suonata da loro. Le risposte alle sollecitazioni musicali vengono da tutte le piante su cui ho provato: pomodori, ma anche melanzane, zucchine, fiori, la mimosa, le viti. Perfino il vino. I sommelier restano stupefatti quando stappiamo una bottiglia e dopo 15 minuti confrontiamo le risposte dei bicchieri appoggiati sull'iPad

Trascrizione dei testi

agli altri: il vino ha un equilibrio delicato e subisce rapide trasformazioni, ma da quel che vedo con la musica migliora sempre. Io non punto a un riscontro economico, ma ho un'utopia: aiutare con la musica la possibilità di ottenere prodotti agricoli più sani".

F **Una bella sfida. Ma la tv non Le manca?**

M "No, perché ci sono stato molti anni e perché non è più divertente come una volta. Io ho iniziato nel 1979, quando si puntava alla qualità del prodotto da offrire. Oggi è tutto stressante, competitivo, basato su dati effimeri. Ho la sensazione che anche chi produce abbia soltanto obiettivi a stretto giro: per questo credo che oggi sia molto meglio stare con le piante".

(Chiara Spagnolo, La Repubblica, 15/07/2017, https://bari.repubblica.it/cronaca/2017/07/14/news/peppe_vessicchio_mozart_fa_crescere_i_pomodori_pugliesi_i_beatles_migliorano_il_vino-170806833/?ref=search)

D.2 Ascolterete un testo che tratta dell'olio di palma. Ascoltate attentamente e individuate quali informazioni sono presenti o no nel testo. Il testo va ascoltato due volte.

M Negli ultimi anni si è molto parlato del problema olio di palma: i consumatori hanno iniziato a evitarlo, selezionando con attenzione i prodotti acquistati, e molte aziende si sono adattate modificando la lista degli ingredienti delle loro ricette. Non tutti, però, hanno davvero compreso tutte le ragioni per cui l'olio di palma è finito sotto accusa. Ne parliamo con Renata Alleva, nutrizionista, Specialista in Scienza dell'alimentazione.

Chi sostiene che l'olio di palma faccia male alla salute per l'eccesso di grassi saturi, chi ne teme il contenuto in pesticidi e chi si preoccupa per l'impatto delle coltivazioni sull'ambiente. Possiamo fare un po' di chiarezza?

F Tra tutti il tema più rilevante è quello dell'ambiente perché la perdita di biodiversità si ripercuote sulla salute dell'uomo, come è stato ampiamente documentato da numerosi articoli scientifici. Uno studio importante, fatto da un gruppo svedese, ha messo in relazione la biodiversità ambientale con l'incidenza di dermatite atopica nei bambini, evidenziando che i piccoli colpiti da dermatite erano quelli che vivevano in un ambiente povero di biodiversità. È importante che tutti capiscano che se il clima cambia, anche a causa delle coltivazioni intensive, cambia anche l'ambiente che ci circonda e il suo impatto sulla nostra salute. E non dobbiamo pensare che le cose che accadono a migliaia di km di distanza non ci riguardino: siamo tutti parte di un ecosistema e il suo equilibrio è fondamentale per la salute di tutti. È ovvio, poi, che anche il problema pesticidi sia cruciale, sia sulla scomparsa della biodiversità, sia sul tema inquinamento: sono molti i pesticidi che creano importanti problemi di salute, dai tumori alle patologie neurodegenerative, dai problemi di fertilità a quelli sui nascituri, particolarmente sensibili alle sostanze tossiche veicolate dalla mamma attraverso la placenta. Il problema dei grassi saturi, invece, era legato al fatto che l'olio di palma era diventato praticamente l'unico grasso presente in tutti i prodotti da forno (merendine, crackers, fette biscottate, biscotti) e nei gelati disponibili al supermercato e anche da molte aziende BIO: a fine giornata un bambino superava ampiamente la quantità di grassi saturi accettabili nelle 24 ore, con un evidente squilibrio nutrizionale...

M Il claim senza olio di palma è ormai molto diffuso, ma come possiamo davvero tutelare i nostri figli e la loro salute attraverso l'alimentazione?

F Togliere l'olio di palma non basta, dipende poi dal tipo di grasso con cui viene sostituito e dalla sua qualità. L'olio di girasole, ad esempio, se non è spremuto a freddo ma estratto con solventi, non è che sia qualitativamente migliore... Come l'olio di oliva, che se è extravergine va bene, altrimenti rischia anch'esso di essere un prodotto scadente. Il problema, oggi, è che le materie prime spesso sono scelte nell'ottica di ottenere un prodotto a basso costo, quindi spesso presentano delle criticità. Personalmente non sarei contraria neanche all'uso del burro, se fosse un burro ben fatto. La tutela della salute dei nostri figli si basa sulla corretta educazione nutrizionale: in un'epoca in cui i bambini tendono a essere in sovrappeso più che normopeso, penso sia ingiusto dare la colpa solo all'olio di palma. Troppo spesso i bambini mangiano male, non consumano verdure, fanno spuntini eccessivi e, soprattutto, si muovono molto poco. È importante insegnare ai piccoli e ai giovani un modo corretto di alimentarsi, limitando i prodotti dolci e quelli confezionati: riscopriamo anche il pane e miele, con pane integrale di tipo 2, o pane e olio, frullati di frutta o yogurt... Il segreto della salute è anche nella varietà alimentare, così come la biodiversità dell'ambiente è fondamentale per la nostra salute.

(Giada Salonia, 13/11/2017, iodonna.it Il Corriere della Sera, https://www.iodonna.it/benessere/diete-alimentazione/2017/11/13/olio-di-palma-e-salute-4-domande-allesperta-renata-alleva/)

D.3 Ascolterete ora un testo che parla di quattro italiani che si sono distinti per meriti sportivi. Durante l'ascolto svolgete l'attività completando con al massimo sei parole. Il testo va ascoltato una volta.

M Elia Viviani nasce a Isola della Scala, in provincia di Verona, il 7 febbraio 1989 e cresce nel paese vicino, Vallese di Oppeano dove abita con i genitori e tre fratelli. È un ciclista su strada e pistard italiano che corre per il team Quick-Step Floors. Ha caratteristiche di velocista ed è professionista dal 2010.
Nella carriera su strada si è imposto in una tappa del Giro d'Italia 2015 ed in quattro tappe del Giro d'Italia 2018. Su pista ha vinto invece cinque titoli ai campionati europei Elite, due medaglie d'argento e una di bronzo ai campionati del mondo e la medaglia d'oro nell'omnium ai Giochi olimpici di Rio de Janeiro 2016.

Figlio di Stefania Palma e di Graziano Rossi, a sua volta pilota motociclistico a cavallo degli anni 1970 e 1980, **Valentino Rossi** nasce a Urbino, per poi crescere nel paese di Tavullia, in provincia di Pesaro. Grazie alla passione motociclistica del padre, Valentino vive fin dal suo primo anno di vita a contatto con i motori. Tra i piloti più titolati del motociclismo, in virtù dei nove titoli mondiali conquistati (cinque dei quali vinti consecutivamente tra il 2001 e il 2005), è l'unico pilota nella storia del Motomondiale ad aver vinto il Mondiale in quattro classi differenti.

Gianluigi Buffon, detto Gigi, nasce il 28 gennaio 1978 a Carrara (MS), in Toscana, da una famiglia di sportivi: è un calciatore italiano, portiere della Juventus.

Trascrizione dei testi

Considerato tra i più forti portieri di tutti i tempi, è stato spesso definito il migliore nella storia del calcio. Con i club ha vinto nove campionati di Serie A – record assoluto - uno di Serie B, sei Supercoppe italiane, cinque Coppe Italia e una Coppa UEFA. Con la nazionale italiana, di cui detiene il record di presenze (176), è stato campione del mondo nel 2006 e vicecampione d'Europa nel 2012, partecipando a cinque Mondiali, quattro Europei e due Confederations Cup. Prima di entrare nel giro della nazionale maggiore ha vinto un Europeo di categoria con l'Under-21 nel 1996 e, nello stesso anno, ha preso parte ai Giochi olimpici.

Andrea Cassarà nasce il 3 gennaio1984 a Brescia, in Lombardia, è uno schermidore italiano. È un atleta specializzato nella disciplina del fioretto. Tesserato per la società C.S. Carabinieri. Campione Europeo Individuale di fioretto 4 volte a Mosca, Campione Mondiale individuale a Catania, Campione Olimpico a Squadre ad Atene e Londra. Sempre ad Atene 2004 conquista il bronzo individuale. Ha vinto cinque Coppe del Mondo di fioretto, sei Campionati del Mondo a Squadre e cinque Campionati Europei a Squadre. È allenato dal Maestro Eugenio Migliore e preparato fisicamente da Cristiano Durante. È detentore del record di vittorie in gare di coppa del mondo in tutta la storia del fioretto.

2° test

D.1 Ascolterete un testo che tratta il fenomeno del cyberbullismo. Completi le informazioni introducendo al massimo 4 parole negli spazi numerati da 1 a 8. Il testo va ascoltato due volte.

M **Il rapporto con il proprio corpo e con il cibo in adolescenza è un problema da non sottovalutare per le ripercussioni che può avere da un punto di vista psicologico, emotivo e fisico, visto che spesso l'aggressività e la rabbia vengono rivolte verso se stessi. Risponde Maura Manca.**

F Gli atti di bullismo e cyberbullismo rivolti ai coetanei in sovrappeso o con qualche difetto fisico sono estremamente frequenti. Vengono derisi per le loro dimensioni, per i chili in eccesso, per come mangiano, per le prestazioni sportive o soltanto perché non sono agili fisicamente. Il 22% degli adolescenti (il 65% maschi) dai 14 ai 19 anni ammette, infatti, di aver preso in giro un compagno o un amico solo perché in sovrappeso.

Questa forma particolare di bullismo è fortemente invasiva perché spesso si va a sommare ad una forte non accettazione di sé. Molti ragazzi per uscire da questo circolo vizioso hanno iniziato drastiche diete senza controllo per essere socialmente accettati o si sono isolati ancora di più con un elevato rischio depressivo e suicidario. I ragazzi "in carne", presi di mira, vengono fotografati, magari mentre mangiano o mentre fanno qualche movimento goffo e poco coordinato. Essere vittima di prevaricazioni, offese e minacce da parte di un coetaneo per il proprio peso e il proprio aspetto estetico, in una fase in cui l'accettazione del gruppo dei pari e l'integrazione sono due fattori molto importanti per l'autostima dell'adolescente e per favorire un'adeguata considerazione di sé, influenza negativamente il benessere

fisico e psicologico dei ragazzi, determinando una maggiore vulnerabilità e sensibilità a commenti, giudizi e critiche.

Feriscono ragazzi che non accettano il proprio aspetto, non si piacciono, non sono sereni e hanno una bassa stima di sé: l'essere oggetto di prevaricazioni e derisioni costanti, distrugge la loro psiche e genera un dolore profondo e una sofferenza notevole che può avere dei risvolti non solo nell'immediato ma anche sul lungo termine e portare ad isolarsi e chiudersi, con importanti stati d'ansia e depressione.

(Laura Manca, la Repubblica.it, 3/07/2017, http://osservatorio-cyberbullismo.blogautore.repubblica.it/2017/07/03/perche-le-vittime-dei-cyberbulli-ricorrono-spesso-alla-chirurgia-estetica-risponde-maura-manca/)

D.2 Ascolterete ora un'intervista ad un imprenditore. Ascoltate attentamente e individuate quali informazioni sono presenti o no nel testo. Il testo va ascoltato due volte.

Dentro la pasticceria per cani di Brescia, dove tutti per Natale ordinano il «Canettone»

F In molti l'hanno criticata ma riceve ordini da tutto il mondo. Ecco la storia di Doggye Bag, la pasticceria che sforna torte di compleanno al salmone o al pollo, con dediche e costumizzazione. E che piace ai vip. È quasi più sorpreso che felice Marco Platto, quando parla del successo della sua Doggye Bag: la prima – «in Italia di sicuro, forse anche in Europa» – pasticceria artigianale per cani, che ha aperto qualche settimana fa nel cuore di Brescia. Proprio in Corso Zanardelli, accanto allo storico Teatro Grande, dove tradizionalmente vanno in scena opere liriche e balletti classici.
«Abbiamo deciso di aprire qui più per campanilismo che per altro» spiega Platto, bresciano doc di 41 anni.

M «Mi sembrava doveroso partire dalla mia città, dal mio territorio, invece di puntare subito a piazze più importanti, che magari avrebbero reagito in modo più positivo».

F **Che intende dire, ha avuto reazioni negative?**

M «C'è chi ha parlato di prodotto inutile e d'insulto a chi non ha da mangiare, come se la fame nel mondo potesse dipendere in qualche modo da noi».

F **E Lei come ha reagito?**

M «Ci sono rimasto male, a livello personale mi ha proprio distrutto. Invece di apprezzare il coraggio di chi rischia e prova a far qualcosa di nuovo, ci hanno subito puntato il dito contro. Ma era una polemica sterile, che s'è sgonfiata da sola, come una bolla di sapone, e che – può sembrare un paradosso – ci ha aiutato nel lancio. Con il negozio abbiamo toccato livelli impensabili: abbiamo richieste da tutto il mondo, non riusciamo quasi a starci dietro».

Trascrizione dei testi

F **L'idea di partenza da dove è nata?**

M «L'azienda di famiglia si occupa del settore zootecnico da oltre 50 anni, quindi, in un certo senso, fa parte del nostro DNA. L'idea specifica, invece, si è sviluppata qualche anno fa, quasi per caso e pure un po' per gioco. Mi ha aiutato l'aver preso a mia volta un cane (Zuck, un border collie), che mi ha portato a farmi qualche domanda in più. Così sono nati prima l'azienda (nel 2014, ndr) e poi il negozio.

F **Quando ci si entra, l'impressione è di trovarsi in una pasticceria di lusso (per umani).**

M «Era il nostro scopo. Siamo stati molto attenti anche all'estetica, ovviamente per il compratore, non tanto per il cane. Per l'animale, invece, c'è la ricerca di un prodotto fatto bene, seguendo tutti i crismi possibili e immaginabili».

F **Cosa si vende, di preciso?**

M «Biscotti e torte, soprattutto. Gli articoli classici, di carattere giornaliero, qui non si trovano. Per il resto, puntiamo molto sugli ordini e la loro personalizzazione: dediche, fotografie, nomi».

F **Uno in particolare che Le è rimasto in mente?**

M «Tempo fa, per esempio, una ragazza c'ha fatto fare una torta tutta ricoperta di Swarovski. In quel caso la copertura non era commestibile, mentre la torta sotto sì».

F **Con cosa sono fatte le vostre torte?**

M «Possono avere diversi gusti: salmone, tonno, pollo, frutta».

F **E vengono fatte da? Pasticceri?**

M «Al netto delle definizioni, si tratta di artigiani interni all'azienda: persone che lavorano i prodotti con estrema sapienza e cura».

F **Il prodotto più venduto?**

M «Adesso sicuramente quelli del periodo natalizio: il Canettone e il Candoro. Nomi che, tra l'altro, abbiamo proprio brevettato».

F **Un cliente tipo già ce l'avete?**

M «Ci contattano persone di ogni genere, tutte ovviamente amanti dei cani. Tra queste, anche star dello spettacolo, del cinema e della moda».

F **Per esempio? Un nome ce lo può fare?**

M «(Ride, ndr) Due settimane fa abbiamo consegnato a Donatella Versace».

F **Quanto costano le vostre creazioni?**

M «Il Canettone e il Candoro sui 10 euro, mentre quelle personalizzate – di cui puoi scegliere i gusti – vengono 30 euro e sono 300 grammi».

(Andrea Cominetti, Vanityfair.it, 14/12/2017, https://www.vanityfair.it/vanityfood/food-news/2017/12/14/dentro-la-pasticceria-per-cani-di-brescia-dove-tutti-per-natale-ordinano-il-canettone)

D.3 Ascolterete ora un testo che parla di vari periodi storici e artistici. Durante l'ascolto svolgete l'attività completando con al massimo sei parole. Il testo va ascoltato una volta.

F **Per arte romana** si intende l'arte della civiltà di Roma, dalla fondazione alla caduta dell'Impero d'Occidente. Le forme artistiche autoctone, nella fase delle origini, sono piuttosto elementari e poco raffinate. Tramite il contatto diretto con la civiltà greca, i Romani riprodussero e perfezionarono le tecniche scultoree ellenistiche, realizzando opere di una perfezione stupefacente. La caratteristica dell'arte romana è la ricerca dell'armonia, della bellezza assoluta del corpo umano. Esempio caratteristico risulta la statua di Dioniso del II secolo d.C.

Barocco è il termine utilizzato dagli storici dell'arte per indicare lo stile dominante del XVII secolo. Nasce a Roma intorno al terzo decennio del Seicento. Contiene al suo interno tendenze molto variegate e talvolta contrastanti. Caratterizzano lo stile barocco la ricerca del movimento, dell'energia, accentuando l'effetto drammatico delle opere attraverso i forti contrasti di luce e ombra. Caravaggio introdusse le principali novità nella pittura, con i suoi forti contrasti tra luce e ombra. Da una sua allieva, Artemisia Gentileschi e nella sua opera Giuditta e Oloferne del 1612 possiamo individuare le influenze del suo maestro e dell'arte barocca.

L'arte del Rinascimento si sviluppò a Firenze a partire dai primi anni del Quattrocento, e da qui si diffuse nel resto d'Italia e poi in Europa. Caratteristica peculiare del Rinascimento fu l'interesse per tutte le manifestazioni culturali del mondo antico, l'arte rivolse il proprio sguardo al mondo classico non semplicemente per imitarlo, ma partendo da esso per creare qualcosa di nuovo. L'arte classica è un'arte naturalistica, lo scopo era imitare la natura. La grande invenzione fu la prospettiva, individuando il massimo grado di sviluppo di questa nelle opere di Raffaello. Ad esempio nella "Madonna del Belvedere" del 1506.

L'Ottocento in Europa è noto come il secolo del Romanticismo. **L'arte romantica** si sviluppa verso la fine del XVIII secolo e gli inizi del XIX secolo in Germania, per poi diffondersi in Francia, Inghilterra, Italia e Spagna, principalmente nella pittura. L'arte romantica rappresentava le grandi passioni dell'uomo nell'ambito politico e sentimentale. In Italia furono introdotte le novità estetiche e filosofiche dal centro e Nord Europa. Tra le caratteristiche principali dell'arte romantica troviamo il dominio della passione sull'uomo. Esempio più rappresentativo l'opera "Bacio" del 1859 di Francesco Hayez. In questo periodo si realizza il concetto di sublime.

3° test

D.1 Ascolterete un testo che tratta dei new media. Completi le informazioni introducendo al massimo 4 parole negli spazi numerati da 1 a 8. Il testo va ascoltato due volte.

F Essere fuori campo, dover rinunciare a Internet, non essere connessi è tra le maggiori paure dei nostri giorni. Il free wi-fi è diventato il passepartout per una giornata felice. Ma forse il vero lusso non è più navigare ovunque, ma disconnettersi, abbandonare la Rete. È questa la tesi con cui Evgeny Morozov, politologo e giornalista bielorusso trentatreenne che da anni scrive di new media, è arrivato al Festival della Comunicazione.

Mr. Morozov, non le pare singolare venire a un Festival della comunicazione a parlare del lusso della rinuncia a Internet?

M "(Ride) La mia analisi parte da lontano, dagli anni Novanta, e cerca di capire cosa è cambiato da allora ad oggi. Guardiamo ai fatti. Oggi le uniche persone che possono concedersi il lusso di fare a meno di Internet sono i ricchi, i soli che possono contare su smartphone che ne tutelino la privacy o su qualcuno che faccia le ricerche per loro o twitti al loro posto. È questo il nuovo gap digitale tra ricchi e poveri.

F È una questione di tempo libero?

M "Non solo di tempo. L'iperconnettività crea dipendenza, addiction. È fatta per questo. Le nuove piattaforme, come Google e Facebook, sono studiate per attrarre. Assomigliano alle slot machine di Las Vegas, piene di lucine colorate e disegnate con un fantastico design. Il loro scopo è farci scommettere soldi, ma lo mascherano bene".

F Internet però è gratis e sta rivoluzionando il modo di accedere alla conoscenza.

M "E qui veniamo al punto, al nodo della questione. In realtà, mentre ci assicurano un accesso free, Google e Facebook s'impossessano dei nostri dati, registrando i nostri gusti attraverso le nostre abitudini in Rete, attraverso i siti che visitiamo e i nostri like. Questi dati interessano i pubblicitari, sono loro a pagare per noi, mentre noi diventiamo cavie nelle loro mani, "targettizzati", ridotti ad algoritmi".

F Quali saranno le conseguenze?

M "Danni collettivi e costi per la società. Le prime conseguenze sono già visibili. In America e in Corea del Sud esistono già centri di riabilitazione in cui i giovani che abusano di Facebook possono andare a disintossicarsi, a curare i disordini psichiatrici dovuti all'iperconnettività".

F C'è una ricaduta sociale?

M "Economica sicuramente. Non dimentichiamo che con i nostri click alimentiamo il business di un gruppo di grandi imprese private, quotate in borsa miliardi. Imprese che hanno visto crescere le loro quotazioni proprio durante la crisi economica".

F Dunque la cultura underground che ha alimentato le utopie della Silicon Valley californiana non la convince?

M "Credo che sia una nuova forma di noblesseoblige che pensa di avere una missione, di risolvere la povertà nel mondo, portare la cultura ovunque ma non è così. O meglio, non è solo questo il punto".

F Ammetterà però che oggi una persona svantaggiata, che non ha i mezzi per viaggiare o studiare è molto facilitata. Può accedere a un patrimonio di conoscenze in altri tempi inaccessibile.

M "Tutto ciò è positivo. Non vorrei essere frainteso. Non sono affatto contro la tecnologia. La utilizzo, vado sui social. Ma dobbiamo sapere che stanno servendosi dei nostri dati per vendere i loro prodotti. Bisognerebbe creare un sistema legale per mettere a disposizione dei cittadini questi dati. Visto che esistono, almeno appartengano alla società e non solo a piattaforme private che alimentano un enorme giro di affari e speculano.

(Raffaella De Santis, La Repubblica, 9/09/2017 http://www.repubblica.it/tecnologia/2017/09/09/news/morozov_il_vero_lusso_vivere_disconnessi_dalla_rete_-175005909/?ref=search)

D.2 Ascolterete un testo che tratta delle donne e il lavoro. Ascoltate attentamente e individuate quali informazioni sono presenti o no nel testo. Il testo va ascoltato due volte.

Gender gap: le donne lavorano 50 minuti più degli uomini ogni giorno. E guadagnano meno.

M Le donne, secondo un report appena pubblicato dal World Economic Forum, lavorano in media 39 giorni in più degli uomini, ogni anno. Lo studio, chiamato Global Gender Gap, suggerisce quindi che ogni donna si sobbarcherebbe 47 minuti di fatiche in più del collega di scrivania uomo, ogni giorno. Quando arriverà la parità? Considerato il trend se ne parla per il 2196.

Nel ranking globale stilato dal report, l'Italia si posiziona cinquantesima (su 144 Stati), appena sopra il Kazakistan. Il numero di donne che lavorano, in particolare, è sceso dal 60% nel 2015 al 57% nel 2016. In questo siamo all'89esimo posto. Il nostro stato, bacchetta l'organizzazione, "ha ampi spazi di miglioramento" e ha perso nove posizioni, rispetto alla precedente analisi: tra i nostri vicini di casa, solo la Grecia è crollata e di sole cinque posizioni.
La lista va dai peggiori, come India, Portogallo ed Estonia, ai Paesi nordici (Islanda, Finlandia, Norvegia, Svezia), dove al contrario, in qualche caso gli uomini si sobbarcano qualche ora in più all'anno, grazie

alla possibilità di dividere all'interno della coppia i congedi per la nascita dei figli in modo equo. Una musica già sentita: «Condividere i congedi familiari può essere molto positivo, perché permette alle famiglie di programmare la loro esistenza, organizzare l'arrivo dei figli in accordo alla carriera e condividerne le responsabilità», ha spiegato alla BBC Vesselina Ratcheva, analista del WEF. I dati sono davvero sconfortanti: a livello globale le disuguaglianze economiche tra i sessi impiegheranno 170 anni per essere colmate e il gap (cioè la distanza) per quanto riguarda le opportunità economiche si trova oggi al suo massimo dal 2008, con circa un quarto su un miliardo di donne in grado di entrare nella forza lavoro, nel corso di una decade. Dietro il declino, una serie di fattori. La busta paga è il primo: le donne guadagnano in media la metà di un uomo, lavorando comunque più ore (questo tenendo conto i dati del lavoro pagato e non pagato, precisa lo studio, quindi dalla cura dei figli al lavoro domestico).

Limitate dal soffitto di cristallo, con il numero di donne giudice, manager o dirigente ininfluente nonostante nel 95% degli Stati si veda che le donne arrivino all'università. Altro pilastro dell'empowerment femminile si chiama sopravvivenza e salute: solo due terzi degli Stati presi in considerazione mostrano tassi di nascite femminili e aspettativa della vita uomini vs donne positivi. Terzo pilastro, quello politico: appena due Stati nel mondo hanno raggiunto la parità tra uomini e donne in Parlamento e appena quattro la parità di donne nei ruoli ministeriali. I miseri progressi sul tema della parità di genere, spiega il World Economic Forum sono messi ancor più a rischio dall'avanzare delle nuove tecnologie, il che rende ancora più urgente la spinta inclusiva, che non può arrivare solo da uno o dall'altro genere: «Uomini e donne devono essere partner paritari nella gestione delle sfide che il mondo sta affrontando» ha spiegato Klaus Schwab, fondatore del Forum.

(Cristina Piotti, iodonna.it, 27/10/2016, https://www.iodonna.it/attualita
/costume-e-societa/2016/10/27/le-donne-lavorano-50-minuti-di-piu-ogni-giorno-e-guadagnano-meno/)

D.3 Ascolterete ora un testo che tratta dei mercatini di Natale. Durante l'ascolto svolgete l'attività completando con al massimo sei parole. Il testo va ascoltato una volta.

M I Mercatini di Natale, da visitare in Italia e all'estero, sono i luoghi più caratteristici e suggestivi per lo shopping delle feste e anche l'occasione per concedersi un viaggio alla scoperta di tradizioni e atmosfere natalizie, in tutta Europa.

F Il gioco delle luci, il profumo dei dolci, gli oggetti d'artigianato e le decorazioni per l'Avvento: è la magia dei Mercatini di Natale, appuntamento irrinunciabile per immergersi appieno nell'atmosfera natalizia. Tipici del nord Europa anche in Italia, da Bolzano a Siena, si fa a gara per allestire i più belli e caratteristici. Particolarmente suggestive poi le mete in nord Europa a Francoforte o a Salisburgo, vero e proprio riferimento per andare alla scoperta delle tradizioni natalizie austriache con il suo storico **Mercatino di Gesù Bambino** nella piazza del Duomo, istituito nel 1974 e inaugurato ogni anno il giovedì che precede la prima domenica dell'Avvento, per poi chiudere il 26 dicembre. Il punto ideale per partire alla scoperta delle tradizioni: dalla fortezza, di Hohensalzburg al castello di Hellbrunn, magari tenendo in tasca Salisburgo, la quarta edizione, aggiornata e ampliata, della guida ai mercatini della città austriaca.

CELI 4

Christmas Town nella Piazza della Cattedrale a Vilnius, capitale della Lituania, il caratteristico mercatino con 50 casette in legno perfetto per fare incetta di regali, ma anche per trascorrere una giornata immersi nel calore delle feste, gustando i dolci tipici della Lituania come l'applecheese. Qui, sul muro esterno della Cattedrale, il 25 e il 28 dicembre, viene proiettata la Favola di Natale in 3D, uno spettacolo di luci e suoni che attrae ogni anno più di 120.000 visitatori, mentre dal 7 gennaio partono i tour alla scoperta della città con il tradizionale Trenino di Natale.

A chi intende passare un weekend a Praga, fra bancarelle e luminarie del mercato nella **Piazza della Città Vecchia**, nella splendida capitale della Repubblica Ceca, il consiglio è quello di provare come dolce tradizionale «i biscotti con marmellata, oppure i dolcetti di cioccolato i biscotti alla vaniglia o si consiglia di portarsi a casa una decorazione di Natale in vetro o adornata col nostro pizzo», lavorazioni che a Praga hanno una tradizione antichissima.

E in Italia i Mercatini si trovano lungo tutto lo Stivale. Tipici quelli dell'Alto Adige: da Bolzano a Bressanone, ma si trovano ormai in tutte le città. Insegue la tradizione medievale il **Mercatino a Piazza del Campo a Siena** che quest'anno compie 10 anni. Nella meravigliosa conchiglia senese artigianato, leccornie, si accompagnano alla rievocazione di arti e mestieri di un tempo.

4° test

D.1 Ascolterete un testo che tratta del fenomeno della violenza sulle donne. Completi le informazioni introducendo al massimo 4 parole negli spazi numerati da 1 a 8. Il testo va ascoltato due volte.

M Uno spintone, una minaccia, un ceffone. Se una moglie o una fidanzata viene in commissariato a raccontare questi episodi, cosa succede?

F La denuncia scatta automaticamente quando la donna racconta di avere subìto maltrattamenti, ovvero continue botte e violenze per un periodo di tempo. In questo senso la vittima non può nemmeno ritirare la denuncia. Diversamente, se racconta di un episodio unico, magari uno schiaffo, oppure anche botte, allora il reato cambia e stiamo parlando di aggressione o lesioni. In questo caso dunque la donna può decidere di denunciare oppure no.

M Poniamo il caso che una donna non voglia denunciare ma avvertire il suo persecutore. Cosa deve fare?

F Stiamo parlando allora di stalking, non di violenza domestica. La legge sullo stalking prevede l'ammonimento, uno strumento amministrativo che incarica le forze dell'ordine a contattare il presunto stalker per avvertirlo che deve smetterla di pedinare, telefonare insistentemente o appostarsi sotto casa della vittima. Solitamente funziona, soprattutto quando il molestatore seriale è un professionista oppure un uomo senza precedenti penali che non vorrebbe certo finire in carcere. L'ammonimento non è una misura automatica: dobbiamo aprire un' istruttoria per capire se davvero esistono i presupposti dello stalking, esaminiamo sms, mail, telefonate, chiediamo il supporto di testimoni. E questa procedura non prevede necessariamente una denuncia.

M Se invece l'ammonimento non funziona?

F Qualora la vittima segnalasse che nonostante tutto il persecutore continua imperterrito a disturbare, e soprattutto a spaventare, allora possono scattare le misure cautelari come il carcere oppure gli arresti domiciliari. Lo stalking non è uno scherzo, e l'80% degli autori è di sesso maschile. Nella mia esperienza è sempre stato usato a ragion veduta dalle donne: spesso gli uomini destinatari di un ammonimento fanno ricorso al Tar perché vogliono dimostrare di non essere stalker. Nella totalità dei casi hanno avuto sempre torto.

D.2 Ascolterete un testo che tratta della battaglia per la privacy su internet. Ascoltate attentamente e individuate quali informazioni sono presenti o no nel testo. Il testo va ascoltato due volte.

F Il ribelle dell'informatica.
I capelli di Whitfield Diffie sono ormai bianchi, come quelli del suo collega Martin Hellmann. Insieme hanno combattuto la loro battaglia per la *privacy* contro l'Agenzia per la Sicurezza Nazionale (NSA) statunitense, sono state la crittografia a chiave pubblica e la firma digitale, che sono valse ad entrambi il premio Turing per l'informatica nel 2015.

Quando ha iniziato a pensare alla rete e ai suoi problemi?

M Me lo ricordo molto bene. Era l'agosto del 1973 e stavamo chiacchierando con la mia futura moglie Mary. A un certo punto io dissi che in futuro il computer avrebbe permesso alla gente di instaurare profonde relazioni con perfetti sconosciuti e lei rispose che ero matto, anche se poi scappammo insieme.

F Era il vostro primo incontro?

M La storia è un po' più complicata, comunque, poi Mary si convinse che avevo ragione e collaborammo insieme a risolvere il problema.

F Che era, precisamente?

M Che le telecomunicazioni avrebbero presto sostituito molte delle comunicazioni a tu per tu. E questo avrebbe sostanzialmente modificato i meccanismi naturali della *privacy*, che secondo me costituiscono uno degli aspetti fondamentali della cultura. Bisognava dunque aggiornare questi vecchi meccanismi, per renderli più adatti ai nuovi tipi di comunicazione.

F   **Ma la rete allora non era ancora diffusa.**

M   Non fra il pubblico. Ma io avevo potuto usare a lungo l'ARPANET del Dipartimento della Difesa, lavorando al Laboratorio di Intelligenza Artificiale di Stanford con John McCarthy, uno dei padri dell'Intelligenza Artificiale.

F   **Cioè che, come si dice, Al Gore avrebbe inventato Internet?**

M   Questo lo dicono i giornalisti, ma è semplificazione mediatica. Quello che lui fece, e di cui bisogna dargli credito, fu far approvare al Senato nel 1991 la cosiddetta Legge Gore, che aprì la via alla "superstrada dell'informazione". Ma in realtà la rete esisteva ben prima, e serviva a connettere vari laboratori e dipartimenti governativi, direttamente o indirettamente legati ai militari.

F   **Tornando a Lei?**

M   La mia preoccupazione era appunto la sicurezza delle comunicazioni. Già nel 1965 un mio amico, che lavorava per la NSA, mi aveva detto per sbaglio che le conversazioni telefoniche nell'edificio dove lui lavorava erano criptate. Non era vero, e all'epoca non si sapeva farlo, ma io cominciai a pensare come si sarebbe potuto fare. Io ho sempre avuto un atteggiamento assolutamente antisistema ed è questa motivazione che mi ha portato alla crittografia a chiave pubblica.

F   **Quando ottenne i Suoi primi risultati?**

M   Alla fine degli anni '60 il mio ufficio era nello stesso edificio in cui si sviluppava il Progetto Multics, il sistema operativo dal quale sono poi nati tutti quelli moderni.
La mia idea era che l'unico modo veramente sicuro di proteggere i *file* fosse che l'utente mantenesse un controllo diretto delle chiavi di accesso.

F   **E oggi è possibile proteggere facilmente tutto, dalle conversazioni telefoniche alla posta elettronica?**

M   Facilmente, non lo so: quello è un problema pratico di implementazione. Ma in linea di principio, sì, anche se da quarant'anni uno dei principali fallimenti in questo campo è la mancata soluzione del cosiddetto "Problema del Confinamento": come assicurarsi che le informazioni che vengono date a qualcuno non vengano poi passate ad altri. O, più in generale, come evitare che l'esecuzione di un programma produca danni collaterali.

(Piergiorgio Odifreddi, La Repubblica.it, 8/01/2018, http://odifreddi.blogautore.repubblica.it/2018/01/08/il-ribelle-dellinformatica/)

Trascrizione dei testi

D.3 Ascolterete ora un testo che parla di varie diete efficaci e sicure. Durante l'ascolto svolgete l'attività, completando con al massimo sei parole. Il testo va ascoltato una volta.

F Se volete perdere peso velocemente, è importante scegliere con cura la dieta da seguire senza pericolosi digiuni. Scopriamo quali sono le diete più efficaci per dimagrire in poco tempo, ma con effetti duraturi. In ogni caso, prima di cominciare qualsiasi dieta, è importante rivolgersi a un nutrizionista che vi indirizzerà nella giusta scelta anche in base al vostro stile di vita e a eventuali patologie. Ma ecco quali sono le diete efficaci e veloci da conoscere.

Se volete perdere fino a 10 chili in un mese allora la dieta del super metabolismo è l'ideale. Dura 28 giorni e si divide in 3 fasi nelle quali sono compresi soprattutto cibi brucia grassi con menù che aiutano ad accelerare il metabolismo, in questo modo si riesce a perdere peso in poco tempo e in modo duraturo. Si possono consumare solo cereali, verdura e frutta, si possono inserire dei grassi buoni, come quelli contenuti nel salmone. È una dieta che può essere seguita per un breve periodo per poi tornare a un'alimentazione variata ed equilibrata.

Un'altra dieta veloce e che prevede una fase d'urto è la dieta del riso, alimento dal potere saziante e depurativo che aiuta ad eliminare le tossine, combattendo la ritenzione idrica. La prima fase di 3 giorni serve per disintossicare l'organismo, la seconda fase, che dura 9 giorni, è la più rigida in quanto prevede il prevalente consumo del riso. Gli alimenti concessi sono, oltre al riso, pesce, carne bianca, verdure e ortaggi da mangiare come contorno, è una dieta che può essere seguita anche dai celiaci o da chi vuole seguire una dieta senza glutine. Trascorsi i giorni della dieta bisognerà sempre seguire un'alimentazione varia ed equilibrata per mantenere il peso forma raggiunto.

Tra le diete consigliate ed efficaci troviamo anche la dieta senza glutine, che può durare anche 2 mesi, elimina tutti gli alimenti che contengono questa sostanza: in primo luogo i carboidrati, quindi pane e pasta. Il glutine è bandito per chi soffre di celiachia anche se, sempre più persone hanno deciso di eliminare zuccheri raffinati e carboidrati che aiutano a sgonfiare la pancia e a perdere peso. In questa dieta si propone il consumo di prodotti preparati con farina di riso, di miglio o quinoa. Seguire questo tipo di alimentazione in modo adeguato permette di ottenere pancia piatta e perdita di peso anche se è bene sottolineare che non si tratta di una vera e propria dieta dimagrante, ma di un regime alimentare pensato per chi è intollerante al glutine.

Infine, per chi vuole perdere fino a 10 chili, in modo sano e duraturo l'ideale è la dieta normoproteica con il giusto bilanciamento di lipidi, proteine e carboidrati. Si tratta di una dieta lunga, ma che promette di perdere 10 chili in sei mesi in modo graduale e senza troppe rinunce, una dieta che garantisce un dimagrimento duraturo. Importantissima in questa dieta è la colazione che dovrà essere energetica e ricca: cereali integrali, yogurt e caffè. Ogni giorno poi non devono mai mancare gli spuntini a metà mattina e metà pomeriggio: frutta fresca, pane integrale.

(Redazione, donna.fanpage.it, https://donna.fanpage.it/diete-efficaci-le-8-diete-migliori-per-perdere-peso-velocemente/)

5° test

D.1 Ascolterete un testo che tratta del fenomeno dei bambini dimenticati in auto. Completi le informazioni introducendo al massimo 4 parole negli spazi numerati da 1 a 8. Il testo va ascoltato due volte.

M Tragedie assurde, inspiegabili, che arrivano a noi come pugni nello stomaco. Parliamo del triste fenomeno dei bambini dimenticati in auto sotto al sole e morti per ipertermia. Nel nostro Paese il tributo di sangue è pesante: dal 1998 a oggi sono cinque i piccoli che hanno perso la vita in questo modo terribile. Le modalità sono quasi sempre analoghe; il genitore sistema il figlio nel seggiolino e quindi dirige l'auto verso il posto di lavoro, dove la parcheggia al sole, convinto di aver già portato il piccolo al nido o all'asilo. Quando si accorge della tragica dimenticanza, è troppo tardi. Fuori dai nostri confini nazionali, nell'ultimo mese si sono verificati altri due episodi: una bimba di tre mesi a Montpellier e un'altra di tre anni nella cittadina polacca di Rybnik. Ma per avere una dimensione reale del fenomeno, occorre guardare Oltreoceano. Negli Stati Uniti questo tipo di incidenti provoca in media 38 morti all'anno, nella maggior parte dei casi bambini con meno di due anni. Una vera e propria emergenza.

Petizioni e disegni di legge. Eppure la maggior parte di queste tragedie potrebbero essere evitate. Un anno fa, dopo il caso del piccolo Luca Albanese di Piacenza, dimenticato dal padre nell'auto per otto ore, da più parti si è chiesto un intervento delle istituzioni. In particolare, si sollecita una normativa che imponga alle Case costruttrici l'installazione di un allarme sonoro di rilevamento dei bambini nel seggiolino. Non sono mancate interpellanze parlamentari e la presentazione in Senato di un apposito disegno di legge e l'invio di un dossier alla Commissione Europea.

Dispositivo "segnala bebè". Nel frattempo, una risposta in tal senso è arrivata da due genitori colpiti da questi fatti di cronaca, che con l'aiuto di un team di progettisti, hanno realizzato e messo in commercio un dispositivo elettronico "segnala bebè". Si chiama Remmy e monitora costantemente la presenza del bimbo, inviando un segnale acustico in caso di pericolo e quando si spegne la vettura. Costa 45 euro (nel caso si abbiano due bambini a bordo è disponibile anche doppio a 60 euro) e può essere installato con semplicità su qualsiasi tipo di seggiolino e di auto.

App InfantReminder. Analogo l'obiettivo di InfantReminder, app gratuita per smartphone e tablet, che va attivata alla partenza dal guidatore e quindi, presuppone già un certo grado di lucidità mentale. Una volta lanciata l'applicazione, prima di iniziare il percorso occorre inserire l'indirizzo della destinazione e premere il tasto avvia, un po' come avviene con altri navigatori satellitari. L'app verifica periodicamente la strada tramite il Gps avvisando l'utente con segnali acustici e visivi durante il viaggio, in prossimità dell'arrivo e anche dieci minuti dopo che si è raggiunta la propria meta. Può essere impostato anche per inviare sms o e-mail di allerta.

(Roberto Barone, Quattroruote.it, 19/06/2014, https://www.quattroruote.it/news/articoli/2014/06/12/sicurezza_stop_ai_bambini_dimenticati_in_auto.html)

Trascrizione dei testi

D.2 Ascoltare il testo che tratta degli insetti sulle tavole. Ascoltate attentamente e individuate quali informazioni sono presenti o no nel testo. Il testo va ascoltato due volte.

F Cavallette tostate e condite con aglio, peperoncino, succo di lime e sale accompagnate da una *cerveza* ghiacciata come in Messico. Oppure cimici bollite ed essiccate al sole da sgranocchiare con un gin tonic come si fa in Sudafrica. Queste esperienze del palato raccontate da Carlo Spinelli – ovvero Doctor Gourmeta, 38enne antropologo dell'alimentazione, viaggiatore e autore di articoli e libri sul cibo – potrebbero diffondersi presto anche da noi.

1° gennaio 2018: insetti in tavola – Come comunicato da Coldiretti, dal prossimo anno anche in Italia si applicherà il nuovo regolamento europeo sui *novel food* che consentirà di riconoscere gli insetti come alimenti. Gli insetti presenti nell'elenco istituito dalla Commissione Europea potranno essere quindi commercializzati e venduti anche da noi. Al momento per chi è determinato a fare già quest'esperienza la meta è la vicina Svizzera (che non è membro Ue) che da diverse settimane sta proponendo sui banconi dei supermercati hamburger e polpettine a base di larve della farina.

I dubbi degli italiani – Questa curiosità alimentare per ora sembra riguardare solo una nicchia di consumatori italiani. Secondo uno studio Coldiretti/Ixe più della metà dei nostri concittadini (il 54%) sarebbe contrario, il 24% indifferente, favorevole solo il 16%. «Perché il nostro è un paese con una popolazione relativamente anziana», commenta Spinelli, autore nel 2015 di *Bistecche di formica e altre storie gastronomiche*, edito da Baldini & Castoldi. «I giovani sono molto più curiosi verso i nuovi cibi». I rifiuto degli insetti, secondo Spinelli, è culturale e mentre i suoi bambini li hanno provati senza problemi, sua madre ha resistito per quasi un anno. «Pensiamo a come si è affermato il sushi negli ultimi vent'anni. Prima il pesce crudo si mangiava solo in alcune zone limitate in Italia, oggi i ristoranti giapponesi si trovano ovunque. E poi», prosegue, «anche noi in Italia mangiamo cibi inconcepibili in altre realtà». Come i conigli che in Thailandia sono considerati animali da compagnia o i funghi che in nord Europa vengono utilizzati come mangimi per le renne e nessuno li servirebbe mai in tavola.

Due miliardi di entomofagi – A nutrirsi di insetti è effettivamente già una grossa fetta della popolazione mondiale. Nel documento FAO Edible Insects ("insetti commestibili") che prende in esame le potenzialità alimentari degli insetti, si legge che già due miliardi di persone si nutre di questi alimenti. Gli entomofagi sono diffusi soprattutto in Asia, America Latina e Africa. Nel mondo si consumano più di 1900 specie di insetti: per un terzo si tratta di coleotteri, il 18% di bruchi, cicale e cimici il 10% e mosche solo il 2%.

I vantaggi – La FAO ha individuato proprio nel consumo degli insetti una strada per far fronte alle esigenze alimentari di una popolazione mondiale in crescita vertiginosa e nell'allevamento di questi animali una strada verso la sostenibilità ambientale. Nel 2050, si legge, saremmo nove miliardi sul pianeta. Fondamentale, dunque, trovare nuovi cibi e gli insetti si rivelano fonti di proteine di alta qualità, vitamine, amminoacidi e fibre. Gli insetti poi – al contrario dei tradizionali bovini e ovini – vivono ovunque, si riproducono velocemente e consumano meno acqua e meno territorio.

CELI 4

Gli insetti in cucina: barrette e snack – Per ora però, secondo Spinelli, sulle nostre tavole non arriveranno insetti interi, ma sotto forma di farine come integratori proteici in barrette energetiche e snack. Per bistecche di formica e hamburger di grilli si rimanda al futuro. Ma che sapore hanno gli insetti? «I grilli sanno di verdura. Le camole del miele hanno la consistenza dei marshmallow, dopo il morso si sente una sorta di crema pasticcera che sa di pinolo». Sapori in fondo familiari, perfino tradizionali. «Ma l'entomofagia», conclude Spinelli, «è un discorso ormai quasi culturalmente superato perché non si tratta di una moda ma una necessità. Mangiare insetti è un atto alimentare responsabile».

(Arianna Caravaglia, iodonna.it, 10/11/2017, http://www.iodonna.it/attualita/in-primo-piano
/2017/11/10/insetti-sulle-nostre-tavole-mangiarli-e-un-atto-alimentare-responsabile/)

D.3 Ascolterete ora un testo che tratta di medicine alternative. Durante l'ascolto svolgete l'attività completando con al massimo sei parole. Il testo va ascoltato una volta.

M La **Cristalloterapia** è una delle terapie olistiche che rientrano nella grande categoria delle Medicine Vibrazionali. Le pietre e i cristalli, strumenti di elezione di questa terapia, hanno una loro vibrazione caratteristica, un loro campo elettromagnetico. La loro vibrazione entra inevitabilmente in contatto col campo elettromagnetico del corpo, producendo così una reazione, che poi, nella Cristalloterapia, è proprio il principio che riporta benessere ed armonia nella persona.
La cristalloterapia utilizza cristalli, pietre e minerali di varie forme e colori per la guarigione naturale di vari sintomi. Questa terapia consiste nel porre dei cristalli sul corpo: mandala sui chakra, mandala su punti del corpo in disequilibrio, pietre su punti del corpo problematici o fuori dal corpo fisico, cioè a contatto con i corpi sottili. I cristalli vengono scelti e posizionati nel modo più confacente alle esigenze del singolo soggetto. La bravura di un cristalloterapeuta sta nel commisurare la giusta combinazione energetica di cristalli alla persona da trattare. La cristalloterapia ripristina l'equilibrio energetico e psicofisico creando un progressivo miglioramento della salute.

La **Pranoterapia** è una disciplina che viene inserita all'interno della cosiddetta Medicina alternativa o olistica. Secondo questa disciplina, tutto l'Universo è avvolto in un'energia che pèrmea minerali, vegetali, animali, ma anche l'intero pianeta e le galassie più lontane. Questa energia di vita, circola liberamente nel nostro organismo dando salute e benessere e influenzando il respiro, l'alimentazione, il pensiero, le emozioni, la sessualità; quando invece l'energia si blocca o si perde, nascono il disagio e la malattia. La Pranoterapia è quindi l'arte antica di canalizzare e riequilibrare l'energia vitale in funzione della salute. Nello specifico, si avvale del potere di guarigione che persone dotate di un surplus energetico (ovvero prana, una sorta di calore con poteri taumaturgici) riescono a donare ai loro pazienti semplicemente con l'imposizione delle mani, che quasi non sfiorano il corpo. Un pranoterapeuta non può curare stati morbosi gravi come i tumori o malattie croniche e degenerative, ma dopo un ciclo di sedute il paziente si ritrova molto più rilassato e vitale, contro malesseri quali mal di testa cronico, dolori reumatici e articolari, sciatica, nevralgie, gastrite e altri disturbi di stomaco e intestino.

Trascrizione dei testi

L'**agopuntura** è un'antica via terapeutica appartenente al corpus della medicina tradizionale cinese. Lo stato di salute e di benessere del soggetto viene ripristinato mediante l'inserimento di alcuni aghi in specifici punti del corpo umano. La cura attraverso la stimolazione dei punti si basa sulla concezione, oggi ampiamente dimostrata, che il nostro organismo sia percorso da una serie di flussi energetici, superficiali e profondi (meridiani). Lo stato di malattia si associa spesso a una cattiva circolazione del qi, con conseguente accumulo o carenza di energia tra le parti del corpo. Inoculando sottili aghi lungo l'asse dei meridiani, l'agopuntura va ad agire sull'equilibrio energetico dell'individuo, garantendo lo stato di benessere. La stimolazione cutanea attraverso aghi e calore rappresenta un efficace rimedio contro molteplici disturbi: insonnia, mal di testa, acne, psoriasi, stress, depressione e infertilità. Di recente, l'agopuntura consente importanti successi nella lotta alle dipendenze. Sempre più gente si rivolge all'agopuntura per smettere di fumare o per controllare la fame nervosa durante la dieta.

La **musicoterapia** è una disciplina relativamente nuova; sebbene il potere della musica per alleviare la malattia ed il dolore sia stato riconosciuto per secoli, è soltanto nel ventesimo secolo che ha avuto inizio la ricerca sistematica dei motivi della sua efficacia. La musicoterapia si basa sul principio per cui il corpo è come uno strumento musicale che richiede una costante accordatura. Attraverso l'uso della voce, della respirazione ed altre esperienze, questa metodologia tende a rilassare, equilibrare e stimolare tale "strumento" al fine di evitare la somatizzazione dei conflitti emotivi, con l'intento di raggiungere un maggiore equilibrio e una migliore armonia psico-fisica.

(https://www.macrolibrarsi.it/cat/)

6° test

D.1 Ascolterete un testo che tratta della vita e delle opere della cantante lirica Katia Ricciarelli. Completi le informazioni introducendo al massimo 4 parole negli spazi numerati da 1 a 8. Il testo va ascoltato due volte.

F Nel panorama italiano nessuno come il soprano Katia Ricciarelli – e al maschile Luciano Pavarotti – ha saputo sdoganare la lirica da rigidità e snobismo, avvicinandosi al grande pubblico e flirtando con altri generi musicali, anche a costo di esser bacchettata dai puristi dell'Opera. Per Katia l'Opera è stata un'opportunità di riscatto da un'infanzia poverissima, e un destino segnato fin da bambina, da una voce lirica impostata e piena, di cui aveva quasi vergogna: «Mi sembrava di aver a che fare con una bestia più grande di me». Ma il successo arriva solo dopo una difficile gavetta, il lavoro in fabbrica e poi alla Upim come commessa, la vita di sacrifici a Venezia per studiare al conservatorio e tanti concorsi. Finalmente, nel 1969, l'occasione della vita con "*La Bohème*" di Puccini al Teatro Sociale di Mantova: «La sera del mio debutto le mie paure si mescolavano a una irrefrenabile eccitazione: stavo per coronare il sogno di una vita, di lì a poco avrei saputo che cosa si provava a cantare in un teatro vero, un'opera intera e da protagonista».

L'apice della carriera lo raggiunge tra gli anni '70 e '80 a Milano, quella Milano in cui ripagherà l'amata madre dei sacrifici fatti per farla studiare, in cui vivrà gli amori appassionati con José Carreras e Paolo Grassi, e l'amicizia con il maestro Claudio Abbado, ma anche la dolorosa esperienza dei fischi alla Scala, nel 1973 con "*Suor Angelica*" di Puccini o quelli dell'89 nella "*Luisa Miller*", quando era già diventata la "Signora Baudo". Un altro capitolo "melodrammatico" quello del matrimonio con lo showman Pippo Baudo, conclusosi con un doloroso divorzio dopo 18 anni di unione sempre al centro dei riflettori e dei rotocalchi.

Donizetti, Rossini, Verdi e naturalmente Puccini, sui palchi dei migliori teatri del mondo, forte di un timbro etereo e di una solida preparazione tecnica, ma soprattutto di una personalità battagliera che non molla mai: «Io vado avanti qualsiasi cosa succeda, non ci penso neanche un minuto a piangermi addosso, non c'è tempo». Dopo trent'anni di carriera, Katia si reinventa e approda in televisione, attrice di fiction e poi per il cinema d'autore con Pupi Avati ne "*La seconda notte di nozze*", si candida per il centro-sinistra alle amministrative del 2007 e partecipa anche al reality "La fattoria", senza però abbandonare il canto, ma preferendo i recital, perché: «Il tempo passa, vorrei evitare di sembrare patetica e sentirmi dire "questo lo facevi meglio vent'anni fa"». E oggi ha raccolto tutti i ricordi nel libro autobiografico "*Da donna a donna, la mia vita melodrammatica*", un cammino a ritroso nel tempo tra palcoscenico e vita reale.

(Leda Balzarotti e Barbara Miccolupi, iodonna.it, 15/01/2016, https://www.iodonna.it/personaggi/interviste-gallery/2016/01/15/da-40-anni-mastico-lirica-dove-tutte-le-eroine-sono-melodrammatiche-ma-io-amo-ridere-sono-una-mattacchiona/)

D.2 Ascolterete un'intervista in cui si parla di alcune ricerche relative ai tratti psicologici degli utilizzatori dei social network. Ascoltate attentamente e individuate quali informazioni sono presenti o no nel testo. Il testo va ascoltato due volte.

M In occasione della presentazione di due ricerche condotte da psicologi italiani, che hanno indagato sull'uso problematico del più famoso social network del pianeta e insieme delineato l'identikit per così dire dell'utilizzatore problematico di Fb. Con noi Claudia Marino, psicologa al Dipartimento di psicologia dello sviluppo e socializzazione all'università di Padova e coautrice dei due studi.
Potremmo dire "Niente like? Non valgo nulla", così su Facebook gli adolescenti vanno in crisi?

F Il problema non è tanto, o non solo, il tempo che si passa su Facebook, ma l'importanza che si dà a quanto accade sul social. È l'investimento di se stessi nel social network e come vengono gestite le reazioni, o le *non* reazioni degli altri, che determina se l'uso che se ne fa è positivo o negativo". Abbiamo lavorato su un campione molto esteso e questo dà potenza ai risultati.

M Prima di tutto, cosa si intende per uso problematico di un social?

F "Un uso compulsivo, che comporta un livello di preoccupazione eccessivo per quanto accade online, e mancanza di autoregolazione del livello di preoccupazione per quanto sul social succede: un tipo di utilizzo che inevitabilmente impatta negativamente nella vita quotidiana, nello studio, nel lavoro e in famiglia". Gli utenti che utilizzano Facebook in maniera problematica sono più a rischio di angoscia psicologica, maggiori livelli di ansia e depressione. E hanno meno piacere di vivere e meno soddisfazione per la loro vita. Abbiamo anche visto che l'uso problematico di Facebook si associa più spesso a una bassa autostima.

Trascrizione dei testi

M Ma non è complicato stabilire se la scarsa stima di sé è causa o effetto dell'uso patologico del social?

F "È così, noi abbiamo analizzato studi di tipo osservazionale, che non indagano la causalità degli eventi, ma riteniamo che si tratti di un circolo vizioso: chi si sente *"uno sfigato"* tende a fare di Fb un uso problematico, ma è anche vero che chi usa Fb in maniera problematica tende ad avere una scarsa idea di sé. Gli elementi si potenziano a vicenda per così dire". È più propenso a essere un utilizzatore problematico di Facebook chi ha alti livelli di nevrotismo. In pratica, chi tende all'approfondimento, all'analisi, chi ha un alto senso del dovere in genere dice che *su Fb non ci perde tempo*".

M Estroversi ed introversi?

F "Abbiamo pure indagato tre tratti che si tende a metter in relazione con la socialità, cioè, estroversione, apertura mentale e piacevolezza. Tre tratti che, abbiamo visto, non risultano direttamente associati all'uso problematico di Fb". Il tempo invece sì: c'è un'associazione positiva tra numero di ore passate su Fb e uso problematico del mezzo. "Le persone più problematiche passano più tempo sul social anche se il tempo non è da solo sufficiente a definire problematico l'uso del social, altri elementi vanno sempre valutati".

D.3 Ascolterete ora un testo che parla delle professioni meglio retribuite del futuro. Durante l'ascolto svolgete l'attività completando con al massimo sei parole. Il testo va ascoltato una volta.

M Se state decidendo che lavoro fare nella vostra vita, dovreste scoprire quali saranno le professioni più ricercate e più pagate dei prossimi anni. Abbiamo identificato le professioni sulle quali investire, quelle che offrono maggiori prospettive di guadagno e crescita. La previsione è stata fatta tenendo conto dei cambi generazionali e del modo in cui l'economia del paese varia. Ma quali sono queste figure professionali che saranno richiestissime entro i prossimi dieci anni?

L'infermiere, professione che presenta un incremento del 22%. Per divenire infermiere professionale è necessario conseguire la laurea triennale in infermieristica ed essere iscritti all'albo professionale presso il collegio provinciale. Chi è abilitato alla professione può anche esercitare l'attività come libero professionista. Possono essere chiamati a svolgere funzioni diverse in relazione alla loro formazione ed esperienza. Tra le principali competenze troviamo la capacità di applicare le tecniche di rilevazione dei bisogni di assistenza socio-sanitaria.

La professione che presenta notevole richiesta è l'analista di gestione. Sicuramente l'analista di gestione, professione che presenta un incremento del 22%. Le mansioni di questa figura professionale sono ad esempio quello di stabilire il Budget aziendale che consente di mettere in evidenza gli obiettivi operativi definiti dalla direzione aziendale. Elabora i dati, comunica i risultati, realizza rapporti intermedi di gestione i quali evidenziano gli scostamenti tra i risultati attesi e i risultati effettivi. Poiché non esistono

271

norme o leggi specifiche che regolano la professione, non sono richiesti titoli di studio specifici, abilitazioni, iscrizioni ad albi o periodi minimi di pratica professionale obbligatori.

In seguito, troviamo gli sviluppatori di applicazioni per computer. Anche qui osserviamo un incremento notevole, il 24%. Non serve necessariamente una laurea per lavorare, può bastare il diploma, meglio se di perito informatico, ma anche una laurea in informatica, triennale o specialistica. Tra le competenze più importanti troviamo la conoscenza dei linguaggi di programmazione. I settori in espansione per chi sceglie la strada del programmatore informatico sono molteplici: in primo piano lo sviluppo di app di diverso tipo per dispositivi mobili, ma ci sono grandissime opportunità anche nel settore dei videogames e di Internet.

Infine abbiamo il ricercatore di Marketing che all'interno di un'azienda risulta essere uno psicologo, che opera prevalentemente in società di consulenza o Istituti che si occupano di ricerche di mercato. Qui troviamo un incremento del 28%. I titoli richiesti sono soprattutto lauree in Economia e Commercio e Scienze della Comunicazione, occorre talvolta, oltre a tanta buona volontà e grinta, specializzarsi nel campo del marketing e della comunicazione. Il ricercatore, infine, deve possedere buone conoscenze del mercato di riferimento e cercare di dirigere la propria attenzione verso target ben definiti.

7° test

D.1 Ascolterete un testo che tratta di una truffa ai danni degli immigrati. Completi le informazioni introducendo al massimo 4 parole negli spazi numerati da 1 a 8. Il testo va ascoltato due volte.

M Rilasciava nulla osta per i ricongiungimenti familiari richiesti da soggetti immigrati sulla base di documentazione completamente falsa, in cambio di tangenti di 100-200 euro a pratica, ma anche di regali, come mega-forniture di mozzarella di bufala campana DOP.
Per questo un impiegato della Prefettura di Caserta, pubblico ufficiale addetto allo Sportello unico per l'Immigrazione è stato raggiunto dalla misura cautelare, emessa dal Gip del Tribunale di Santa Maria Capua Vetere, del divieto di dimora nella provincia di Caserta. Una misura che ha riguardato anche due fratelli pachistani S. A. di 45 anni - risultato irreperibile al momento della notifica - e S. A. di 40 anni, ritenuti gli ideatori del business illecito, che avrebbe permesso a numerosi stranieri extracomunitari, quasi tutti loro connazionali, di ottenere il ricongiungimento in Italia dei propri cari pur non essendo in possesso dei requisiti previsti dalla legge, in particolare delle fonti di reddito adeguate per sostenere altri familiari.

Abnormi le falsità accertate nella documentazione presentata dai fratelli A.: tra i richiedenti il ricongiungimento un pachistano morto, o almeno dieci richieste provenienti da la stessa donna pachistana per altrettanti mariti. L'inchiesta, coordinata dalla Procura, è stata realizzata dalla Squadra Mobile di Caserta che ha iniziato ad indagare nel 2014, in seguito a dei sospetti sul numero eccessivo di nulla osta per i ricongiungimenti concessi a cittadini pachistani.

Da un'analisi a tappeto della documentazione è così emerso il giro di tangenti che ruotava esclusivamente attorno alla figura dell'indagato, che nel suo ruolo di addetto allo sportello per l'immigrazione, aveva il potere di effettuare quei controlli necessari per poi concedere il nulla osta per i ricongiungimenti. Ed invece, hanno accertato gli investigatori, quei controlli non li svolgeva affatto, dando per legittimi documenti palesemente falsi. In cambio riceveva dai fratelli pachistani tangenti di 100 o 200, e svariati regali. I due pachistani, che a loro volta venivano pagati dai connazionali che ambivano al ricongiungimento, presentavano così falsi certificati di residenza, contratti fittizi di locazione di immobili, dichiarazioni dei redditi "gonfiate", il tutto pur di far apparire i propri clienti come persone possidenti e fornite dei mezzi necessari a dare sostentamento ai propri familiari una volta giunti in Italia. Sono numerose le pratiche false scoperte, alcune non andate a buon fine, altre sì; queste ultime probabilmente dovranno ora essere riesaminate.

(La Repubblica, 29/01/2018, https://napoli.repubblica.it/cronaca/2018/01/29/news/caserta_falsi_nullaosta_a_immigrati_in_cambio_di_tangenti_e_mozzarelle-187570581/?ref=search)

D.2 Ascolterete un testo che tratta del perché è meglio rivolgersi a un Wedding Planner. Ascoltate attentamente e individuate quali informazioni sono presenti o no nel testo. Il testo va ascoltato due volte.

M Organizzare il giorno del matrimonio impegna moltissimo la coppia per molti mesi, anche i più organizzati e sostenuti arrivano al wedding day stanchi e con il pensiero che tutto quanto hanno definito nei dettagli, avvenga poi come se lo sono immaginato, sperando che vada tutto bene.
Richiedere la cooperazione totale o parziale di una WP permette agli sposi di godersi il periodo organizzativo, delegando la ricerca dei partner giusti alle migliori condizioni.
La WP conosce il mercato, chi lavora in questo ramo e soprattutto come lavora, questo aspetto tutela la coppia. Offrire il meglio nel rispetto del budget a disposizione è l'atout di una WP.

Quanto tempo prima le coppie devono rivolgersi ad una Wedding Planner per programmare il proprio matrimonio?

F Non ci sono tempistiche definite, dipende sempre dalla tipologia di wedding day che si desidera. Indicativamente, per la mia esperienza, 8-12 mesi prima è un tempo giusto che permette un'organizzazione senza stress; ma ne ho organizzati anche in soli 6 mesi perché gli sposi avevano deciso di sposarsi in fretta o perché avevano già iniziato ad organizzarlo, ma si erano resi conto che gli serviva un supporto. Mi è capitata una coppia che mi ha chiesto se sarei riuscita ad organizzargli il matrimonio in 2 mesi, detto… fatto!

M Parlando appunto di questo percorso che fate assieme alle coppie, come strutturate i vostri incontri con loro?

F Il primo incontro è quello più importante, gli sposi mi espongono le loro esigenze, come desiderano che si realizzi il sogno con il budget a disposizione, le aspettative e/o domande che hanno rispetto al mio ruolo di WP. È in questo colloquio che si definisce in quale forma/parte desiderano la mia collaborazione. È su questa base che elaboro il piano di azione che condivido nell'incontro successivo.

Da qui in poi gli sposi non devono più preoccuparsi di nulla perché è mia responsabilità fare le ricerche, contattare, definire gli accordi, disegnare e creare la scenografia, il tutto sempre tenendoli al corrente o accompagnandoli dai partner.

M Si tratta di un lavoro in cui devi entrare molto in sintonia con la coppia, è vero che la Wedding Planner diventa il migliore amico della sposa?

F Verissimo, entriamo nella loro vita, con alcuni il rapporto diventa molto empatico. Questo è un aspetto molto importante per me perché desidero sempre offrire un wedding day unico, su misura e non una "copia carbone" di qualcosa che ho già fatto o visto. Nei mesi di preparazione non è raro che la sposa mi chiami anche solo per un consiglio, una parola di conforto in un momento delicato… si crea un tale rapporto di fiducia che, senza esagerare, può essere paragonato ad un rapporto tra migliori amiche.
Il giorno del matrimonio sono la loro persona di riferimento, hanno la certezza che gli invitati sono seguiti e qualsiasi cosa succeda non sono loro o qualche invitato a doversene occupare.
Amicizie che si mantengono anche dopo il matrimonio, ed è sempre una gioia rivederli e vedere la loro vita cambiare, magari anche con l'arrivo di un bimbo.

M Cos'è che fa distinguere un matrimonio firmato Mery Belvedere?

F Sicuramente la ricerca dell'unicità, creando dove è possibile sempre qualcosa di diverso o insolito… Alle mie coppie dico sempre "è il vostro matrimonio non il mio, io sono solo il mezzo per realizzarlo al meglio"…

M Siamo alla conclusione, cosa ti senti di dire alle future coppie?

F Amate, osate, create il vostro sogno! Questo non è solo il mio slogan, ma è anche il mio pensiero, non importa se sarà grande o piccolo, con poco o molto budget; importa solo che la coppia possa realizzare ciò che più desidera. Affidatevi ad una brava WP, vivrete questo momento con molta più serenità e gioia, con la tranquillità che al vostro fianco c'è chi pensa a voi.

(Fashionchannel.ch, 8/01/2018, https://www.fashionchannel.ch/lifestyle/people/1322820/matrimonio-lo-organizzo-io)

D.3 Ascolterete ora un testo che dà istruzioni sull'uso di quattro medicinali. Durante l'ascolto svolgete l'attività completando con al massimo sei parole. Il testo va ascoltato una volta.

M L'uso dei medicinali deve conformarsi alle prescrizioni mediche e ai consigli del farmacista. In alternativa è sempre opportuno tenersi alle istruzioni contenute nel foglietto illustrativo. Eccone quattro esempi:

Tachipirina

Tachipirina contiene il principio attivo paracetamolo che agisce riducendo la febbre (antipiretico) e alleviando il dolore (analgesico). In particolare è utilizzata negli adulti, adolescenti e bambini per: il trattamento sintomatico degli stati febbrili quali l'influenza, le malattie esantematiche, le malattie acute del tratto respiratorio ecc... dolori di varia origine e natura come mal di testa, nevralgie, dolori muscolari ed altre manifestazioni dolorose di media entità. La dose raccomandata è di 1 compressa alla volta, da ripetere se necessario dopo 4 ore, senza superare le 6 somministrazioni al giorno. Non usare Tachipirina in nessun caso per più di 3 giorni consecutivi senza consultare il medico.

L'uso di dosi elevate e/o prolungate di questo medicinale può provocare alterazioni anche gravi a carico del rene e del sangue. Prima di prendere questo medicinale, informare il medico se chi deve assumere il medicinale soffre di una malattia dei reni o del fegato.

TORVAST

TORVAST appartiene alla classe di medicinali denominati statine, che regolano i livelli di lipidi. TORVAST viene utilizzato per ridurre i livelli di lipidi nel sangue, noti come colesterolo e trigliceridi, quando una dieta a basso contenuto di grassi e modifiche negli stili di vita non hanno avuto successo. La dose abituale iniziale di TORVAST è 10 mg una volta al giorno negli adulti e nei bambini di età uguale o superiore ai 10 anni. Se necessario, questa dose può essere aumentata dal medico fino al raggiungimento della dose di cui si ha bisogno. Se incidentalmente si prendono troppe compresse di TORVAST (più della dose giornaliera abituale), contattare il medico o l'ospedale più vicino per avere un consiglio in merito. Come tutti i medicinali, questo medicinale può causare effetti indesiderati, sebbene non tutte le persone li manifestino. Effetti indesiderati comuni, che possono interessare fino a una persona su 10, includono: infiammazione delle vie aeree nasali, dolore alla gola, sanguinamento del naso, reazioni allergiche, aumento dei livelli di zucchero nel sangue, mal di testa, nausea, stipsi, flatulenza, indigestione, diarrea, dolore alle articolazioni, dolore muscolare e mal di schiena. Se si dovesse manifestare uno dei seguenti effetti indesiderati gravi, si consiglia di smettere di assumere le compresse e di informare immediatamente il medico oppure di recarsi al più vicino pronto soccorso ospedaliero.

ZOVIRAX

ZOVIRAX crema è indicato nel trattamento delle infezioni cutanee da Herpes simplex quali: herpes genitale primario o recidivante, herpes delle labbra. ZOVIRAX crema deve essere applicato 5 volte al giorno ad intervalli di circa 4 ore. Il trattamento deve continuare per almeno 4 giorni per l'herpes labialis e per 5 giorni per l'herpes genitalis. Se non si è avuta guarigione, il trattamento può continuare fino ad un massimo di 10 giorni. In caso di ingestione/assunzione accidentale di una dose eccessiva di Zovirax, avvertire immediatamente il medico o rivolgersi al più vicino ospedale. Anche nel caso che venga ingerito l'intero contenuto di un tubo di crema da 10 g contenente 500mg di aciclovir, non si dovrebbero attendere effetti indesiderati. Gli effetti collaterali di Zovirax crema sono: bruciore o dolore transitori dopo l'applicazione. Moderata secchezza e desquamazione della pelle, prurito raro: eritema. Se si manifesta un qualsiasi effetto indesiderato, compresi quelli non elencati in questo foglio, rivolgersi al medico o al farmacista.

NORVASC

Norvasc è utilizzato per il trattamento della pressione alta (ipertensione) o di un tipo di dolore toracico detto angina, inclusa una rara forma detta angina di Prinzmetal o variante. Può essere assunto prima o dopo cibi e bevande, ogni giorno alla stessa ora con un po' d'acqua. La dose iniziale raccomandata è di Norvasc 5 mg una volta al giorno, che può essere aumentata a Norvasc 10 mg una volta al giorno. Non prendere Norvasc in nessun caso con il succo di pompelmo. Se si dovessero assumere un numero eccessivo di compresse, la pressione potrebbe abbassarsi troppo e ciò potrebbe costituire un pericolo. Si potrebbero avere capogiri, stordimento mentale, debolezza o svenire. Il calo pressorio potrebbe essere così grave da provocare uno shock. La cute potrebbe raffreddarsi e diventare umida e si potrebbe perdere conoscenza. In tal caso è bene contattare immediatamente il medico. L'intolleranza al farmaco è manifestata dai seguenti sintomi, da segnalare immediatamente al medico curante o al farmacista. Tra i più comuni: cefalea, capogiri, sonnolenza, palpitazioni, rossore, dolore addominale, nausea, diarrea, costipazione, indigestione, stanchezza, debolezza, disturbi visivi, visione doppia, crampi muscolari.

(Testi adattati da http://www.my-personaltrainer.it/Foglietti-illustrativi/)

8° test

D.1 Ascolterete un testo che parla della Giornata Internazionale dedicata alle donne e ragazze nella scienza. Completi le informazioni introducendo al massimo 4 parole negli spazi numerati da 1 a 8. Il testo va ascoltato due volte.

M "La Giornata internazionale delle donne e delle ragazze nella scienza" ha lo scopo di sensibilizzare e invitare gli Stati membri, le università, la società in generale "a promuovere la piena ed equa partecipazione di donne e ragazze nelle scienze, in materia di istruzione, formazione, occupazione e processi decisionali". Ne parliamo con Sveva Avveduto, dirigente dell'Istituto di ricerche sulla popolazione e le politiche Sociali del Cnr e presidente dell'associazione Donne e Scienza.

Ha senso una Giornata internazionale delle donne e delle ragazze nella scienza?

F Le varie giornate internazionali ovviamente non risolvono la questione, ma contribuiscono a dare visibilità, a diffondere consapevolezza e a bucare la cortina di silenzio. In questo caso, su una situazione che non penalizza solo le donne e le carriere femminili, ma più in generale il progresso della ricerca.

M **A che punto siamo con le pari opportunità nella scienza?**

F Non possiamo negare che rispetto a 20 anni fa la situazione sia migliorata, per esempio sono decisamente aumentate le ragazze che si iscrivono ai corsi di laurea in discipline scientifiche (la cosiddetta area Stem: scienza, tecnologia, ingegneria e matematica), così come è aumentato il numero delle dottorande e delle dottorate. Il problema dunque non è tanto il primo accesso all'università quanto la progressione di carriera. Ancora oggi ai livelli più alti di docenza negli atenei e di ricerca negli enti troviamo poche donne: i vertici sono ancora predominio dei maschi.

Trascrizione dei testi

M Cosa fare per favorire la carriera delle donne nella scienza?

F La pressione internazionale, mi riferisco in particolare alla Commissione europea che ormai da anni sta finanziando diversi progetti sulla parità di genere, sta contribuendo innanzitutto a creare una maggiore consapevolezza: le donne nel mondo della scienza sono ancora discriminate e corrono una corsa impari. E questa consapevolezza è fondamentale come spinta ad agire. Su questo fronte, per esempio, alcuni enti di ricerca si stanno muovendo.

M In che modo?

F I piani di azioni positivi sono lo strumento principe per contrastare la disparità e innescare cambiamenti culturali, in una nuova ottica: non si interviene sulla singola persona (anche se comunque restano importanti tutte le iniziative di supporto alla donna, finalizzate a favorire per esempio la conciliazione famiglia-lavoro, quindi gli asili nido, gli orari flessibili, le riunioni non a tarda sera, ecc.) ma sulle istituzioni affinché si impegnino in prima linea contro le discriminazioni. Un esempio è il tener conto, nella valutazione della ricerca e per la progressione di carriera, del periodo di maternità: la competenza femminile non deve essere sottovalutata e penalizzata per questo. Altro esempio è l'istituire corsi di formazione e sensibilizzazione in un'ottica di genere per chi fa parte di commissione di esami e reclutamento. Si tratta insomma di, un ventaglio di iniziative che possono concorrere al cambiamento: un cambiamento culturale lungo, ma necessario.

(Simona Regina, iodonna.it, 10/02/2018, http://www.iodonna.it/attualita/in-primo-piano/2018/02/10/giornata-internazionale-delle-donne-e-delle-ragazze-nella-scienza-siamo-piu-vicini-alla-parita-di-genere/)

D.2 Ascolterete un'intervista in cui si tratta il fenomeno dell'anoressia. Ascoltate attentamente e individuate quali informazioni sono presenti o no nel testo. Il testo va ascoltato due volte.

M Solo in Italia sono 300mila i portali che inneggiano all'anoressia come stile di vita, un numero sconcertante: uno ogni dieci ragazze tra i 10 e i 19 anni. A spiegare questo fenomeno è Laura Dalla Ragione, responsabile dei centri per la cura dei disturbi alimentari Palazzo Francisci e Nido delle Rondini di Todi.

Da qualche anno abbiamo scoperto l'esistenza di siti che supportano l'anoressia e la bulimia, da chi sono gestiti?

F C'è una persona in solitaria che "incita" all'anoressia perché lei medesima è convinta, come tutte le pazienti, di non essere malata. Le pazienti nella fase conclamata del disturbo sono convinte che la loro sia una scelta estetica compiuta in totale libertà: si vuole essere magri e tutti quelli che si oppongono, compresi i genitori, sono nemici. Per questo il sito tipico mostra immagini per esempio di una donna che pesa 200kg e sotto scrive: "attenzione i vostri genitori vogliono farvi diventare così. Non li ascoltate". E poi l'imitazione della bulimia: circa il 90% delle pazienti dichiara di aver imparato a vomitare su Internet.

M Perché si sente il bisogno di aprire un blog o un account legato alla malattia?

F Per misurarsi tra loro, confrontarsi e sostenersi. Chi c'è dietro questi siti non vuole far ammalare altre persone.

M Qual è la portata del fenomeno?

F È una realtà più diffusa di quello che immaginiamo. Si tratta di una rete di circa 300mila siti cui bisognerebbe aggiungere gli account dei social network. Come sappiamo la caratteristica principale è di inneggiare all'anoressia e alla bulimia come scelta di vita, non trattandole quindi per quello che sono: una malattia. Viene venerata la magrezza e tutti i sistemi per dimagrire sono consentiti: dall'uso di sostanze al digiuno. Tutte le ragazze che sono qui a Palazzo Francisci di Todi, o in cura in day hospital, hanno visitato siti pro anoressia, in genere in età molto bassa: circa 12-13 anni.

M Ha parlato anche di social network. Che funzione hanno all'interno della malattia?

F Ne appagano il lato esibizionista. Si postano foto di magrezza estrema, di solito foto delle ossa e di autolesionismo, cioè di ferite, spesso ancora sanguinanti, che le pazienti si provocano più o meno in superficie. È un disturbo di cui soffre circa il 90%. Addirittura postano immagini di quando sono ricoverate con il sondino nasogastrico o con la flebo. Quello per loro è il trionfo, è il top della magrezza. Un traguardo che va mostrato e condiviso.

M E come vi approcciate al problema? Non vietate internet durante la cura?

F Assolutamente non vietiamo internet. Anche perché oltre ai pazienti del centro ce ne sono tanti altri in cura che non risiedono qui e che sarebbe impossibile controllare. Durante il ricovero i pazienti possono usare computer o telefono dalle 20:00 in poi. Prima di questo orario è vietato, anche perché sono impegnati nelle diverse attività che organizziamo qui al centro. Quello che facciamo è organizzare dei corsi per insegnare un corretto utilizzo dei social network. Noi usiamo molto questi strumenti, perché ormai sono diventati i principali mezzi di comunicazione. Ciò che accade su internet lo vediamo in tempo reale e a modo nostro cerchiamo di intervenire. Questi siti vanno contrastati da dentro la rete.

(Valentina Ruggiu, La Repubblica, 26/11/2017, https://www.repubblica.it/salute/alimentazione/2017/11/26/news/_l_anoressia_e_una_malattia_non_una_scelta_per_queste_ragazze_una_foto_con_il_sondino_nasogastrico_e_una_vittoria_-182194081/?ref=search)

D.3 Ascolterete ora un testo che parla di sport estremi acquatici. Durante l'ascolto svolgete l'attività completando con al massimo sei parole. Il testo va ascoltato una volta.

M Il primo è il **Flyboard**, uno dei più amati del momento, si vola sull'acqua, si vola sott'acqua. Esploso nel mondo e anche in Italia, è stato ideato dal campione francese di moto d'acqua Frank Zapata. Bastano una tavola ai piedi, uno speciale giubbetto tecnico e un tubo collegato a un acquascooter per sfidare la gravità e compiere salti acrobatici sulla superficie del mare. Uno sport nato in Francia nell'autunno del 2012. Il Flyboard consente di compiere evoluzioni sulla superficie dell'acqua grazie ad un getto di acqua pressurizzata e alimentato da una moto d'acqua. Due enormi serpentoni 'sparano' la persona in aria fino a 10 metri di altezza e, dopo capriole volanti, si ritorna in acqua con un tuffo spettacolare.

Il **Blob-Jump**, dove si viene 'catapultati' in acqua. Questo adrenalinico sport acquatico prevede l'allestimento di un air bag parzialmente gonfiato in acqua e di un trampolino: una persona è posizionata sul bordo del galleggiante, mentre altre due persone saltano dal trampolino atterrando direttamente sul 'blob' e 'scaraventando' il jumper in acqua. Questo sport, nato negli Stati Uniti, trae origine dai carri armati di gomma che venivano utilizzati dall'esercito USA per il trasporto del carburante. Un soldato si accorse dell'effetto catapulta e diede avvio alla disciplina, che dal 2008 ha iniziato a diffondersi negli USA e nel mondo.

Per chi invece non ama voli e tuffi acrobatici, c'è il **Subwing**. Si sfreccia sott'acqua come un pesce, sfiorando i fondali marini. Grazie a un'ala comandata manualmente e trascinata da una barca, il nuotatore può muoversi agilmente sott'acqua. L'idea è venuta a un ragazzo norvegese, Simon Sivertsen, durante una noiosa vacanza al mare nel 2010 in diverse isole del Mediterraneo.

E per finire, muta, caschetto e salvagente sono gli "attrezzi" per praticare il **Rafting**. Si discendono le cascate su un gommone inaffondabile chiamato "raft", completamente immersi nella natura. Lo stesso vale per le canoe e il kayak su cui si sfidano le rapide a colpi di pagaia. È uno sport relativamente recente, nasce in America negli anni '50 e comincia a diffondersi in Italia negli anni '80. Ufficialmente, la storia del rafting inizia da noi nel dicembre 1987 quando, grazie alla volontà di un gruppo di appassionati, viene fondata a Milano l'Associazione Italiana Rafting.

(Marco Franco, trendylife.it, 3/09/2015, http://www.trendylife.it
/2015/09/archivio/5-sport-acquatici-estremi-da-provare/)

CELI 4

TRACCE AUDIO

1. Celi 4: 1° D1
2. Celi 4: 1° D2
3. Celi 4: 1° D3

4. Celi 4: 2° D1
5. Celi 4: 2° D2
6. Celi 4: 2° D3

7. Celi 4: 3° D1
8. Celi 4: 3° D2
9. Celi 4: 3° D3

10. Celi 4: 4° D1
11. Celi 4: 4° D2
12. Celi 4: 4° D3

13. Celi 4: 5° D1
14. Celi 4: 5° D2
15. Celi 4: 5° D3

16. Celi 4: 6° D1
17. Celi 4: 6° D2
18. Celi 4: 6° D3

19. Celi 4: 7° D1
20. Celi 4: 7° D2
21. Celi 4: 7° D3

22. Celi 4: 8° D1
23. Celi 4: 8° D2
24. Celi 4: 8° D3

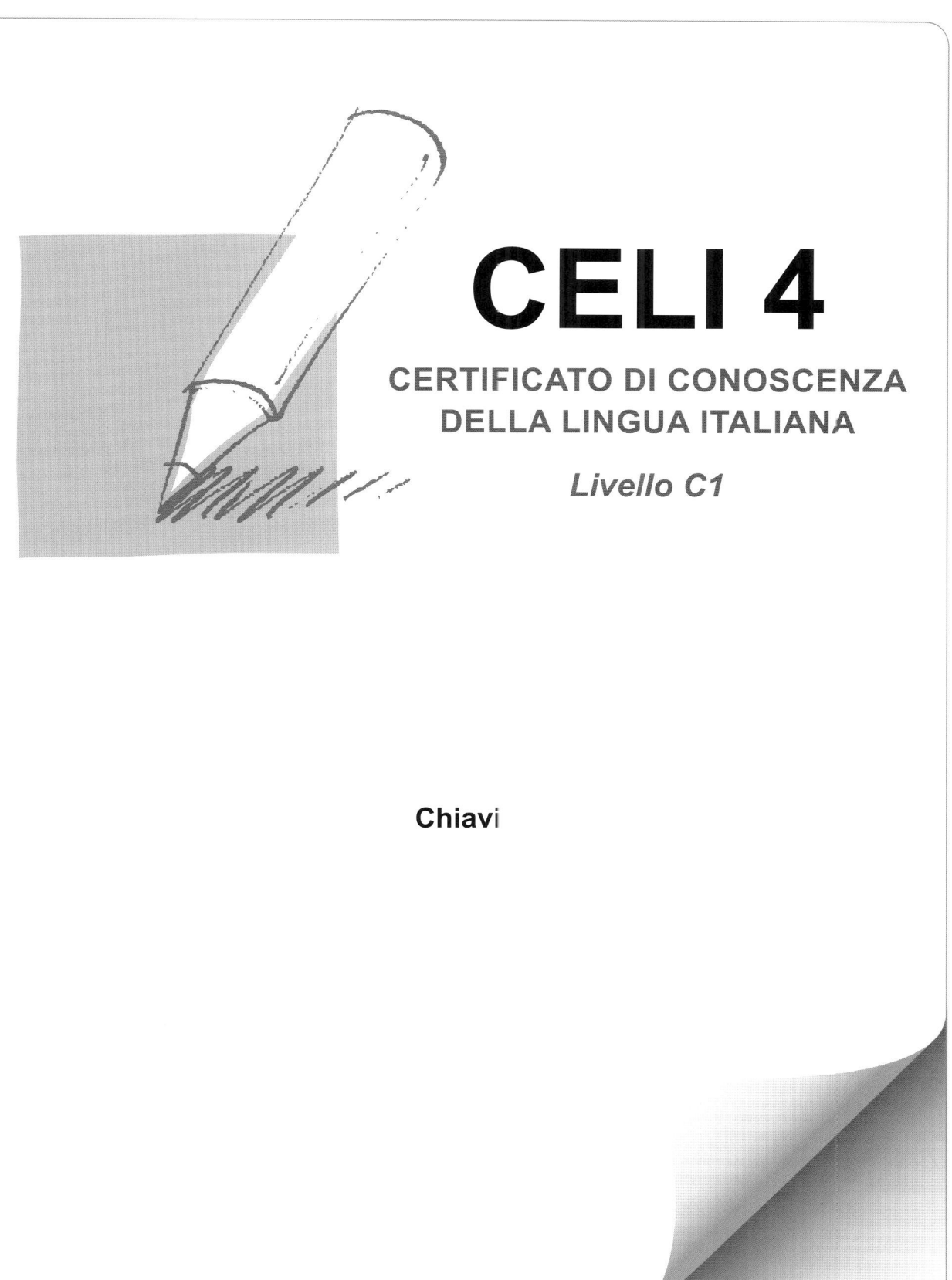

CELI 4

CERTIFICATO DI CONOSCENZA
DELLA LINGUA ITALIANA

Livello C1

Chiavi

CELI 4

1° test

A.1 1. a   2. a   3. c   4. a   5. b   6. c   7. a   8. b   9. a   10. d

A.3 15. B   16. A   17. B   18. A   19. B   20. A   21. A   22. A   23. B   24. A

C.1 1. voluto   2. eppure   3. siano   4. piega   5. quello   6. fatto   7. regioni   8. estate   9. dove   10. al   11. cuochi   12. in   13. una   14. ingredienti

C.2 15. h   16. e   17. m   18. i   19. f   20. b   21. n   22. c   23. g   24. a

C.3 25. sommersi   26. luogo   27. riescano   28. in   29. √   30. ti si   31. centrando   32. a   33. attraverso   34. urgenza   35. costruire   36. preoccuparsi   37. nè   38. √

D.1 1. musicista e arrangiatore   2. forme armoniche   3. maturazioni anticipate   4. segnali sonori   5. sollecitazioni musicali   6. bicchieri appoggiati   7. riscontro economico   8. dati effimeri

D.2 9. no   10. sì   11. no   12. sì   13. sì   14. no   15. no   16. sì   17. no   18. sì   19. sì

D.3

	Disciplina sportiva	Titoli mondiali conseguiti	Presenze ai Giochi olimpici
20. Elia Viviani	ciclismo su strada e su pista	due medaglie d'argento e una di bronzo	1 nel 2016 a Rio de Janeiro
21. Valentino Rossi	motociclismo	9 in quattro classi differenti	nessuna
22. Gianluigi Buffon	calcio	1 nel 2006	1 nel 1996
23. Andrea Cassarà	scherma	1 individuale a Catania, 5 di fioretto, 6 a squadre	2 Atene e Londra

2° test

A.1 1. b   2. a   3. b   4. d   5. a   6. b   7. a   8. c   9. d   10. c

A.3 15. A   16. A   17. B   18. B   19. A   20. B   21. A   22. B   23. B   24. A

C.1 1. plastica   2. in   3. abolito   4. occupa   5. sostituito   6. le   7. di   8. problema   9. eliminare   10. si   11. cui   12. utili   13. essere/viaggiare   14. è

C.2 15. n   16. h   17. c   18. g   19. m   20. f   21. d   22. i   23. b   24. l

C.3 25. definisce   26. locazioni   27. √   28. giorni   29. agevola   30. locare   31. stipulati   32. corrispondenti   33. √   34. quello   35. disposizioni   36. trasparenza   37. conta   38. occultata

D.1 1. cibo in adolescenza   2. cyberbullismo rivolti ai coetanei   3. questo circolo vizioso   4. fotografati magari mentre   5. minacce da parte di un coetaneo   6. negativamente il benessere   7. ragazzi che non accettano   8. lungo termine e portare

Chiavi

D.2 9. sì 10. sì 11. no 12. sì 13. sì 14. no 15. no 16. sì 17. sì 18. no 19. no

D.3

	Periodo di sviluppo	Caratteristiche dell'arte	Opera rappresentattiva
20. arte romana	dalla fondazione alla caduta dell'Impero d'Occidente	ricerca dell'armonia, bellezza assoluta del corpo umano	statua di Dioniso
21. arte barocca	nasce a Roma intorno al terzo decennio del Seicento	movimento, forti contrasti di luce e ombra	Giuditta e Oloferne
22. arte rinascimentale	Firenze a partire dai primi anni del Quattrocento	scopo di imitare la natura	Madonna del Belvedere
23. arte romantica	XVIII secolo e gli inizi del XIX secolo in Germania	dominio della passione sull'uomo	Bacio

3° test

A.1 1. a 2. d 3. c 4. b 5. a 6. c 7. a 8. c 9. a 10. d

A.3 15. B 16. A 17. A 18. A 19. B 20. B 21. B 22. A 23. A 24. B

C.1 1. larga 2. di 3. stando 4. caso 5. fila 6. che 7. fronte 8. da 9. in 10. altri 11. quando 12. pazienti 13. quantità 14. vale

C.2 15. g 16. b 17. n 18. m 19. c 20. f 21. d 22. i 23. e 24. a

C.3 25. ~~ha~~ è 26. ~~discente~~ docente 27. intervistando 28. ~~gli~~ negli 29. √ 30. aggiunge 31. ideatore 32. bersaglio 33. ~~nel~~ in 34. √ 35. vittima 36. ~~le~~ si 37. igieniche 38. confermati

D.1 1. concedersi il lusso 2. piene di lucine colorate 3. farci scommettere soldi 4. ridotti ad algoritmi 5. centri di riabilitazione 6. quotate in borsa miliardi 7. la povertà nel mondo 8. enorme giro di affari

D.2 9. no 10. sì 11. sì 12. no 13. sì 14. no 15. sì 16. no 17. no 18. no 19. sì

D.3

	Città	Piazza in cui è allestito	Attrazioni e attività
20. Mercatino	Salisburgo	Piazza del Duomo	visitare fortezza e castello
21. Mercatino	Vilnius-capitale della Lituania	Piazza della Cattedrale	gustare dolci tipici-vedere la favola-trenino di Natale
22. Mercatino	Praga	Piazza della Città Vecchia	provare biscotti o comprare una decorazione di Natale
23. Mercatino	Siena	Piazza del Campo	scoprire artigianato e leccornie

CELI 4

4° test

A.1 1. a 2. a 3. d 4. b 5. d 6. b 7. d 8. b 9. a 10. b

A.3 15. B 16. B 17. A 18. A 19. B 20. B 21. A 22. B 23. A 24. B

C.1 1. controlla 2. attenzione 3. opinione 4. termine 5. dal 6. versione 7. crea
8. fittizie/false 9. fenomeno 10. sui 11. caratteristiche 12. al 13. per 14. trova

C.2 15. g 16. d 17. b 18. a 19. f 20. i 21. e 22. m 23. n 24. c

C.3 25. √ 26. letto 27. abbiate 28. Perché 29. succede 30. è 31. tra 32. sperimentale
33. successive 34. √ 35. rimanere 36. fisiologico 37. distanziarlo 38. soltanto

D.1 1. racconta di un episodio unico 2. decidere di denunciare 3. prevede l'ammonimento
4. molestatore seriale 5. una misura automatica 6. prevede necessariamente
7. esperienza è sempre 8. totalità dei casi

D.2 9. sì 10. sì 11. no 12. no 13. sì 14. sì 15. no 16. no 17. sì 18. sì 19. no

D.3

	Durata della dieta	**Cibi da consumare**	**Scopo della dieta**
20. dieta del super metabolismo	dura 28 giorni e si divide in 3 fasi	cereali, verdura e frutta	perdere peso in poco tempo e in modo duraturo
21. dieta del riso	la prima fase di 3 giorni. La seconda fase di 9 giorni	riso, pesce, carne bianca, verdure e ortaggi	alimentazione equilibrata per mantenere il peso forma
22. dieta senza glutine	può durare anche 2 mesi	prodotti preparati con farina di riso, di miglio o quinoa	ottenere pancia piatta e perdita di peso
23. dieta normo-proteica	si tratta di una dieta lunga	cereali integrali, yogurt, caffè, frutta fresca, pane integrale	perdere fino a 10 chili in modo sano e duraturo

5° test

A.1 1. a 2. a 3. d 4. b 5. b 6. d 7. a 8. b 9. b 10. c

A.3 15. A 16. B 17. A 18. B 19. A 20. B 21. A 22. B 23. A 24. A

C.1 1. sedette 2. folti 3. era 4. fosse 5. dalla 6. tirava 7. detto 8. s' 9. capotavola
10. alla 11. tra 12. ragazzi 13. rimpetto 14. poderi

C.2 15. g   16. i   17. a   18. d   19. f   20. h   21. e   22. m   23. b   24. n

C.3 25. √   26. credenze   27. √   28. sterile   29. ~~sulla~~ per   30. ~~egli~~ chi   31. palpebre   32. scongiuro   33. pizzichi   34. ~~per~~ nei   35. diffusero   36. rovesciato   37. iella   38. si

D.1 1. il tributo di sangue   2. il figlio nel seggiolino   3. dimensione reale del fenomeno   4. l'installazione di un allarme   5. dispositivo elettronico   6. segnale acustico   7. lucidità mentale   8. navigatori satellitari

D.2 9. sì   10. no   11. no   12. no   13. sì   14. no   15. sì   16. sì   17. sì   18. no   19. no

D.3

	Principio base	**Trattamento**	**Effetti benefici**
20. Cristalloterapia	campo elettromagnetico di pietre, cristalli	porre dei cristalli sul corpo	ripristina l'equilibrio energetico e psicofisico
21. Pranoterapia	l'energia vitale universale pervade l'organismo	calore emanato dall'imposizione delle mani	sentirsi rilassati e vitali
22. Agopuntura	esistenza di flussi energetici, superficiali e profondi (meridiani) nell'organismo	inserimento di aghi in specifici punti del corpo umano	stato di salute e benessere
23. Musica Terapia	il corpo è uno strumento musicale che va accordato	uso della voce, respirazione del suono in generale	equilibrio e armonia psico somatica

6° test

A.1 1. a   2. a   3. d   4. c   5. a   6. a   7. c   8. d   9. b   10. a

A.3 15. A   16. B   17. B   18. A   19. B   20. A   21. B   22. A   23. B   24. B

C.1 1. umano   2. trovano   3. spostarsi   4. esaminato   5. del   6. come   7. alla   8. uno   9. lingua   10. imparano   11. anche   12. per   13. negli   14. madrelingua

C.2 15. n   16. l   17. c   18. i   19. e   20. h   21. g   22. f   23. d   24. b

C.3 25. vita   26. dell'   27. √   28. un   29. oggetto   30. ricercatori   31. delle   32. √   33. tipi   34. mortalità   35. cui   36. maggiori   37. lungo   38. fatali

D.1 1. da rigidità e snobismo   2. lirica impostata e piena   3. una difficile gavetta   4. irrefrenabile eccitazione   5. L'apice della carriera   6. riflettori e dei rotocalchi   7. di un timbro etereo   8. cammino a ritroso

CELI 4

D.2 9. sì 10. sì 11. no 12. sì 13. no 14. no 15. sì 16. no 17. sì 18. sì 19. sì

D.3

	Incremento in %	Requisiti e formazione	Competenze e conoscenze
20. infermiere	incremento del 22%	laurea triennale in infermieristica	rilevazione dei bisogni di assistenza socio-sanitaria
21. analisti di gestione	incremento del 22%	non sono richiesti titoli di studio specifici	stabilire il Budget aziendale, elaborare i dati e risultati
22. sviluppatori di applicazioni computer	incremento del 24%	diploma perito informatico o laurea in informatica	conoscenza dei linguaggi di programmazione
23. ricercatore di Marketing	incremento del 28%	lauree in Economia e Commercio e Scienze della Comunicazione	buone conoscenze del mercato di riferimento

7° test

A.1 1. d 2. a 3. b 4. b 5. c 6. b 7. b 8. b 9. c 10. a

A.3 15. A 16. B 17. A 18. B 19. A 20. B 21. B 22. A 23. B 24. A

C.1 1. accorciato 2. quella 3. ricorso 4. legge 5. visto 6. trafila 7. contenuti 8. tempi 9. abbia 10. patti 11. cariche 12. unioni 13. classifica 14. ne

C.2 15. d 16. e 17. m 18. g 19. l 20. i 21. a 22. f 23. n 24. h

C.3 25. √ 26. vista 27. muri 28. soluzione 29. √ 30. arredi 31. ~~con~~ a 32. ~~uno~~ un 33. possono 34. ripartire 35. ~~dalla~~ nella 36. corridoio 37. ~~ogni~~ tutte 38. raccolte

D.1 1. in cambio di tangenti 2. misura cautelare 3. risultato irreperibile 4. fonti di reddito 5. analisi a tappeto 6. ruolo di addetto 7. palesemente falsi 8. contratti fittizi

D.2 9. no 10. no 11. sì 12. sì 13. sì 14. no 15. sì 16. no 17. sì 18. no 19. sì

D.3

	Indicazioni d'uso	Posologia	Effetti collaterali
20. Tachipirina	influenza, malattie esantematiche, mal di testa, nevralgie, dolori muscolari, malattie acute del tratto respiratorio	1 compressa alla volta ogni 4 ore	alterazioni anche gravi a carico del rene e del sangue

	Indicazioni d'uso	Posologia	Effetti collaterali
21. Torvast	per ridurre i livelli di colesterolo e trigliceridi	10 mg una volta al giorno negli adulti e nei bambini di età uguale e sopra i 10 anni	Infiammazione delle vie aeree nasali, dolore alla gola, sanguinamento del naso, reazioni allergiche, aumento dei livelli di zucchero nel sangue, mal di testa, nausea, stipsi, flatulenza, indigestione, diarrea, dolore alle articolazioni, dolore muscolare e mal di schiena
22. Zovirax crema	herpes genitale primario o recidivante, herpes delle labbra	applicazione 5 volte al giorno ad intervalli di circa 4 ore	Bruciore o dolore transitori, moderata secchezza e desquamazione della pelle, prurito raro: eritema
23. Norvasc	pressione alta (ipertensione), un tipo di dolore toracico detto angina, inclusa una rara forma detta angina di Prinzmetal o variante	Norvasc 5 mg una volta al giorno, all'inizio. La dose può essere aumentata a Norvasc 10 mg una volta al giorno.	Cefalea, capogiri, sonnolenza, palpitazioni, rossore, dolore addominale, nausea, diarrea, costipazione, indigestione, stanchezza, debolezza, disturbi visivi, visione doppia, crampi muscolari

8° test

A.1 1. c   2. a   3. d   4. b   5. a   6. c   7. a   8. d   9. b   10. a

A.3 15. A   16. A   17. B   18. A   19. B   20. B   21. A   22. B   23. A   24. B

C.1 1. dimostra   2. prodotti   3. negli   4. materiali   5. catena   6. vendita   7. fa   8. che   9. ridotta   10. consumatori   11. con   12. come   13. qualche   14. sia

C.2 15. g   16. a   17. b   18. d   19. i   20. c   21. n   22. l   23. e   24. h

C.3 25. espressioni   26. zigomatico   27. evolutive   28. imbarazzo   29. criterio   30. √   31. tutto   32. sui   33. tutte   34. sorriso   35. √   36. risvolto   37. chirurghi   38. operazioni

D.1 1. nella scienza ha lo scopo   2. partecipazione di donne e ragazze   3. non risolvono la questione   4. penalizza solo le donne   5. la situazione sia migliorata   6. il primo accesso all'Università   7. finanziando diversi progetti   8. per contrastare la disparità

D.2 9. sì   10. sì   11. no   12. sì   13. no   14. no   15. sì   16. sì   17. no   18. no   19. sì

D.3

	Scopo della disciplina	Equipaggiamento	Luogo e anno di diffusione
20. Flyboard	compiere salti acrobatici sulla superficie del mare	tavola ai piedi, uno speciale giubbetto tecnico e un tubo collegato	Francia nell'autunno del 2012
21. Blob Jump	si viene catapultati in acqua	air bag parzialmente gonfiato in acqua, un trampolino	nato negli Stati Uniti nel 2008
22. Subwing	si sfreccia sott'acqua	un'ala comandata manualmente	nel 2010 in diverse isole del Mediterraneo
23. Rafting	si discendono le cascate su un gommone inaffondabile	muta, caschetto e salvagente	nasce in America negli anni '50

Fonti delle fotografie

TEST 1: http://www.terzaeta.com/articoli/giugno-2017/Istat-Italia-sempre-piu-anziani-nel-2016/
https://www.corriere.it/cronache/17_marzo_06/istat-italia-sempre-piu-anziana-oltre-22percento-popolazione-ha-65-anni-minimo-storico-le-nascite-2eacb23a-0252-11e7-b9cd-27dc874c2067.shtml
http://inchieste.repubblica.it/it/repubblica/rep-it/2015/09/08/news/cosi_mi_sono_disintossicata_da_facebook-122444575/

TEST 2: http://www.claudiamannino.com/wp-content/uploads/2017/06/abusivismo222-1024x683.jpg
http://blog.weplaya.it/spiagge-riserva-dello-zingaro-sicilia/
https://www.corriere.it/methode_image/2015/02/07/Cultura/Foto%20Cultura/mappa-italia-scuola-digital-593x443.jpg?v=20150209090347

TEST 3: https://www.ilreportage.eu/wp-content/uploads/2018/10/Italiani-tv-anni-60.jpg
https://cdn.improb.com/wp-content/uploads/2018/07/best-headphones-for-watching-tv.jpg
http://inchieste.repubblica.it/it/repubblica/rep-it/2016/08/08/news/disturbi_alimentari_se_curarsi_e_un_odissea-143694481/

TEST 4: https://www.informazioneambiente.it/auto-a-metano/
http://italiaanse-toestanden.duepadroni.it/wp-content/uploads/2017/11/italy-traffic-1024x768-1024x585.jpg
http://www.repstatic.it/content/localirep/img/rep-parma/2014/07/07/170424480-d252ca18-1a32-4213-b685-96f0f1cf7d5e.jpg

TEST 5: https://www.lavoceromana.it/2018/media/k2/items/cache/64cd5fc4f5bc6730d92d5c2a957adb10_M.jpg
https://www.illibraio.it/wp-content/uploads/2016/08/guerra-bambini.jpg
https://www.tuttitalia.it/statistiche/cittadini-stranieri-2017/

TEST 6: https://www.shutterstock.com
http://wordstem.com/wp-content/uploads/2017/12/Smartphone-Addiction-Interview.jp
https://www.vitatrentina.it/var/vitatrentina/storage/images/rivista/2012/anno_87_-_n_09/pag_6_attualita/il_rapporto_unicef_in_pillole/mondo_-_le_popolazioni_urbane_crescono_piu_rapidamente_in_asia_e_in_africa._-_2012_-/1956099-1-ita-IT/mondo_-_le_popolazioni_urbane_crescono_piu_rapidamente_in_asia_e_in_africa._-_2012_-_imagefull.jpg

TEST 7: https://pbs.twimg.com/media/Cgjs29dWkAAzdWX.jpg
https://otorinolaringoiatria.it/oto-contents/uploads/2018/03/Agopuntura-interna2-1.jpg
http://noi-italia.istat.it/index.php?id=3&tx_usercento_centofe%5Bcategoria%5D=5&tx_usercento_centofe%5Baction%5D=show&tx_usercento_centofe%5Bcontroller%5D=Categoria&cHash=c4749d76ac66cfa7b409575f5a7490fd

TEST 8: https://s24193.pcdn.co/wp-content/uploads/2016/09/guilty-working-mom-entity-1320x720.jpg
http://www.lidimatematici.it/blog/wp-content/uploads/2015/08/11954611_10206144276099287_4744090826598094004_n.jpg